# 找准转变农业发展方式的支点

国务院发展研究中心农村经济研究部　著

中国发展出版社
CHINA DEVELOPMENT PRESS

图书在版编目（CIP）数据

找准转变农业发展方式的支点/国务院发展研究中心农村经济研究部著. —北京：中国发展出版社，2016.10
（国务院发展研究中心研究丛书.2016 / 李伟主编）
ISBN 978 - 7 - 5177 - 0535 - 2

Ⅰ.①找…　Ⅱ.①国…　Ⅲ.①农业发展—研究—中国
Ⅳ.①F323

中国版本图书馆 CIP 数据核字（2016）第 156451 号


书　　　　名：找准转变农业发展方式的支点
著作责任者：国务院发展研究中心农村经济研究部
出 版 发 行：中国发展出版社
　　　　　　（北京市西城区百万庄大街 16 号 8 层　100037）
标 准 书 号：ISBN 978 - 7 - 5177 - 0535 - 2
经 销 者：各地新华书店
印 刷 者：北京科信印刷有限公司
开　　　本：710mm×1000mm　1/16
印　　　张：17.5
字　　　数：210 千字
版　　　次：2016 年 10 月第 1 版
印　　　次：2016 年 10 月第 1 次印刷
定　　　价：50.00 元

联 系 电 话：(010) 88919581　68990692
购 书 热 线：(010) 68990682　68990686
网 络 订 购：http://zgfzcbs.tmall.com
网 购 电 话：(010) 68990639　88333349
本 社 网 址：http://www.develpress.com.cn
电 子 邮 件：370118561@qq.com

# "找准转变农业发展方式的支点"
## 课题组

**课题顾问**

张军扩

**课题负责人**

叶兴庆

**课题协调人**

张云华

**课题组其他成员**

肖俊彦　潘耀国　金三林　冯明亮　程　郁　陈春良　李　青
伍振军　周群力　杨敏丽

# 践行五大发展理念 发挥高端智库作用
# 努力推动中国经济转型升级

2016 年是"十三五"开局之年。"十三五"时期是塑造中国未来的关键五年，到 2020 年能否实现全面建成小康社会的目标，不仅是发展速度快慢的问题，更是决定中国能否抓住转型发展的历史窗口期，跨越"中等收入陷阱"、顺利实现现代化的问题。

2015 年 10 月，党的十八届五中全会通过的《中共中央关于制定国民经济和社会发展第十三个五年规划的建议》确立了"创新、协调、绿色、开放、共享"五大发展理念。2016 年 3 月，十二届全国人大四次会议通过的《国民经济和社会发展第十三个五年规划纲要》明确了新时期发展的总体思路，提出了应对国内外严峻挑战的战略性安排。

毋庸讳言，我国经济社会发展确实面临着一些前所未遇的困难和挑战，诸如：劳动年龄人口绝对量下降，老龄化问题日益凸现，传统产业和低附加值生产环节的产能严重过剩，粗放式发展产生的生态环境问题逐渐暴露，以创新为驱动力的新增长动力尚未形成，社会对公平正义的诉求日益增强，等等。但与此同时，也应该客观地看到，我国的发展依然有着巨大的潜力和韧性。城镇化远未完成，欠发达地区与发达地区间存在明显的发展差距。这意味着，在当前和未来相当长的时期内，投资和消费都有很大的增长空间。我国产业体系完备、人力资本丰富、创新能力正在增强，有支撑未来发展的雄厚基础和良好条件。目前经济增长速度呈现的下降态势，只是经济结构转型过程中必然出现的暂时现象，而且这一态势是趋缓的、可控的、可承受的。随着结构调整、经济转型不断取得进展，我国经济将在新的发展平台上实现稳定、持续的中高速增长。

正是基于各种有利因素和不利因素复杂交织、相互影响的大背景，我们认为，中国的现代化已经进入转型发展重要的历史性窗口期，如果不能在窗口期内完成发展的转型，我们就迈不过"中等收入陷阱"这道坎，现代化进程就有可能中断。

中央十分清醒地认识到这一点，并对转型发展进行了周密部署。概言之，未来五年，为了推动经济转型、释放发展潜力，我们将以新的发展理念为统领，依照"十三五"规划描绘的蓝图，通过持续不断地深化改革和扩大开放，建立新的发展方式，形成创新驱动发展、协调平衡发展、人与自然和谐发展、中国经济和世界经济深度融合、全体人民共享发展成果的发展新格局。

推动经济转型升级，形成发展新格局，需要从供给和需求这两侧采取综合措施，在适度扩大总需求的同时，着力加强供给侧结构性改革，转变发展方式，促进经济转型。我国经济发展正处于"三期叠加"的历史性转折阶段，摆在面前的既有周期性、总量性问题，但更突出的是结构性问题。在供给与需求这对主要矛盾体中，当前矛盾的主要方面是在供给侧。比如，在传统的增长动力趋弱的同时，新的增长动力尚难以支撑中高速增长；产业结构资源密集型特征明显，对生态环境不够友好；要素在空间上的流动还不够顺畅，制约了城乡、区域协调发展；对外经济体制不能完全适应国际贸易投资规则变化的新趋势等。因此，去年以来，中央大力推进供给侧结构性改革，重点落实"三去一降一补"五大任务，用改革的办法推进结构调整，提高供给结构对需求结构变化的适应性，努力提升经济发展的质量和效益。"十三五"规划亦把供给侧结构性改革作为重大战略和主线，旨在通过转变政府职能、发展混合所有制经济、增强市场的统一性和开放性、健全经济监管体系等，促进资源得到更合理的配置和更高效的利用，提高生产效率，优化供给结构，为形成发展新格局奠定坚实的物质基础。当然，这里要强调的是，注重供给侧结构性改革，并非不要进行需求管理。我们还将采取完善收入分配格局、健全公共服务体制等措施，推动社会实现公平、正义，并为国内需求的增长提供强力支撑，使需求和供给在更高水平上实现良性互动。

当前，国务院发展研究中心正在按照中央的要求和部署，积极推进国家高端智库建设的试点工作，努力打造世界一流的中国特色新型智库。作为直接为党中央、国务院提供决策咨询服务的高端智库，我们将坚持"唯真求实、守正出新"的价值理念，扎实做好政策研究、政策解读、政策评估、国际交流与合作等四位一体的工作，为促进中国经济转型升级及迈向中高端水平、实现全面建成小康社会的宏伟目标做出应有的贡献。

这套"国务院发展研究中心研究丛书2016"，集中反映了过去一年我们的主要研究成果，包括19种（20册）著作。其中：《新兴大国的竞争力升级战略》（上、下册）和《从"数量追赶"到"质量追赶"》是中心的重大研究课题报告；《新形势下完善宏观调控理论与机制研究》《区域协同发展：机制与政策》等9部著作，是中心各研究部（所）的重点研究课题报告；还有8部著作是中心资深专家学者或青年研究人员的优秀招标研究课题报告。

　　"国务院发展研究中心研究丛书"自2010年首次面世至今，已是连续第七年出版。七年来，我们获得了广大读者的认可与厚爱，也受到中央和地方各级领导同志的肯定和鼓励。我们对此表示衷心感谢。同时，真诚欢迎各界读者一如既往地关心、支持、帮助我们，对这套丛书以及我们的工作不吝批评指正，使我们在建设国家高端智库、服务中央决策和工作大局、推动经济发展和社会进步的道路上，走得更稳、更快、更好。

国务院发展研究中心主任、研究员

2016 年 8 月

# 内容摘要

　　观察过去三十多年我国农业发展方式的转变进程，可以从两个角度切入：从农业结构调整来看，尽管"以粮为纲"的政策早已退出历史舞台，市场导向的适应性乃至战略性结构调整多次成为农业政策目标，但增加产量、保障供给是贯穿始终的农业政策主基调；从农业效率改进来看，尽管土地产出率、劳动生产率在逐步提高，全要素生产率也有较好表现，但拼资源、拼环境、拼投入的粗放增长方式没有实质性改变。

　　我国农业面临深层次矛盾和问题：一是产能透支，现有农业产能中相当部分是以牺牲生态环境为代价换取的。二是成本上涨，主要农产品生产成本已全面超过国外水平。三是价格倒挂，主要农产品国内价格逐步超过进口到岸税后价。四是"黄箱"收窄，随着托市收购价格提高和托市收购量增大，部分产品已遭遇微量允许上限的实质性约束。

　　推动农业发展方式真正转起来，关键在于找准撬动农业发展方式转变的支点，寻找转变农业发展方式"不等式"之解。设定新发展方式的收益和成本分别为 NY 和 NC，旧发展方式的收益和成本分别为

OY 和 OC。农业发展方式是否向理想方向转变，取决于（NY－NC）与（OY－OC）的角力：当（NY－NC）＝（OY－OC）时转方式达到临界点，当（NY－NC）≥（OY－OC）时转方式进入进行时。要使（NY－NC）≥（OY－OC）持续成立，就要采取措施做大（NY－NC）、做小（OY－OC）。

做大（NY－NC），可以从做大 NY、做小 NC 入手。做大 NY 的主要措施有：消除信息不对称，让消费者愿意对按绿色生产方式生产的农产品付更高价格；将补贴和价格支持政策与新农业生产方式挂钩；对资源节约和环境友好型农业生产经营活动进行生态效益补偿，将农业生产经营的正外部效益内部化。做小 NC 的主要措施有：对资源节约和环境友好型生产技术进行补贴；按有利于节本降耗的原则研发和推广新技术、新装备。

做小（OY－OC），可以从做小 OY、做大 OC 入手。做小 OY 的主要措施有：取消对旧发展方式的政策支持；让消费者少购买按旧发展方式生产的农产品。做大 OC 的主要措施有：加大处罚力度，将农业生产经营活动的负外部效应计入生产成本；提高资源要素价格，充分体现稀缺性和环境成本。

促进农业发展方式转变顺畅进行，需要在认识和制度层面下功夫。促进土地流转集中，既要有紧迫感，也要有历史耐心。坚守资源节约、环境友好的农业政策目标，当产量和自给率步入下降通道时，要保持战略定力。准确把握绿色发展的精髓，让农业绿起来绝不是要退回到工业文明之前的传统农业。既要为农业生产者提供利益诱导，让其有动力；又要建立健全相关法律法规，让其有敬畏。

# 目 录

专题十二
## 我国种业发展状况、突出问题及政策建议

# 找准转变农业发展方式的支点

改革开放三十多年来，我国粮食产量年均增长1.9%、农林牧渔业增加值年均增长4.5%[①]，跑赢了同期全国人口增长速度，也跑赢了同期世界粮食和农业增长速度。以我国农业资源禀赋之差和农业体量之大，能实现这样长期快速的增长殊为不易。在这一增长进程中，既有制度创新、技术进步、基础设施改善等因素的贡献，也有投入增加、资源环境透支、政策托市等因素的支撑。随着内外部条件的变化，这些贡献和支撑因素在逐步消长变化。我国农业发展已到了重大转折关口，迫切需要巩固和提升积极的贡献因素，消除和替换不健康、不可持续的支撑因素，尽快形成新的发展方式、接续新的增长动力。

## 一、转变农业发展方式的历史进程

观察过去三十多年我国农业发展方式的转变进程，可以从两个角度切入。从农业结构调整来看，尽管"以粮为纲"的政策早已退出历

---

① 粮食产量年均增长值为1978～2015年年均增长速度，农林牧渔业增加值为1978～2014年按不变价格计算的年均增长速度。

史舞台，市场导向的适应性乃至战略性结构调整多次成为农业政策目标，但增加产量、保障供给是贯穿始终的农业政策主基调；从农业效率改进来看，尽管土地产出率、劳动生产率在逐步提高，全要素生产率也有较好表现，但拼资源、拼环境、拼投入的粗放增长方式没有实质性转变。

## （一）农业结构调整

回顾三十多年的发展历程，我国粮食等大宗农产品多数时期处于供不应求状况，增加产量、保障供给是农业政策的首要目标。但在供给相对宽裕、农产品卖难和价格下跌时期，转变农业发展方式，特别是调整农业结构也曾多次被提上议事日程。这样的时期有四次。

第一次是 1985～1986 年，粮棉首次出现卖难，农业生产结构开始经历部分产品过剩背景下的调整。1984 年我国农业在连续几年丰收的情况下再次获得大丰收，粮食和棉花由长期以来的供不应求首次变为供过于求，农民面临卖难，国家苦于库存积压。主管农业的万里副总理在 1984 年底召开的全国农村工作会议上提出，"对'卖粮难'、'卖棉难'的问题，从中央到地方都必须解放思想，出主意想办法来解决"，"应该提出一个口号，'大家都来学做结构变革的巧妇'，抓紧粮多棉多的有利时机，加快农村产业结构的变革"。[①]

第二次是 1991～1992 年，农业全面丰收导致农产品价格连年下降，农业结构调整步伐加大，高效农业开始崛起。1990 年粮食产量接近 9000 亿斤，1991 年棉花产量超亿担，其他农产品全面增长，农业综合生产能力跃上了一个新的台阶。面对这一轮的农产品卖难，主流

---

① 中共中央文献研究室、国务院发展研究中心编：《新时期农业和农村工作重要文献选编》，中央文献出版社 1992 年版，第 311、314 页。

观点认为，我国农业开始进入一个新阶段，为从根本上缓解农产品卖难、增加农民收入，必须发展高产优质高效农业，从单纯追求产量转向产量与质量并重。1992年6月，主管农业的田纪云副总理在全国发展高产优质高效农业经验交流会上作了重要讲话，集中体现了上述观点（田纪云，1992）。

第三次是1999～2003年，面对农产品再一次全面卖难，农业结构战略性调整迈出步伐。由于1993年大多数地区过早地放开粮食和棉花的收购价格，当年底至1994年，全国农产品价格大幅上涨，很大程度上推动了全国物价的上涨。为改变这种局面，中央采取措施加强农业（朱镕基，1994）。1995～1998年农业连续4年丰收，粮食产量上了一个新台阶，其他农产品产量全面增长，整个农业形成新一轮增长高峰。然而需求的增长是平稳的，社会无法消化短期内大幅度增加的农产品供给，结果出现农产品全面卖难。面对新一轮卖难，决策层在认识层面乃至工作部署上经历过"三部曲"的深化过程①：①1999年中发3号文件《中共中央国务院关于做好1999年农业和农村工作的意见》指出，我国农业和农村经济正在发生新的阶段性变化，主要农产品由长期短缺变成总量大体平衡、丰年有余，农业的发展不仅受到资源的制约，还越来越受到需求的约束；②2000年中发3号文件《中共中央国务院关于做好2000年农业和农村工作的意见》指出，农业和农村经济发展的新阶段，实际上就是对农业和农村经济结构进行战略性调整的阶段②；③2001年中发2号文件《中共中央国务院关于做好2001年

①　"三部曲"是时任中央农村工作领导小组办公室主任段应碧同志的概括，意指先后作出我国农业农村发展发生新的阶段性变化、新阶段必须对农业和农村经济结构进行战略性调整、战略性调整的基本目标是增加农民收入等三个重大判断。

②　关于"农业和农村经济结构战略性调整"的内涵，《中共中央国务院关于做好2000年农业和农村工作的意见》（中发〔2000〕3号）作出了详细阐述。

农业和农村工作的意见》指出，把千方百计增加农民收入作为做好新阶段农业和农村工作、推进农业和农村经济结构调整的基本目标。吸取前两次农业结构调整的教训，这次决策层提出要推进农业和农村经济结构战略性调整，适应市场需求的变化，充分运用科学技术，发展优质、高产、高效农业，提高农业的整体素质和效益①。这期间，农业和农村经济结构战略性调整的一项重大举措，是实行退耕还林还草、退田还湖。1998年党的十五届三中全会审议通过的《中共中央关于农业和农村工作若干重大问题的决定》明确要求，"禁止毁林毁草开荒和围湖造田""对过度开垦、围垦的土地，要有计划有步骤地还林、还草、还湖""控制工业、生活及农业不合理使用化肥农药农膜对土地和水资源造成的污染"。全国年度退耕还林面积从1999年的38.15万公顷，急剧增加到2003年的308.59万公顷（刘璨、武斌、鹿永华，2009）。

第四次是2014年以来至现在，面对库存压力加大、资源环境约束趋紧、农产品价格倒挂的现实，转变农业发展方式成为农业政策的主基调。2014年底召开的中央经济工作会议明确提出，要坚定不移加快转变农业发展方式，尽快转到数量质量效益并重、注重提高竞争力、注重农业技术创新、注重可持续的集约发展上来，走产出高效、产品安全、资源节约、环境友好的现代农业发展道路。2014年、2015年和2016年的中央1号文件，均对转变农业发展方式作出部署，要求实施农业环境突出问题治理总体规划和农业可持续发展规划，实施新一轮退耕还林还草工程，实施重金属污染耕地修复、地下水超采区综合治理、退耕还湿试点；推进农业结构调整，开展粮改饲和种

---

① 载于《人民日报》，1999年9月6日第2版。

养结合模式试点，促进农村一二三产业融合发展；科学确定主要农产品自给水平，合理安排农业产业发展优先序，抓紧制定重要农产品国际贸易战略。

总结这四次农业结构调整，可以得出以下结论。

第一，农产品卖难、库存增加、价格下降是推动农业结构调整的原动力。这四次农业结构调整都以前期农业特别是粮食连年丰收为背景（见图1）。由于农产品需求弹性低，短期迅速增长的农业供给，难以被同期缓慢增长的消费需求消化，导致农产品卖难、库存增加、价格下降（见图2）。为解决这个问题，不得不在调整农业生产结构上找出路。从前三次看，结构调整期也是前期积压产品的消化期，一旦完成"去库存"，市场价格上涨，结构调整也就告停。目前正在进行的第四次农业结构调整，是否会重蹈前三次的覆辙，还有待观察。

第二，结构调整的周期更长、幅度更大。前两次结构调整为期较短，全国粮食产量年度减产最大值分别为2820万吨和1095万吨；第三次结构调整历时年多，全国粮食产量年度减产最大值达4620万吨；第四次结构调整已进行了两年，下一步走势如何还存在很大的不确定性。

第三，结构调整的空间更小、选项更少。在前三次结构调整期间，国内农产品价格低于国际市场，可以通过出口加快消化库存农产品；在第四次结构调整期间，由于价格倒挂，不仅难以通过出口消化过剩农产品，而且进口量不断增加，使库存矛盾进一步加剧。在前两次结构调整期间，可以通过发展经济作物和养殖业缓解结构性过剩矛盾；在第三次，特别是第四次结构调整期间，并不存在明显供不应求的农产品等待发展。

第四，结构调整的内涵更深、要求更高。第一次结构调整主要是调减粮棉种植，增加其他农产品生产。第二次结构调整明确提出要处理好数量与质量的关系，发展高产、优质、高效农业。第三次结构调整明确提出要从"适应性调整"转向"战略性调整"（张宝文，2015），而且把退耕还林、退田还湖作为重要举措，减轻资源环境负荷成为政策目标之一，开始意识到要处理好生产与生态的关系。目前正在进行的第四次结构调整，对生产与生态、国内与国外、农业与非农、保护与放活的关系有了更深刻的阐发，农业结构性改革逐步推进。

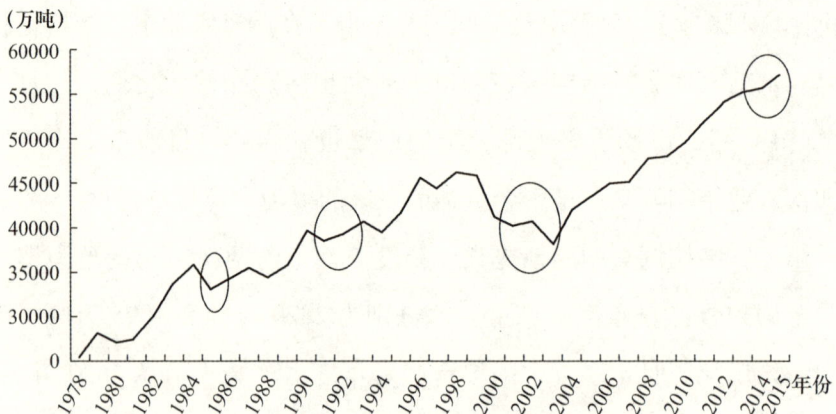

**图1 全国粮食产量波动与四次农业结构调整**

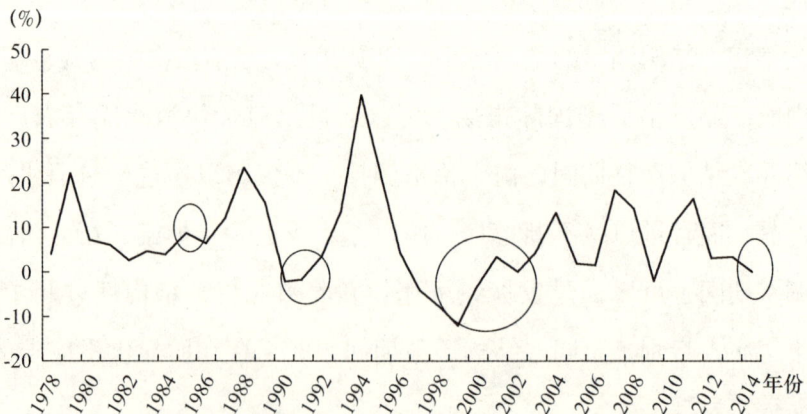

**图2 全国农产品生产者价格波动与四次农业结构调整**

### （二）农业效率改进

与农业结构相比，农业效率能更准确地反映农业发展方式的本质。三十多年来，我国农业效率在逐步提高。从土地、劳动力等单要素生产率来看，进步是明显的，特别是劳动生产率的年均增长速度在加快。从全要素生产率来看，与其他国家相比，年均增长率并不低，但对农业增长的贡献度有待进一步提高。

#### 1. 单要素生产率的变化

提高土地生产率对人多地少国家的农业特别是种植业的发展至关重要。根据国家统计局公布的历年主要农产品单位面积产量，进行指数化后形成了图3。1978～2014年，全国粮、棉、油单产的年均增长率分别达到2.12%、3.36%和3.08%，2014年棉花和油料单产达到1978年的3倍左右、粮食单产也达到2倍多。促进单产提高的主要因素有：第一，制度变迁。家庭联产承包责任制改革调动了农民的积极性，1978～1984年全国粮、棉、油单产出现了一轮快速提高。1992年市场取向改革和2001年加入WTO的改革开放红利也体现在主要农作物单产变化上（见表1）。第二，品种改良。我国种业科研和种子产业取得了长足发展。农业生产用种已由过去主要靠农民自留种，转变为采用商品化的良种。目前我国主要农作物良种率达到96%。一般作物5年左右更换一次种子。据研究，在单产提高的贡献因素中，良种占40%。第三，投入强度。1978～2014年，全国有效灌溉面积从6.74亿亩扩大到9.68亿亩，年均增长1%；化肥施用量从884万吨增加到5996万吨，年均增长5.5%。1991～2013年，全国农药使用量从76.5万吨增加到180.2万吨，年均增长4%；农用薄膜使用量从64.2万吨增加到249.3万吨，年均增长6.4%。投入强度的增加，既提高了土地产出率，也带来严重的环境问题。

| 表1 | 大宗农产品单产年均增长率 | | 单位:% |
|---|---|---|---|
| 时　期 | 粮　食 | 棉　花 | 油　料 |
| 1978～2014 | 2.12 | 3.36 | 3.08 |
| 1978～1984 | 6.11 | 12.53 | 8.56 |
| 1985～1991 | 1.03 | 0.01 | 0.5 |
| 1992～2001 | 0.97 | 2.46 | 3.26 |
| 2002～2014 | 1.81 | 2.17 | 1.89 |

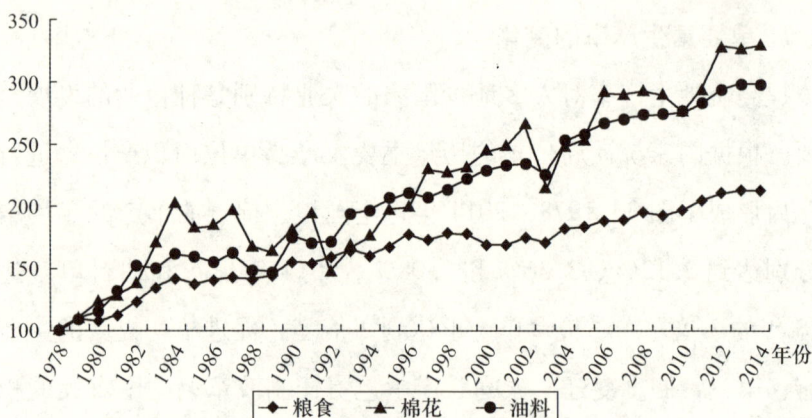

图3　大宗农产品单产指数（1978＝100）

　　劳动生产率低是我国农业的软肋。但从三十多年来的发展看，我国农业劳动生产率的提高是明显的。可以从两个维度衡量农业劳动生产率。第一，全员劳动生产率，以第一产业增加值与第一产业从业人数的比值表示。为消除价格变化的影响，可以根据国家统计局公布的1978年第一产业增加值、以1978年为基期按不变价格计算的历年第一产业增加值指数，推算出历年按1978年价格计算的第一产业增加值。第一产业从业人数采用国家统计局公布数据。1978～2014年，全国农业全员劳动生产率年均增长5.1%（见表2）。第二，单位用工量的实际产出。根据全国农产品成本收益调查资料，可以计算出历年每个工日生产的农产品数量。1980～2014年，小麦和玉米每个工日的产量年均增长率分别达到8.01%和6.37%（见图4）。由于就业不充分，国家统计局公布的第一产业从业人数有可能夸大农业劳动力数量①。以第二个维度衡量的农业劳动生产率变化可能更接近真实情况。但无论按哪个维度衡量，不同时期农业劳动生产率的变化起伏较大：1978～1984年期间，家庭联产承包责任制的实行使农业劳动生产率得到了显著提高；1992年以后的市场取向改革和2001年后加入WTO的开放红利，也促进了农业劳动生产率的显著提高。

表2　　　　　　　　　农业劳动生产率年均增长率　　　　　　　单位:%

| 时　期 | 第一产业 | 小　麦 | 玉　米 |
| --- | --- | --- | --- |
| 1978～2014 | 5.1 | 8.01 | 6.36 |
| 1978～1984 | 5.77 | 19.1 | 16 |
| 1985～1991 | 0.14 | 3.81 | 4.68 |
| 1992～2001 | 4.52 | 5.11 | 2.34 |
| 2002～2014 | 8 | 9.34 | 7.6 |

图4　农业劳动生产率指数（1978＝100）

比较土地生产率和劳动生产率的变化趋势，可以发现一个重要特

① 据中国社会科学院课题组估算，中国在2004年达到刘易斯转折点时，官方统计的农业劳动力比重为46.9%，估算数仅为27.8%；2012年农业劳动力比重估算数仅为19.8%，远低于官方统计的33.6%（中国社科院经济学部"中国经济形势分析与预测"课题组，2013）。

征：2002～2014年，土地生产率的年均增长率明显低于过去三十多年的年均增长率，而劳动生产率的年均增长率超过了过去三十多年的年均增长率。这表明，2002年以后，土地生产率的提高速度在放缓，而劳动生产率的提高速度在加快。

**2. 全要素生产率的变化**

与单要素生产率相比，全要素生产率能更综合、准确地反映生产活动的效率水平。研究表明，1965～2000年，发达国家的农业产出年均增长率虽然只有1.2%，但由于农业劳动力年均增速为 -1.6% ～ -2.2%，其综合投入的年均增长率为 -0.3% ～ -0.6%，农业全要素生产率年均增长率达到1.5% ～1.8%，农业增长主要靠技术进步的推动。虽然发展中国家农业产出的年均增长率高于发达国家，但综合投入的年均增长率更高，全要素生产率的增长率并不高，低收入国家农业全要素生产率甚至在下降，农业增长处于主要依靠投入驱动的局面（见表3）。

表3　　　　　　　农业全要素生产率年均增长率的国际比较　　　　　单位:%

| | 发达国家 (1965～2000) | 发展中国家（1965～2000） | | |
| --- | --- | --- | --- | --- |
| | | 合　计 | 中等收入 | 低收入 |
| 实际农业产出年均增长率 | 1.2 | 2.2 | 2.1～2.0 | 2.3～2.4 |
| 农业劳动力年均增速 | -1.6～-2.2 | 0.7～1.5 | -0.1～0.1 | 1.8～3.4 |
| 劳动生产率年均增速 | 2.8～3.4 | 0.7～1.5 | 1.9～2.2 | -1.1～0.5 |
| 综合投入年均增速 | -0.3～-0.6 | 2.1～2.2 | 1.3 | 3.1～3.5 |
| 全要素生产率年均增速 | 1.5～1.8 | -0.1～0.1 | 0.7～0.8 | -0.8～-1.1 |

资料来源：转引自赵文、程杰（2011）。

在我国，由于对投入、产出基础数据的处理方法不同，计算出的农业全要素生产率年均增长率差异较大。乐观的估算认为，我国1978～1997年农业全要素生产率年均增长率为3.4% ～5.3%；剔除改革开放初期制度变革的一次性贡献，1985～1997年的农业全要素生产率年均增长率仍高达2.2%～4.8%，远高于发达国家和发展中国家水平。这似乎表明，我国农业全要素生产率对产出增长的贡献已经超过了投入，我国农业早就进入了主要依靠技术进步驱动的发展阶段。

实际上我国农业增长效率并没有这么理想。根据赵文、程杰（2011）对基础数据进行修正后估算的结果，1978～1984年，由于家庭联产承包责任制的贡献，我国农业产出和全要素生产率大幅度增加；1985～2001年，虽然我国农业产出年均增长率较高，但农业综合投入年均增长率也较高，属于高投入、高增长的粗放型发展；2002～2009年，农业产出的年均增长率略有下降，但由于第一产业就业人数快速减少导致农业综合投入增长速度明显放缓，农业全要素生产率年均增长率比前一个时期有所提高，农业全要素生产率对农业产出的贡献超过了综合投入对产出的贡献（见表4）。

表4　　　　　　　中国农业全要素生产率年均增长率　　　　　　单位:%

|  | 1978～2009 | 1978～1984 | 1985～2001 | 2002～2009 |
|---|---|---|---|---|
| 实际农业产出年均增长率 | 4.2～4.3 | 7.1～7.6 | 3.7～3.8 | 3.1～3.2 |
| 农业劳动力年均增长率 | -0.1 | 1.8 | 0.4 | -2.0 |
| 劳动生产率年均增长率 | 4.3～4.4 | 5.2～5.7 | 3.3～3.4 | 5.3 |
| 综合投入年均增长率 | 1.7～2.2 | 0.1～3.1 | 2.5～2.6 | 0.9～2.1 |
| 全要素生产率年均增长率 | 2.0～2.6 | 3.9～7.5 | 1.2～1.3 | 1.1～2.3 |

资料来源：赵文、程杰（2011）。

需要指出的是，2002年以来的农业全要素生产率提高主要由劳动力再配置效应（即农业劳动力总量快速减少）贡献，随着可转移农业剩余劳动力的减少，提高农业全要素生产率的这一源泉将会逐步枯竭。如何继续把农业全要素生产率的年均增长率维持在一个较高水平、使之超过综合投入对农业产出增长的贡献，是下一阶段我国农业转变发展方式的核心议题。为此，必须尽快完成从部门间资源再配置型全要素生产率（TFP1）向部门内技术进步型全要素生产率（TFP2）的转换[①]。新的全要素生产率（TFP2）源泉包括：促进土地流转集中，发展适度规模经营，挖掘规模效率；发挥比较优势，调整优化农业生产的产品结构和区域布局，减少资源错配导致的效率损失；加强农民技术培训，研发和推广新品种，提高水、肥、药等投入品利用效率。

## 二、转变农业发展方式需要破解的突出问题

经过三十多年的转型发展，我国农业在结构优化和效率提高方面都有进步。但这种进步是有限的，深层次的矛盾和问题在不断积累。随着工业化、城镇化的深入发展，全社会生态文明意识的觉醒，国内外农产品市场融合程度的加深，我国农业发展方式中不健康、不可持续、缺乏竞争力的问题日益突出（叶兴庆，2014、2015a）。

### （一）产能透支

与传统工业部门存在严重产能过剩的现象不同，我国农业面临的突出问题是产能严重透支[②]。目前达到的农业产能中，有相当一部分是以牺牲生态环境为代价换取的，是在"吃子孙饭"、透支未来。这种以牺牲生态环境为代价换取的产能，是一种不健康、不可持续的产

---

[①] 国务院发展研究中心课题组对全要素生产率的这种转型作过深入分析，见何建武（2015）。

[②] 近年来我国部分农产品，特别是棉花、食糖、玉米库存积压较为严重，但这主要是进口替代造成的，国内产量仍小于国内消费量。这与传统工业部门产能绝对过剩不同。2015年中央经济工作会议提出，供给侧结构性改革的重要任务是"去产能、去库存、去杠杆、降成本、补短板"；而2015年中央农村工作会议指出，农业供给侧结构性改革的重点任务是"去库存、降成本、补短板"，并没有把"去产能"作为重点。

能，也可以说是一种"有毒产能"。

（1）以过量使用化肥、农药等现代投入品为代价换取的产能。我国人多地少的资源禀赋决定了我国农业必须实行集约经营，而集约农业客观上需要使用较多的外部投入品。但我国以鼓励农业增产为导向的投入品价格政策、投入品制造部门的低技术水平、农民缺乏科学合理的使用知识，共同导致我国农业投入品过量使用、有效利用率低。1978～2014年，我国农业生产资料价格年均提高5.4%，而农产品生产品价格年均提高6.4%，投入品与产出品比价关系的这种变化刺激农业生产者使用更多投入品。1978～2014年，我国化肥施用量增加了近6倍。目前我国化肥平均施用量达到400公斤/公顷，是世界公认安全警戒上限225公斤/公顷的1.8倍，是欧美国家平均施用量的4倍以上。我国单位面积农药使用量是世界平均水平的2.5倍。据测算，2015年我国三大粮食作物化肥利用率为35.2%，尽管比2013年提高了2.2个百分点，但与发达国家相比存在明显差距。目前粮食作物氮肥利用率美国为50%，欧洲主要国家为65%，比我国高15～30个百分点（冯华，2015）。2015年我国三大粮食作物农药利用率为36.6%，比2013年提高1.6个百分点，与国外也有较大差距（宁启文，2015）。

（2）以严重超采地下水为代价换取的产能。水利是农业的命脉，农田水利建设对我国农业发展至关重要。1978～2014年，全国耕地灌溉面积扩大了46%。由于灌溉方式落后，2013年我国农田灌溉水有效利用系数仅为0.52，而发达国家在0.7～0.8。在低效用水的情景下扩大灌溉面积，势必加剧农业对水资源的消耗。我国人均水资源量仅为世界平均水平的1/4，部分粮食主产区人均水资源占有量低于全国平均水平，河北、山东、河南、江苏等主产区农业水资源实际利用量已超过水资源的可持续利用量。特别是华北地区地表水资源严重不足，长期靠超采地下水支撑农业生产发展，导致"寅吃卯粮""透支子孙用水"。华北地区已出现世界罕见的漏斗区，面积超过4万平方公里，因连年超量开采地下水导致地层下降，形成以保定、衡水、沧州等为中心的多个漏斗群，衍生出一系列次生灾害和环境地质问题。

（3）以侵占湿地为代价换取的产能。据不完全统计，从20世纪50年代以来，全国湿地开垦面积达1000万公顷。全国沿海滩涂面积已削减过半，全国56%以上的红树林丧失，"千湖之省"湖北省的湖泊锐减了2/3。特别是作为我国最大的平原沼泽分布区的黑龙江三江平原，原有沼泽已失去近八成。据统计，1975年三江平原自然沼泽面积为244万公顷，占平原面积的48%；1985年沼泽面积下降到150万公顷，占平原面积的29%；到1990年沼泽面积仅剩113万公顷，仅占平原面积的22%。随着自然湿地面积逐渐减少，该区域湿地生态功能明显下降，生物多样性降低，出现生态环境恶化现象，如风蚀加重、土壤局部沙化、盐渍化、水土流失加重、旱灾次数增多等。

（4）以水土严重流失为代价换取的产能。20世纪50年代至90年代，为扩大耕地面积、增加粮食产量，我国不少地方进行了长时期、大面积的毁林毁草造地。1998年我国遭遇大范围洪水后，于1999年启动退耕还林工程试点，2002年该工程在全国范围内实施。截至2013年底，全国累计退耕还林1.39亿亩。据第二次全国土地详细调查[①]，全国有25度以上坡耕地8244万亩，其中79.9%分布在西部地区、13.8%分布在中部地区。经过2009年后零星安排退耕还林，特别是2014年和2015年实施新一轮退耕还林后，目前全国25度以上需要退

---

① 以2009年12月31日为数据汇总时点。

耕的陡坡耕地仍有 4300 万亩，这类耕地粮食产量占全国 1%，造成的水土流失占全国的 40%。

（5）以利用污染土壤、影响食品质量安全为代价换取的产能。土壤与大气和水并列为人类环境的三大要素，而几乎所有的污染都会进入土壤。我国土壤污染状况已经影响到耕地质量、食品安全甚至人的身体健康，其中最严重的是重金属污染。据全国首次土壤污染状况调查，我国土壤污染点位超标率为 16.1%，其中耕地、林地、草地和未利用地土壤污染点位超标率分别为 19.4%、10%、10.4% 和 11.4%；耕地中，中度和重度污染分别占 1.8% 和 1.1%，据此推算，全国中重度污染耕地达 5000 万亩。这些受污染的耕地，主要分布在工业化程度比较高的长三角、珠三角、东北老工业基地等地区。这些地区正是我国农业高产地区。

让目前仍在利用的农业"有毒产能"逐步退出，不仅需要国家投入大量补助资金，而且需要提高农业"健康产能"，并力争使"健康产能"的增长跑赢"有毒产能"的退出，从而使农业总产能得以逐步提高。

## （二）成本上涨

人多地少水缺的资源禀赋，决定了我国农业生产成本要高于主要农业贸易伙伴国。但我国特殊的城乡二元体制和土地制度，使我国农业生产成本即便与资源禀赋类似、发展阶段相近的国家相比，也没有竞争优势。城乡二元体制不利于农业剩余劳动力随工业化、城镇化程度的提高而下降，使农业剩余劳动力转移的"刘易斯第一拐点"提早到来，既促使工业和城镇部门工资水平过早地出现持续性上涨，也令农业部门劳动成本过早地出现持续性上涨。土地集体所有、成员承包、经营者使用的制度安排，不仅使土地成本显性化，而且令租地经营者不得不支付越来越高的地租费用。

从纵向比较看，我国农业生产成本上涨速度明显快于农业产值增长速度，农业利润空间日趋收窄。1990～2014 年，我国稻谷、小麦、玉米等三种粮食，按现价计算的亩产值年均增长 7.75%，但亩成本年均增长达到 8.74%，亩利润年均增长仅 3.57%，产值的增长基本被成本的增长抵消（见图5）。在成本增长中，人工成本和土地成本的增长是主要推动因素。1990～2014 年，我国三种粮食平均亩成本年均增长 8.74%，其中物质和服务费用年均增长 6.95%，人工成本年均增长 9.54%，土地成本年均增长 13.69%；在亩均总成本中，物质与服务费用占比从 58.3% 下降到 39.1%，但人工成本占比从 35.1% 上升到 41.8%，土地成本占比从 6.6% 上升到 19.1%（见图6）。从 2013 年开始，人工成本占比超过了物质与服务费用占比。

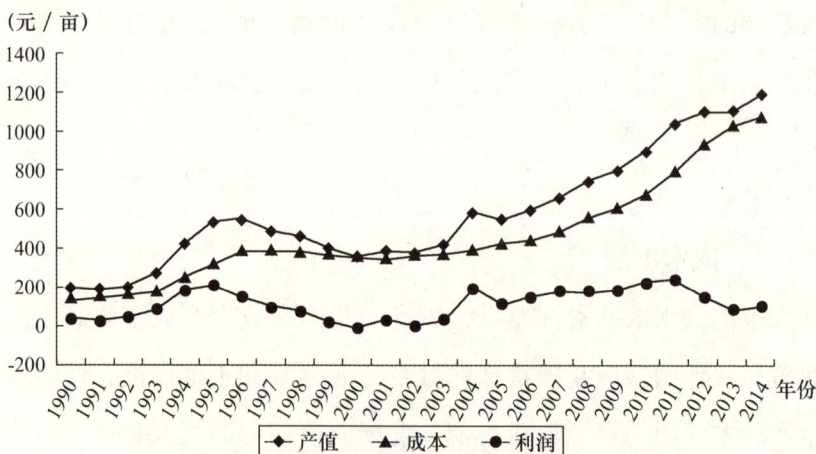

图5 全国三种粮食平均产值、成本及利润

从横向比较看，我国农业生产成本已全面超过国外水平，竞争优势消失殆尽。与美国相比，我国主要农产品，特别是土地密集型农产品的生产成本已全面丧失竞争优势。2014 年，我国稻谷、小麦、玉

(%)

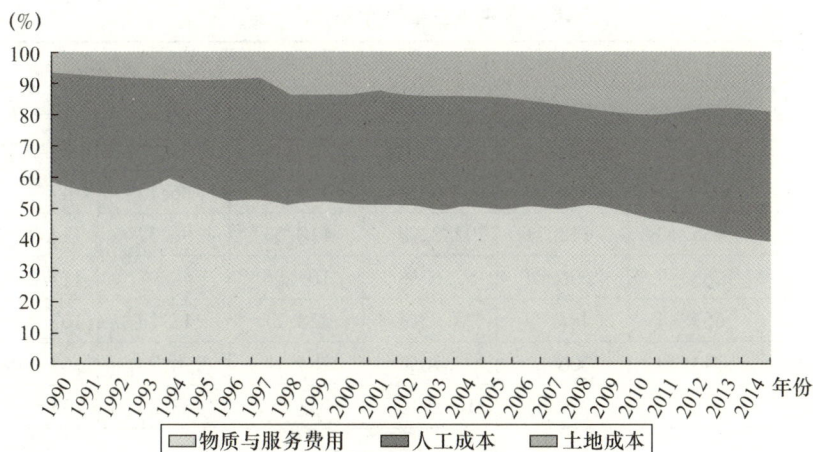

图6　全国三种粮食平均亩成本构成

米、大豆、花生和棉花的亩成本，比美国高4.69%至216.29%。由于单产差异，单位产品的成本差异幅度有较大变化，单产低于美国的稻谷、玉米、大豆、花生，单位产品成本差异幅度高于单位面积成本差异幅度；单产高于美国的小麦、棉花，单位产品成本差异幅度小于单位面积成本差异幅度（见表5）。深入分析发现，我国主要农产品成本之所以明显高于美国，在于我国人工成本和土地成本太高。由于经营规模小、机械化程度和劳动生产率低，2014年我国稻谷、小麦、玉米、大豆、花生和棉花亩人工成本分别为美国的6.46倍、18.23倍、16.81倍、10.12倍、6.82倍和31.15倍（见图7）。由于我国土地所有权不能买卖，获得承包权且转向非农就业的农户对未来生活前景和地权保护缺乏信心。对他们而言，流转土地经营权是一种高风险行为，需要足够高的地租才能令他们流转土地经营权，加之一些地方对规模经营者实行土地流转补贴，使其能够承受较高地租，我国农地租金明显高于一般国家。2014年，我国稻谷、小麦、玉米、大豆、花生和棉花单位面积土地成本分别为美国的1.01倍、2.76倍、1.26倍、1.55倍、2.35倍和3.04倍（见图8）。

表5　　　　　　　　　　2014 年中美主要农产品成本比较

| | 亩成本 | | | 每50 公斤成本 | | |
|---|---|---|---|---|---|---|
| | 中国（元） | 美国（元） | 中国高于美国幅度 | 中国（元） | 美国（元） | 中国高于美国幅度 |
| 稻谷 | 1078.27 | 1030.08 | 4.68% | 127.27 | 86.15 | 47.73% |
| 小麦 | 965.13 | 318.71 | 202.82% | 110.53 | 96.32 | 14.75% |
| 玉米 | 1063.89 | 696.84 | 52.67% | 103.86 | 48.98 | 112.05% |
| 大豆 | 667.34 | 481.07 | 38.72% | 228.21 | 112.24 | 103.32% |
| 花生 | 1343.39 | 1006.62 | 33.46% | 284.14 | 174.24 | 63.07% |
| 棉花 | 2278.56 | 720.41 | 216.29% | 953.7 | 703.06 | 35.65% |

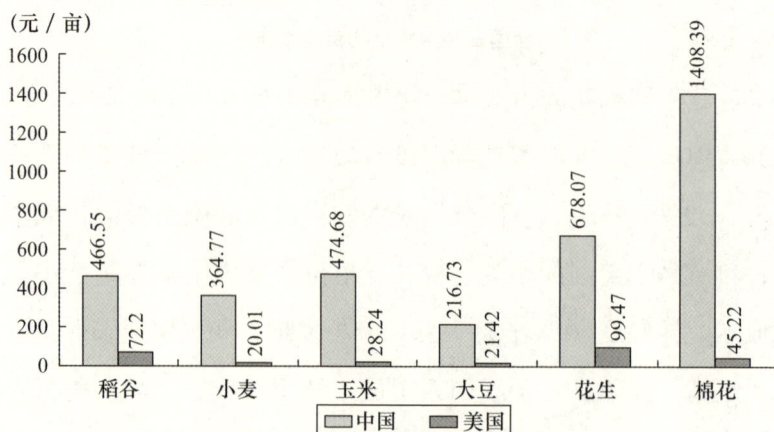

图7　2014 年中美主要农产品人工成本比较

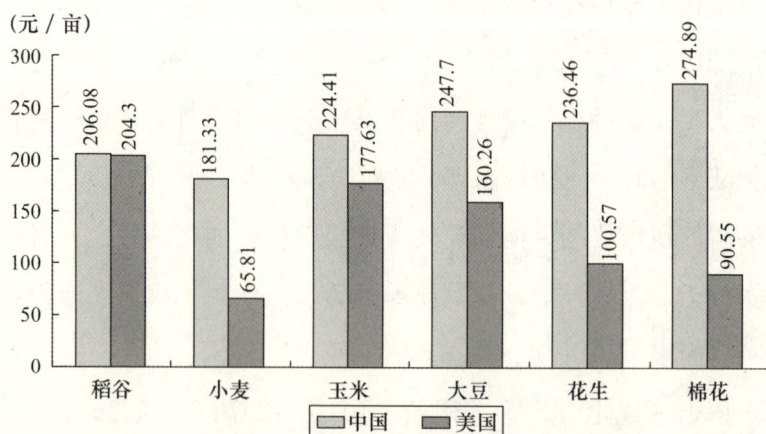

图8　2014 年中美主要农产品土地成本比较

我国工业化、城镇化进程尚未完成，农产品生产成本仍处在快速上升通道。通过土地适度规模经营和农业机械化以提高劳动生产率、通过土地制度改革以控制地租上涨、通过科技进步以节本增效，是提高我国农业竞争力的关键，也是转变农业发展方式的核心。

### （三）价格倒挂

2004 年新一轮粮改以来，我国先后对稻谷和小麦实行最低收购价政策，对大豆、玉米、油菜籽、棉花、食糖实行临时收储政策，国家收购价水平经历了多次提高。特别是 2008～2014 年，稻谷最低收购价连续 7 年提高，累计提价幅度达到早籼稻 93%、中晚籼稻 92%、粳稻 107%；小麦最低收购价连续 6 年提高，累计提价幅度达到白小麦 64%、红小麦和混合麦 71%。重要农产品临时收储价也有不同程度提高。在国内价格低于国际价格的背景下，最低收购价和临时收储价的持续提高，释放了鼓励增产的信号。但随着 2013 年以来国内外价格的反向变化，主要农产品国内价格逐步超过进口到岸税后价，顶破了国际价格的"天花板"。我国加入 WTO 时做出承诺，对大豆、植物油等多数产品只征收单一关税；同时，也争取到了对部分农产品实行关税配额管理的政策，即根据基期（1996～1998 年）生产、贸易等情况确定一定的进口配额，配额内实行低关税，配额外实行高关税。因而，根据关税的不同有两层国际价格"天花板"。第一层"天花板"是根据配额内低关税计算的进口到岸税后价，第二层"天花板"是根据单一关税和配额外高关税计算的进口到岸税后价。从目前已经达到的倒挂程度和未来价差走势看，可以分为三种类型。

一是已经持续性顶破第一层"天花板"，与第二层"天花板"尚有一定距离。主要包括大米和小麦。大米和小麦分别于 2013 年 7 月和

6月开始出现持续性价格倒挂，配额内1%关税到岸税后价持续高于国内市场价。从未来走势看，我国大米和小麦单产提高潜力有限，扩大经营规模难度大，劳动生产率提高缓慢，在人工成本和土地成本的推动下生产成本将长期持续上升，国内价格有长期持续上涨的内在推力。综合判断，"十三五"期末，大米和小麦的国内价格有可能持续性顶破按配额外65%关税计算的到岸税后价，即第二层"天花板"。

二是已经持续性顶破第一层"天花板"，部分时点也已顶破第二层"天花板"。与第一层"天花板"比较，玉米于2013年7月开始出现持续性价格倒挂，美国墨西哥湾2级黄玉米（蛋白质含量12%）运到广州黄埔港的配额内1%关税到岸税后价，持续性高于东北2等黄玉米运到广州黄埔港的平仓价。据农业部农业贸易促进中心监测，玉米已于2014年7月和9月、2015年4～6月短期出现过配额外65%关税进口到岸税后价低于国内市场价的情形。从未来走势看，国内玉米生产在提高单产、扩大经营规模、提高劳动生产率等方面有较大潜力，但人工成本和土地成本仍将继续上涨；受国际市场石油价格疲软影响，玉米的能源化利用需求不振，国际海运费用难以提高，玉米国际市场价格将长期走低。展望未来，玉米国内价格顶破第二层"天花板"极有可能在"十三五"期间成为持续性现象。

三是已持续性顶破第二层"天花板"。主要包括大豆、棉花和食糖。加入WTO以来，由于大豆仅实行3%的单一关税，国内大豆片面追求含油率，未能发挥蛋白质含量高和非转基因的差异化竞争优势，国内价格与进口到岸税后价几乎完全并轨，国内市场几乎完全受国际市场左右；但从2012年10月开始，大豆的国内外价格出现持续性倒挂，青岛港进口大豆按3%单一关税计算的到岸税后价持续性高于山东国产大豆入厂价。棉花于2011年10月开始出现持续性价格倒挂，进口棉花到岸税后价格（滑准税下）持续性高于国内棉花价格，直到 2015 年 1 月国内外价格倒挂现象基本消失，如果考虑质量等因素，国内外价格已完全并轨。据农业部市场与经济信息司监测，按配额外 50% 关税计算的巴西糖到岸税后价已于 2015 年 2 月以来连续低于国内市场价。从未来走势看，我国食糖原料生产成本极高，提高甘蔗生产效率、降低成本的潜力不大；巴西货币贬值，能源化利用需求疲软，蔗糖出口的潜力和竞争力很高。食糖国内价格持续性顶破第二层"天花板"的格局已经形成。

最低收购价和临时收储价的提高，是 2004 年以来农业增产的重要推动力。在价格倒挂的情景下，今后继续按高于进口到岸税后价的政府托市价收购农产品，势必造成"高产量、高收购、高进口、高库存、高亏损"。"市场定价、价补分离"是托市收购政策走出困境的必由之路。但托市收购政策淡出所造成的动力真空，迫切需要新的力量来填补。

### （四）"黄箱"收窄

按照 WTO 规则，我国现行粮食最低收购价和重要农产品临时收储价属于典型的对生产和贸易有扭曲作用的"黄箱"补贴政策；各种财政支付性补贴中与当期生产和贸易挂钩的补贴，如一些地方规定的按当年播种面积发放的种粮直补、良种补贴和农资综合补贴，农机具购置补贴，东北玉米和新疆棉花运费补贴等，也是典型的"黄箱"补贴政策。WTO 规则规定，发达国家"黄箱"补贴要逐步削减到 5%，发展中国家要逐步削减到 10%。我国 2001 年加入 WTO 时是以 1996～1998 年均值为基期值的，当时不仅没有"黄箱"补贴，反而因国家收购价格低于固定外部参考价而存在负补贴，因此我国不存在削减问题，但同时又规定今后如果实行"黄箱"补贴，则必须遵从两个8.5%的上限约束，即特定产品"黄箱"补贴不得超过该产品产值的8.5%，非特定产品"黄箱"补贴不得超过农业（不含渔业）总产值的8.5%（朱满德、程国强，2015）。

从特定产品"黄箱"补贴来看，多数产品的"黄箱"补贴还有一定空间，但如果托市性收购价格继续逐年提高并有较大的托市性收购量，则很快就会遭遇微量允许上限的实质性约束。2004年以来，国家实行的财政支付性补贴政策呈现出比较规则的变化趋势，这也是各产品"黄箱"补贴额中比较固定的组成部分。年度间和产品间变化比较大的是价格支持水平，尽管托市性收购价在逐年提高，与基期的固定外部参考价的价差在逐年扩大，但年度间和品种间实际托市性收购量差异较大。这表明，控制特定产品"黄箱"补贴，关键在于控制托市性收购行为。需要注意的是，部分产品在个别年份的"黄箱"补贴已接近上限约束，如2009年的玉米（5.3%）、2012年的大豆（7.2%）。2014/2015年度和2015/2016年度玉米托市性收购量连创新高，极有可能超过8.5%的上限约束。据专家测算，2014年实行棉花目标价格补贴改革后，由于不再按托市性收购价与固定外部参考价价差与实际托市性收购量计算价格支持水平，而是按目标价与固定外部参考价价差与试点地区当年全部参与目标价格补贴改革产量计算价格支持水平，其补贴力度也已超过8.5%的上限约束。

从非特定产品"黄箱"补贴来看，我国还有很大的空间。按WTO规则，针对整个农业部门而非针对具体农产品的"黄箱"补贴，为非特定产品"黄箱"补贴。最低收购价和临时收储都是针对具体农产品的，因而在非特定产品"黄箱"补贴中不存在价格支持部分。我国目前实行的各种财政支付性补贴中，有些是与具体产品挂钩的（如一些地方按播种面积发放的粮食直补、良种补贴），应计入特定产品"黄箱"补贴；有些不与具体产品挂钩（如农资综合补贴），则应计入非特定产品"黄箱"补贴。同一种补贴，各地操作办法也不相同，在归类上存在一定难度。但大致上，目前我国非特定产品"黄箱"补贴力度不大。以2014年为例，全国农业总产值（不包括渔业）为91892亿元，按8.5%计算的非特定产品"黄箱"上限值为7811亿元，而实际的非特定产品"黄箱"补贴仅为1300亿元左右，仅占农业总产值的1.4%和"黄箱"上限值的16.6%，补贴空间还很大。

## 三、推动农业发展方式加快转变关键在于解好"不等式"

改革开放三十多年来我国农业发展方式的逐步变化，既与工业化、城镇化、市场化、国际化的拉动有关，也与认识的深化和政策的推动有关。从"九五"计划到"十二五"规划①，国家多次要求加快转变经济增长方式、对经济结构进行战略性调整，也多次要求加快转变农业发展方式、推进农业结构战略性调整，发展高产、优质、高效、生态、安全农业。但问题在于，这种转变取得的成效与人们的期望值相差较大。

既然转变农业发展方式早就进入议事日程，为什么实际进展不尽人意，以至于现在面临日益严重的产能透支、成本上升、价格倒挂、"黄箱"收窄等难题？在经济发展进入新常态、迫切需要加大结构性

---

① 1995年党的十四届五中全会通过的《中共中央关于制定国民经济和社会发展"九五"计划和2010年远景目标的建议》提出了"两个根本性转变"的要求，即经济体制从传统的计划经济体制向社会主义市场经济体制转变、经济增长方式从粗放型向集约型转变。根据这一要求，转变农业发展方式也成为农业政策的重要目标。

改革力度的新背景下，如何推动农业发展方式真正转起来？关键在于找准撬动农业发展方式转变的支点，寻找转变农业发展方式"不等式"之解。

### （一）转变农业发展方式的"不等式"

我国转变经济增长方式之所以收效甚微，有专家认为是因为在传统体制下国有企业靠粗放增长方式可以生存下去，从而缺乏转方式的内在动力（吴敬琏，2015）。我们认为，从农业的情况看，不能仅从体制的角度看问题。农业发展方式是否向理想的方向转变，主要取决于两种力量的对比。一种力量是新发展方式的净收益（NY – YC），另一种力量是旧发展方式的净收益（OY – OC），当（NY – YC）=（OY – OC）时转方式达到临界点，当（NY – YC）≥（OY – OC）时转方式进入进行时。

其中，NY = 新发展方式的收益，NC = 新发展方式的成本，OY = 旧发展方式的收益，OC = 旧发展方式的成本。要使（NY – YC）≥（OY – OC），就要采取措施做大（NY – NC）、做小（OY – OC）。

做大（NY – NC），可以从做大 NY、做小 NC 入手。做大 NY 的主要措施有：完善农产品市场价格形成机制，消除信息不对称状况，让消费者愿意对按绿色生产方式生产的农产品付更高的价格；完善农业补贴和农产品托市政策，将补贴和价格支持政策与农业生产方式挂钩，如向新型经营主体倾斜；对资源节约和环境友好型农业生产经营活动进行生态效益补偿，将农业生产经营的正外部效益内部化。做小 NC 的主要措施有：对资源节约和环境友好型生产技术进行补贴，如对节水灌溉、水肥一体化、测土配方施肥、农机具购置和使用等进行补贴；按有利于节本降耗的标准研发和推广新技术、新装备。

做小（OY－OC），可以从做小 OY、做大 OC 入手。做小 OY 的主要措施有：减少对旧发展方式的农业补贴和价格支持；让消费者减少购买按旧发展方式生产的农产品。做大 OC 的主要措施有：加大处罚力度，将农业生产经营活动的负外部效应，如超采地下水、过量施用化肥和农药等对生态环境的破坏，计入生产经营者的成本；提高资源要素的价格，如提高农业水价、恢复征收化肥增值税，使其充分体现资源稀缺程度和生态环境成本[①]。

### （二）"不等式"的解释力：以农业机械化为例

构建"不等式"的意义，在于揭示如何做大（NY－NC）、做小（OY－OC），促使农业从旧发展方式向新发展方式转变的临界点顺利到来。在我国农业发展方式转变的历史进程中，农业机械化的故事能很好地诠释临界点的重要性和（NY－NC）与（OY－OC）角力的过程。

在过去很长一个时期内，我国追求农业现代化，而且把农业机械化作为农业现代化的重要内容。1937 年，毛泽东在《矛盾论》中指出，"在社会主义社会中工人阶级和农民阶级的矛盾，用农业集体化和农业机械化的方法去解决。"1950 年，中南海举办新式农具展览会。1958 年，毛泽东提出以"土、肥、水、种、密、保、管、工"为主要内容的农业八字宪法，把农业机械化列为发展农业的重点措施之一。1958 年 11 月 10 日，毛泽东在对《郑州会议关于人民公社若干问题的

---

[①] 2016 年 1 月发布的《国务院办公厅关于推进农业水价综合改革的意见》（国办发〔2016〕2 号）明确指出，"农业水价形成机制不健全，价格水平总体偏低，不能有效反映水资源稀缺程度和生态环境成本。"这意味着，今后农业水价不仅要反映供水工程的建设和运营成本，还要反映水资源稀缺程度和生态环境成本。

决议》的修改和信件中提出了农业工厂化的设想，指出"要使人民公社具有雄厚的生产资料，就必须实现公社工业化，农业工厂化（即机械化和电气化）。"1959 年 4 月 29 日，毛泽东在《党内通讯》中提出"农业的根本出路在于机械化"。1962 年，中共八届十中全会上，毛泽东提出："我们党在农业问题的根本路线是，第一步实现农业集体化，第二步在集体化的基础上实现农业机械化和电气化。"1966 年，国家提出"1980 年基本上实现农业机械化"的奋斗目标，并为实现这一目标做了规划和部署。1966 年 4 月、1971 年 8 月、1978 年 1 月先后召开 3 次全国农业机械化工作会议，采取一系列行政手段，动员全党全国人民为 1980 年基本实现农业机械化而奋斗。当时制定的 1980 年基本实现农业机械化的目标是：农、林、牧、副、渔主要作业的机械化水平达到 70% 以上。事实上，直到 2000 年，我国农作物耕种收综合机械化水平仅为 32.3%，多数地方仍以人畜力为主。2004 年以后，我国农业机械化进入快速发展阶段。与 2003 年相比，2014 年全国农机总动力增加了 78%，农作物耕种收综合机械化水平提高了 27.5 个百分点，11 年间的发展进度超过了此前 50 多年的进展程度（见图 9）。

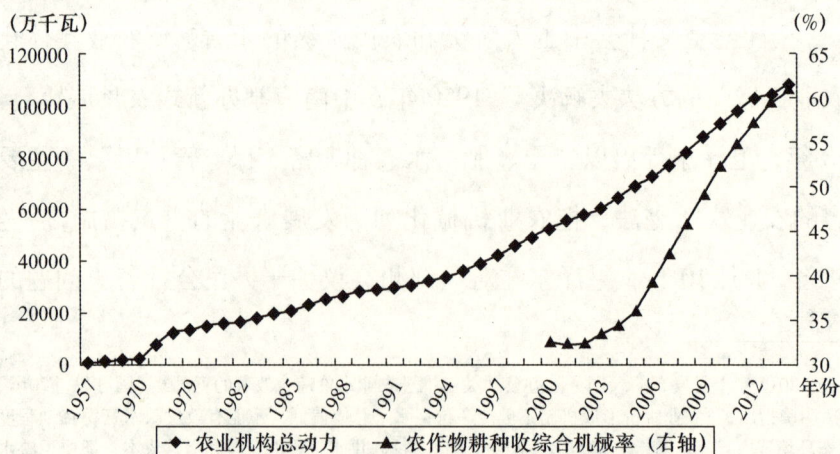

图 9　全国农业机械化发展水平

对于农业机械化而言，2004 年之所以成为（NY－NC）≥（OY－OC）的临界点，并且此后（NY－NC）持续大于（OY－OC），在于以下原因。第一，2004 年左右我国开始迈过农业剩余劳动力转移的"刘易斯第一拐点"，农业中的"机器换人"在经济上开始合算。2004 年以前，我国农业剩余劳动力较多，农民工工资长期处于较低水平，农忙季节外出务工农民返乡抢收抢种十分普遍。2004 年以后，沿海地区开始出现"民工荒"，农民工工资步入上升通道。扣除价格水平的影响，2004～2014 年，全国农民工实际工资增长 2.74 倍，年均增长率为 10.6%（李伟，2016）。受此影响，外出务工农民返乡抢收抢种的机会成本开始超过使用农业机械的费用，他们宁愿为农机作业付费而不愿返乡劳作。第二，中央财政 2004 年开始实行农机具购置补贴政策，补贴资金逐年增加，从 2004 年的 0.7 亿元增加到 2014 年的 237.5 亿元。这降低了农机经营户为普通农户提供农机作业服务的成本。第三，农机服务方式的创新，提高了农机具的使用率。农机专业合作社、以小麦机收为代表的农机跨区作业的发展，使我国在小规模农业的情形下能够有效提高农机具的使用率，从而降低农机具的使用成本。

以上三点给我们的启示是，工业化、城镇化发展到一定阶段，是农业中"机器换人"临界点到来的先决条件，在工业化、城镇化程度较低的发展阶段以行政力量推进农业机械化是难以成功的；临界点到来后，实行补贴政策和经营创新，有利于加快以新发展方式（农机作业）替代旧发展方式（手工劳动）的步伐①。

---

① 为推进过剩产能化解，有专家建议应采取激励性措施调动地方和企业从过剩产能中退出的积极性。见宣晓伟、许伟（2015）。

### （三）求解农业转方式主要领域的"不等式"

转变农业发展方式，就是要着力转变农业经营方式、生产方式、资源利用方式和管理方式，推动农业发展由数量增长为主转到数量质量效益并重上来、由主要依靠物质要素投入转到依靠科技创新和提高劳动者素质上来、由依赖资源消耗的粗放经营转到可持续发展上来（于文静、王宇，2015）。在这个系统工程中，应当抓住关键领域，逐一求解"不等式"。

#### 1. 推动小规模农业向适度规模农业转变

大量研究表明，在就业和收入主要依靠农业的发展阶段，农户虽然经营规模小，但会精心务农，单位面积产出水平并不低。随着家庭主要劳动力转向非农产业就业、农业在家庭收入增长中的贡献度下降，越来越多的小规模兼业经营农户会选择粗放经营，甚至撂荒。但专业化、规模适度的家庭农场等新型经营主体，对新技术的使用更加积极，对单位面积产出量更加敏感。在相同条件下，适度规模经营比小规模兼业经营有更高的产出水平。据农业部统计，截至2014年底，全国家庭农场超过87万家，农民合作社达到128万家，农村土地流转面积占家庭承包耕地的比重超过30%（韩长赋，2015）。中央已明确提出，"现阶段，对土地经营规模相当于当地户均承包地面积10至15倍、务农收入相当于当地二三产业务工收入的，应当给予重点扶持"。[①]

促进土地流转集中、发展多种形式的适度规模经营，不能以行政力量强制推动，要注重用经济手段引导农民自愿流转，也就是要做大（NY－NC）、做小（OY－OC），使（NY－NC）≥（OY－OC）。做大

---

① 见《关于引导农村土地经营权有序流转发展农业适度规模经营的意见》（中办发〔2014〕61号）。

（NY－NC），首先要做大 NY，主要措施有：①引导规模经营主体根据市场需求发展优质农产品生产，培育农产品品牌，通过优质优价获取更高的生产经营收益。②推进农业补贴制度改革，把由种粮直补、良种补贴和农资综合补贴合并而成的农业支持保护补贴向规模经营主体、特别是粮食规模经营主体倾斜。做大（NY－NC），还要做小 NC，主要措施有：①帮助规模经营主体应用先进适用技术，提高投入品使用效率，实现节本降耗。②加大对规模经营主体从事农田水利、土地平整、田间道路、仓储物流等基础设施建设的扶持力度，摊薄建设成本。③扶持规模经营主体提高机械化程度和劳动生产率，控制人工成本过快上涨。④合理引导地租上涨速度，在增加承包权利人财产性收入与减轻租地经营者负担之间寻找利益均衡点，鼓励有条件的地方对土地流转进行补贴①。

　　做小（OY－OC），也就是降低小规模兼业经营农户的净收益，虽然符合经济逻辑、有利于促使他们流转出土地，但不符合政治和社会逻辑、不利于维护小规模农户的利益，不能在这方面采取过于主动和激进的措施。例如，发展农民合作社、农业社会化服务，既有有利于解决小规模农户不经济的一面，也有降低小规模农户流转出土地的意愿、延缓土地集中和经营规模扩大的另一面。日本、韩国和我国台湾地区的发展实践充分表明，政府的高度支持保护、强大的农民合作组织，维护了小规模农户的利益，但也确实阻碍了土地流转集中，错过了工业化城镇化进程中发展农地规模经营的最佳时机。从这些先行国

---

① 2015 年 12 月发布的《国务院办公厅关于推进农村一二三产业融合发展的指导意见》（国办发〔2015〕93 号）提出，"地方人民政府可探索制订发布本行政区域内农用地基准价格，为农户土地入股或流转提供参考依据"。其本意是要保护承包户的土地权益。在地租过低的地方这么做是必要的。但要注意防止人为抬高地租，避免助推规模经营"非粮化"甚至"非农化"。

家和地区的教训看,要做小(OY - OC),就不应该支持发展农民合作社、农业社会化服务。显然,这种政策主张不符合目前我国大多数人的价值观。又如,对撂荒的农户采取惩罚措施有利于促进土地流转,但这可能为一些地方加重农民负担提供借口,因而现阶段也不宜实行。需要注意的是,对拥有土地承包权但不实际经营农业的承包户与继续经营自家承包地的小规模农户应该实行差异化政策,在改按承包关系发放的普惠性补贴为按经营规模发放的精准化补贴的过程中,可以取消对前者的补贴,但要兼顾到继续经营自家承包地的小规模农户的利益。

**2. 推动粗放型农业向集约型农业转变**

从不同维度看,我国农业的集约化程度差异较大。土地生产率在全世界范围看并不低。从水资源和投入品利用效率来看,尽管近年来二者利用效率在逐步提高,但目前仍明显低于发达国家水平。2000～2013年,全国农田灌溉水有效利用系数由0.43提高到0.52,形成节水能力约300亿立方米;同期,尽管我国有效灌溉面积持续增加,但全国农田灌溉用水量基本稳定在3400亿～3700亿立方米。我国从2005年开始推广测土配方施肥,实施后稻谷、小麦、玉米三大粮食作物氮肥、磷肥和钾肥利用率分别为33%、24%和42%,比实施前分别提高5、12和10个百分点。实施农作物病虫害机械化、专业化统防统治等措施后,我国农药有效利用率在逐步提高。根据《全国农业可持续发展规划(2015～2030年)》和其他专项规划,2020年和2030年我国在水、肥、药等要素使用效率方面要达到新的目标(见表6),特别是2020年要实现化肥和农药使用量零增长。实现这些目标,必须在(NY - NC) ≥ (OY - OC)的基础上,使(NY - NC)的优势更加明显、对农业生产者的吸引力更大。

表6　　　　　　　　　　　农业要素使用效率提高目标

| | 2013 | 2020 | 2030 |
|---|---|---|---|
| 农田灌溉水有效利用系数 | 0.52 | 0.55 | 0.6 |
| 节水灌溉面积占有效灌溉面积比重 | 42.7% | 64% | 75% |
| 主要农作物肥料利用率 | 34% | 40% | |
| 主要农作物农药利用率 | 35% | 40% | |

在提高农业用水效率方面，使（NY－NC）≥（OY－OC）持续成立，应把做小 NC 和做大 OC 作为主要切入点，也就是要重点从降低节水农业成本和让耗水农业付出更大代价两方面入手。做小 NC 的主要措施有：①加大农田水利建设投入力度，提高对节水灌溉设备的财政补贴水平，降低农民购买和使用节水灌溉设备的成本；②加强对节水灌溉设备、材料的研发，为农民提供经济实惠的节水灌溉装备；③改进田间管理，发展旱作农业，通过农艺措施降低用水量从而降低用水成本。做大 OC 的主要措施有：①提高水价和灌溉电价，水价要反映资源稀缺程度，甚至反映生态环境成本，提高大水漫灌的综合成本；②加强灌溉定额管理，逐步降低定额水平，对超定额用水者征收高额罚款。此外，可以在合理确定初始水权分配的基础上，完善用水计量办法，发展水权交易市场，以水权转让调动农民种植低耗水作物、采用节水灌溉措施的积极性[1]。

在提高化肥和农药有效利用率方面，使（NY－NC）≥（OY－OC）持续成立，应从做大 NY、做小 NC 和做小 OY、做大 OC 四个方面综合施策。做大 NY，就是要让按科学合理方法使用化肥和农药生产的农产品卖出更好的价钱，为此要注重培育农产品品牌，运用物联

---

[1]　山西省清徐县在这方面进行了积极探索，见林春霞、曹英、刘雅卓（2015）、叶兴庆（2015b）。

网等信息化手段消除生产者与消费者在农产品质量方面的信息不对称，增强消费者以更高价格购买按标准化技术生产出的农产品的意愿。做小 NC，就是要加大测土配方施肥、水肥一体化等新技术的推广力度①，对施用有机肥提供补贴；研发和推广应用高效、低毒、低残留的农药品种，通过政府购买服务的方式为分散的农户提供专业化、机械化的农作物病虫害统防统治作业。做小 OY，就是要让过量使用化肥和农药生产出的农产品卖不出好价钱。做大 OC，就是要取消化肥和农药生产的税收优惠政策，扭转以低价格鼓励农民多用化肥的传统做法②；可对造成严重环境污染的探索征收环境税。

### 3. 推动环境掠夺型农业向环境友好型农业转变

对长期以来为增加产量而不惜牺牲生态环境带来的后果，人们逐步有了认识，甚至感觉到了切肤之痛。1998 年长江流域发生特大洪水之后，为减少水土流失，国家决定实施大规模的退耕还林还草工程。2014 年中央 1 号文件明确要求，建立农业可持续发展长效机制，在保障当期供给的同时更加注重农业可持续发展，实现高产高效与资源生态永续利用协调兼顾；启动重金属污染耕地修复试点、华北地下水超采漏斗区综合治理试点、湿地生态效益补偿和退耕还湿试点，启动新一轮退耕还林还草。党的十八届五中全会《中共中央关于制定国民经济和社会发展第十三个五年规划的建议》提出，"建设国家地下水监测系统，开展地下水超采区综合治理"，"深入实施大气、水、土壤污

---

① 局部试点表明，改水肥分开施用为水肥同步供应，改 1 次追肥为 4~5 次随水追肥，改常规复合肥为高效水溶肥，可以少用水 40%，少用肥 20%。水、肥因用量减少而成本下降，因增产而增收，获得综合收益；但管道等硬件设施的投入会上升。见刘毅（2015）。

② 自 1994 年以来，国家对国内生产流通和进口的部分化肥品种一直实行免征或者先征后返增值税等优惠政策。2015 年 8 月 10 日，财政部、海关总署、国家税务总局发出通知称，为优化农业生产投入结构、促进农业可持续发展，停止执行化肥增值税优惠政策，自 2015 年 9 月 1 日起，对纳税人销售和进口化肥统一按 13% 税率征收国内环节和进口环节增值税。

染防治行动计划","加大农业面源污染防治力度","推进种养业废弃物资源化利用、无害化处置","开展退耕还湿、退养还滩","探索实行耕地轮作休耕制度试点"。

根据《全国农业可持续发展规划（2015～2030年）》《农业突出环境问题治理规划（2015～2018）》《农业部关于打好农业面源污染防治攻坚战的实施意见》《新一轮退耕还林还草总体方案》和其他专项规划，国家在建设环境友好型农业方面提出了一系列新目标（见表7）。无论是顺利将陡坡耕地和侵占湿地而形成的耕地退出农业生产、对重金属污染耕地和地下水超采地区进行治理，还是如期实现畜禽粪便、农作物秸秆、农膜（农药包装废弃物）基本资源化利用目标，都需要令（NY－NC）≥（OY－OC）持续成立。

表7 　　　　　　　　　　　农业环境治理目标

| 治理项目 | 2013 | 2020 | 2030 |
|---|---|---|---|
| 养殖废弃物综合利用率 | 50% | 75% | 90% |
| 农作物秸秆综合利用率 | 76% | 85% | 100% |
| 农膜回收率 | 66% | 80% | 100% |
| 耕地基础地力等级 | 5.1 | 5.6 | 6.1 |
| 退耕还林还草 | 2014 至 2020 年累计完成 4240 万亩 | | |
| 退耕还湿 | 需要退出 5064 万亩 | | |
| 重金属污染治理 | 需要治理 5250 万亩 | | |
| 地下水超采治理 | 需要治理 5000 万亩 | | |

在退耕还林还草、退耕还湿方面，由于退耕后没有生产经营活动，NC 等于零，NY 的唯一来源是国家给予的补贴。要做大（NY－NC），就要提高国家补贴力度。做小（OY－OC）的途径也不多，通过取消陡坡耕地、侵占湿地形成的耕地获得的各种补贴可以做小 OY。需要指出的是，仅靠对退耕给予补贴、取消应该退耕的耕地获得的各种补

贴，不足以令（NY－NC）≥（OY－OC）持续成立。特别是国家给予的补贴是有期限的，一旦补贴到期，要让这些已经退出的边际土地不再复耕，必须扶持当地农民发展替代产业，解决其长远生计问题。

在重金属污染耕地和地下水超采地区治理方面，令（NY－NC）≥（OY－OC）持续成立需要多措并举。为做大 NY，要保障发展替代作物和休耕地区的农户收入不降低，加大对参与治理计划的农户的补贴，按照单产的减产量核算相应的补偿标准；将符合治理要求的农产品优先纳入托市收购范围。为做小 NC，要探索以政府购买服务的方式培育农业生产社会化服务组织，为重金属污染区农户提供统一喷洒石灰、施肥等治理服务，减轻农民搬运治理物资的负担，确保治理过程的安全性和施肥效果的最大化；把地下水超采区作为发展节水和旱作农业的重点地区，加大节水工程投资补助和节水灌溉设备购置补贴力度。为做小 OY，要逐步把超标粮食退出托市收购。为做大 OC，要在地下水超采区大幅度提高农业用水价格和灌溉电价，对违规开采地下水的要予以严厉处罚。

在种养业废弃物无害化处理和资源化利用方面，令（NY－NC）≥（OY－OC）持续成立，同样需要多方施策。为做大 NY，要通过实施土壤有机质提升工程、有机肥补贴等措施，扩大有机肥市场需求，为畜禽粪便找到出路；把利用农作物秸秆生产的生物质燃料视作新型清洁燃料，纳入补贴范围[①]。为做小 NC，应对畜禽养殖小区、大中型养殖企业的粪污处理设施进行投资补贴；把秸秆收集、运输机具纳入

---

① 为什么一些地方采取了严厉的禁止措施，部分农民仍要焚烧秸秆？以下故事能给我们启示：某地干部给群众做工作时说："一亩补 20 元，你就别烧秸秆了。"农民回答："我给你 20 元，你帮我弄走。"这表明，秸秆资源化利用（粉碎还田、收集用作生物质燃料）的收益，抵不上为此而付出的人工等作业成本。对农民而言，焚烧是处理秸秆最经济的选择。要实现秸秆资源化利用，必须让农民有利可图。

农机购置补贴范围，对秸秆粉碎还田、机械深翻作业给予补贴。为做大 OC，应逐步提高养殖业排污标准，对超标排放的给予严厉处罚；加大秸秆焚烧处罚力度；提高农膜市场准入标准。

## 四、保障农业转方式顺畅进行需要解决深层次问题

农业发展方式的转变是一个渐进过程，是一系列因素综合作用的结果。使这个过程顺畅地进行下去，除了需要在关键领域创造新发展方式净收益大于旧发展方式净收益的基础性条件、让农业生产经营主体有动力选择新发展方式外，还需要在认识和制度层面下功夫。

### （一）瞄准新方式、兼顾旧方式

转变农业发展方式、特别是农业经营方式不可能一蹴而就。土地的流转集中、经营规模的扩大，会随着经济社会的发展而不断进行。从部分国家的实践看，即便工业化城镇化基本完成，农业经营规模也会继续扩大（见表8）。这既是市场配置资源的结果，也与农业政策的诱导有关。以美国为例，市场竞争使小规模农场大量破产，而补贴政策明显向大规模农场倾斜。1995～2012 年，美国直接支付补贴额高达497 亿美元，其中前1% 的补贴受益者平均获得补贴54.77 万美元，而后80% 的补贴受益者平均仅获得补贴5119 美元（徐克、许世卫，2016）。受市场和政策力量的驱动，美国农场平均规模仍在扩大。也有部分国家，如日本和韩国，在工业化城镇化快速推进阶段，为土地流转集中设置过多制度障碍，为小规模农户提供过度支持保护，以至于平均经营规模难以扩大甚至出现下降，农业竞争力大幅度减退。作为追赶者，我们要增强促进土地流转集中的紧迫感，"构建培育新型

农业经营主体的政策体系"，"加快转变农业发展方式，发展多种形式适度规模经营，发挥其在现代农业建设中的引领作用"。[①] 同时，也要有历史耐心，对为数众多的小规模农户，要通过发展农业社会化服务为他们提供生产经营便利。

表8  部分国家农场规模变化情况

| 国　家 | 1960 年平均规模<br>（公顷） | 2000 年平均规模<br>（公顷） | 40 年增长倍数 |
|---|---|---|---|
| 日　本 | 1.2 | 1.2 | 0 |
| 韩　国 | 2.1 | 1.4 | −0.67 |
| 法　国 | 18.8 | 45 | 2.39 |
| 德　国 | 12.1 | 40.5 | 3.35 |
| 荷　兰 | 8.8 | 22.1 | 2.51 |
| 巴　西 | 74.9 | 72.8 | −0.97 |
| 美　国 | 122.6 | 178.4 | 1.46 |

资料来源：罗伊·普罗斯特曼、李平（2015）。

### （二）坚守资源节约、环境友好的农业政策目标

三十多年来的实践表明，在农产品供大于求的情景下，对调结构、转方式容易取得共识。一旦供求关系逆转，农产品价格涨幅过快，增产就会成为农业政策的核心目标。本轮调结构、转方式的由头，同样是农产品供过于求及其带来的一系列问题。本轮调结构、转方式的大部分举措，如轮作休耕、化肥和农药减量，会减少当期农产品产量，加之我国工业化城镇化发展已经到了令农产品价格倒挂常态化的水平，可以预计的是随着本轮调结构、转方式的持续推进，农业生产特别是粮食产量会出现下降。为了避免调结构、转方式重蹈浅尝辄止的

_____

① 见《中共中央关于制定国民经济和社会发展第十三个五年规划的建议》。

覆辙,当产量和自给率步入下降通道时,需要保持战略定力。尤其需要看到的是,保护生态、改善环境已经成为国际农业政策领域的核心议题,是发达国家农业政策的核心目标。与以前偏重价格支持、直接支付等政策工具不同,发达国家农业政策越来越偏重自然保护项目。从 2014 年美国农业法案来看,自然保护项目分为自愿参加和强制规定两部分。对自愿参加项目,政府通过给予生产者和土地所有者财政和技术上的援助以激励他们参加;对强制规定项目,通过和作物保险挂钩、影响生产者的保险补贴,鼓励并督促农业生产者在从事农业生产活动时尽可能减少对环境的破坏(徐克、许世卫,2016)。我们应该把握住农业政策走向的大趋势,无论国内农产品供求形势如何,都应该把资源节约、环境友好作为追求目标。

### (三)实现绿色发展不是退回到传统农业

在增产导向的发展模式下,农业长期持续增产付出了沉重的资源和环境代价,化肥、农药、添加剂等现代农业投入品的不规范使用埋下了重重隐患,农产品质量安全事故时有发生,农业如何"绿起来"成为一个需要高度关注、认真解决的问题。但我们所追求的绿色农业,本质上是以科学技术为支撑、以现代投入品为基础的集约农业。化肥、农药并非洪水猛兽,关键在于科学施肥、合理用药;饲料、添加剂并非产不出高品质畜产品,关键在于科学饲喂、遵守规范(叶兴庆,2015c)。需要注意的是,近年来对绿色农业存在的不少认识误区,有些甚至流传甚广、影响颇大。例如,只要提到化肥、农药、饲料和添加剂,不少人就会心生反感;只要提到农产品质量安全,不少人就会想到发展有机农业、纯天然农业。在一些舆论宣传、广告推介中,往往把质量安全等同于不用化肥、农药,不喂饲料、添加剂。在这种社会氛围下,提出让农业绿起来、实现农业绿色化发展的新目标,一定要防止走极端，防止一味抵制和排斥现代科学技术成果在农业中的应用。让农业绿起来，绝不是要退回到工业文明之前的传统农业。那时的农业当然是绿色、有机的，但不可能养活得了如今的众多人口。不用化肥和农药的种植业，不喂饲料和添加剂的养殖业可以少量存在，但难以成为现代农业的主流。对我国几千年农业发展史的研究表明，在使用人力和畜力、耕地不休耕和轮作、靠人畜粪肥维持地力的条件下，要实现氮这一主要营养元素的平衡，粮食亩产只能达到100公斤。这与现代农业能够达到的亩产400公斤相去甚远。

### （四）既要重视利益的诱导，又要重视法律的威慑

促进农业发展方式转变，既要为农业生产者提供利益诱导，让其有积极性；又要建立健全相关法律法规，让其有敬畏。2014年中央经济工作会议明确提出转变农业发展方式后，相关政策性文件密集出台，在土地流转集中、种植结构调整、农产品质量安全、化肥农药减量、退耕还林还草、地下水超采和重金属污染耕地治理、水价综合改革、三次产业融合发展等方面出台了一系列措施。这些措施具有一个共同特点，就是注重"利诱"，充分运用各种财政补贴手段。这无疑是十分必要的，其效果也将逐步显现出来。需要注意的是，促进农业发展方式转变应更加注重长效机制的构建，建立健全相关法律法规，为规范农业生产者行为提供"威慑"。特别是在保障农产品质量安全、治理农业环境突出问题方面，要更多地依靠法律武器[1]。

执笔人：叶兴庆

---

[1] 这方面一些地方已有良好开端。2016年2月1日闭幕的湖北省十二届人大四次会议通过的《湖北省土壤污染防治条例》，是我国首部专门针对土壤污染防治的地方性法规，填补了我国在土壤环境保护方面的专门立法空白。

**参考文献**

［1］何建武．全要素生产率——着力提高行业内配置效率．载于刘世锦主编，中国经济增长十年展望（2015－2024）——攀登效率高地．北京：中信出版集团，2015

［2］田纪云．加快改革开放步伐，实现农业向高产优质高效的转变．载于国务院研究室课题组编著，高产优质高效—中国农业发展的重大转折．北京：新华出版社，1992

［3］中国社科院经济学部"中国经济形势分析与预测"课题组．2014年经济蓝皮书．北京：中国社会科学文献出版社，2013

［4］朱镕基．在一九九四年中央经济工作会议上的总结讲话．载于朱镕基讲话实录（第二卷）．北京：人民出版社，2011

［5］朱满德，程国强．中国农业的黄箱政策支持水平评估：源于WTO规则一致性．改革，2015（5）

［6］刘璨，武斌，鹿永华．中国退耕还林工程及其所产生的影响．林业经济，2009（11）

［7］徐克，许世卫．美国2014年农业法案对中国的启示．世界农业，2016（1）

［8］叶兴庆．"健康产能"的增长如何跑赢"有毒产能"的退出．中国发展观察，2014（2）

［9］赵文，程杰．中国农业全要素生产率的重新考察——对基础数据的修正和两种方法的比较．中国农村经济，2011（10）

［10］冯华．庄稼减"肥"，农业更美．人民日报，2015－12－21

［11］韩长赋．加快转变农业发展方式．人民日报，2015－11－25

［12］李伟．清醒认识"十三五"时期面临的困难和挑战，以新的发展理念，全面建成小康社会．中国经济时报，2016（11）

［13］林春霞，曹英，刘雅卓．清徐水权改革在艰难中推进．中国经济时报，2015－01－23

［14］刘毅．加快推广水肥一体化技术．人民日报，2015－10－10

［15］宁启文．三大主粮化肥农药利用率明显提升．农民日报，2015－12－03

［16］叶兴庆．农业发展需要加快培育接续力量．人民日报，2015－03－16

［17］叶兴庆．建设节水型社会需多管齐下．中国经济时报，2015－01－23

［18］叶兴庆．农业绿起来不是退回到传统农业．人民日报，2015－08－13

［19］程郁，伍振军，李颖明．耕地重金属污染治理需要有效的政策执行机制，载于国务院发展研究中心编著，调查研究报告择要，2014（11）

［20］罗伊·普罗斯特曼，李平．推进规模经营过程中保障粮食安全和农民利益．美国农村发展研究所研究报告，2015

［21］宣晓伟，许伟．应在产能过剩的化解中更多采取激励性政策．载于国务院发展研究中心编著，调查研究报告择要，2015（12）

［22］吴敬琏．在复旦首席经济学家论坛的演讲，2015，http：//www.txy.net/4207.html

［23］于文静，王宇．坚定不移加快转变农业发展方式访农业部部长韩长赋．新华网，2015（8）

［24］张宝文．我国农业结构止从适应性调整向战略性调整转变，2003，http：//www.sn.xinhua-net.com/11moon/2003－11/05/content_1153143.htm

# 研究背景与文献综述

## 一、研究背景

在我国持续三十多年的经济高速增长阶段，农业生产快速发展，主要农产品产量的增长跑赢了人口的增长，农业在经济高速增长中发挥了关键性的基础作用。特别是 2004 年以来，粮食生产实现连年增产，幅度之大、周期之长，创新中国历史纪录。农业综合生产能力快速提高、农产品生产全面发展，极大地丰富了市场供应，显著改善了城乡居民营养状况。面向未来，我国人口总量将继续增长，城镇化水平将不断提高，随城乡居民收入水平提高而必然发生的食物消费结构转型升级也将继续进行，全社会对粮食和其他主要农产品的消费需求将长期持续增长。

问题在于，支撑我国农业综合生产能力长期持续提高的主要因素已经或正在发生深刻变化。一是从农业投入品看，使用化肥和农药有利于提高农业单产水平，但我国单位面积化肥和农药使用量已分别达到世界平均水平的 3.6 倍和 2.5 倍，大大超出合理使用量，边际增产效果明显下降，今后不能再靠增加化肥和农药使用量来提高农业产量。二是从资源环境看，抽取地下水扩大农业灌溉面积，开垦湿地、陡坡土地种植农作物，利用重金属污染耕地生产粮食，增加了当下的农业生产产量，但对生态系统带来严重破坏、给农产品质量安全埋下重大隐患，今后不仅不能再靠透支资源环境来扩大农业生产，而且要把超过资源环境承载能力的农业生产退出来。三是从国家支持措施看，逐年提高国家粮食最低收购价和重要农产品临时收储价，逐年加大各类农业的财政补贴力度，调动了农民的务农种粮积极性，但这也使我国主要农产品的国内批发市场价格全面超过国外进口农产品交易价格的临界点提前到来，使与生产或贸易行为挂钩的"黄箱"支持力度提前接近甚至超过我国加入世界贸易组织时承诺的上限值，"天花板"封顶效应开始显现，今后继续靠提高最低收购价和临时收储价、增加各种补贴来刺激农业生产的空间明显收窄。四是从经营方式看，"家家包地、户户种田"曾经使农业生产潜力得到充分释放，但随着农村青壮年劳动力持续向外转移，农业劳动力老龄化、农业副业化、农户兼业化日益严重，农业劳动生产率难以提高，农产品生产的人工成本难以降低，今后继续靠小规模兼业经营农户提供更多商品农产品的潜力已非常有限。

为解决这些问题，国家曾做出过系统部署。《国民经济和社会发展第十一个五年规划纲要》要求，推进农业结构战略性调整，转变农业增长方式，提高农业综合生产能力和增值能力；加强以小型水利设施为重点的基本农田建设，改造大型灌区，加快中低产田改造，提高耕地质量和农业防灾减灾能力；提高农业科技创新和转化能力，加快建设国家农业科技创新基地和区域性农业科研中心；改革传统耕作方式，推行农业标准化，发展节约型农业，科学使用化肥、农药和农膜，推广测土配方施肥、平衡施肥、缓释氮肥、生物防治病虫害等适用技术，推广先进适用农机具、提高农业机械化水平；优化农业产业结构，提高养殖业比重，改进畜禽饲养方式，提高规模化、集约化和标准化水平；实施休渔、禁渔制度，控制捕捞强度；优化农业产品结构。发展高产、优质、高效、生态、安全农产品；恢复和培育传统牧区可持续发展能力；开展全国土壤污染现状调查、综合治理土壤污染，防治农药、化肥和农膜等面源污染，加强规模化养殖场污染治理；发展农业节水，提高水的利用效率，农业灌溉用水有效利用系数提高到0.5，基本实现灌溉用水总量零增长。

《国民经济和社会发展第十二个五年规划纲要》进一步要求，加快转变农业发展方式，提高农业综合生产能力、抗风险能力和市场竞争能力；推进农业结构战略性调整，发展高产、优质、高效、生态、安全农业，优化农业产业布局，加快发展设施农业，提高畜牧业产值比重，促进农业生产经营专业化、标准化、规模化、集约化；加快农业科技创新，推进农业技术集成化、劳动过程机械化、生产经营信息化，加快农业生物育种创新和推广应用，加强高效栽培、疫病防控、农业节水等领域的科技集成创新和推广应用，实施主要农作物病虫害专业化统防统治，加快推进农业机械化、耕种收综合机械化水平达到60%左右；健全农业社会化服务体系；治理农药、化肥和农膜等面源污染，全面推进畜禽养殖污染防治，强化土壤污染防治监督管理；推进农业节水增效，推广普及管道输水、膜下滴灌等高效节水灌溉技术，支持旱作农业示范基地建设，在保障灌溉面积、灌溉保证率和农民利益的前提下建立健全工农业用水水权转换机制，新增5000万亩高效节水灌溉面积，农业灌溉用水有效利用系数提高到0.53。

按照最近两个五年规划的部署，转变农业发展方式取得了一定进展。但农业发展中不可持续的因素不仅没有减少，反而还在增加；不可持续的局面不仅没有好转，反而在不断恶化。面对这种严峻局面，近期中央明显加大了推动农业发展方式转变的力度。

2014年12月10日至13日召开的中央经济工作会议明确要求，要坚定不移加快转变农业发展方式，尽快转到数量质量效益并重、注重提高竞争力、注重农业技术创新、注重可持续的集约发展上来，走产出高效、产品安全、资源节约、环境友好的现代农业发展道路；要深化农村各项改革，完善强农惠农政策，完善农产品价格形成机制，完善农业补贴办法，强化金融服务；要完善农村土地经营权流转政策，搞好土地承包经营权确权登记颁证工作，健全公开规范的土地流转市场；要完善职业培训政策，提高培训质量，造就一支适应现代农业发展的高素质职业农民队伍。

2014年12月22日至23日召开的中央农村工作会议强调，随着国内外环境条件变化和长期粗放式经营积累的深层次矛盾逐步显现，农业持续稳定发展面临的挑战前所未有。目前国内主要农产品价格超过进口价格，而生产成本在不断上升。农业生态环境受损，耕地、淡水等资源紧张。必须坚定不移走中国特色新型农业现代化道路，加快转变农业发展方式，不断提高土地产出率、资源利用率、劳动生产率，实现集约发展、可持续发展；积极推进农业结构调整，依靠科技支撑，由"生产导向"向"消费导向"转变，由单纯在耕地上想办法到面向整个国土资源做文章，构建优势区域布局和专业生产格局，加快推进农牧结合，把产业链和价值链等现代产业组织方式引入农业、促进一二三产业融合互动；积极发展多种形式适度规模经营，引导和规范土地经营权有序流转，发展各类新型农业经营主体；建设资源节约、环境友好农业。综合施策，减少农业投入品过量使用，逐步退出超过资源环境承载能力的生产，推进农业废弃物转化利用，促进受损生态环境修复治理，加强耕地质量建设，严格保护耕地和水资源；加大农业政策和资金投入力度，统筹整合涉农资金，创新农业投融资机制，健全金融支农制度；用好两个市场两种资源，健全国际农业交流与合作制度，创新农业对外合作方式。

2015 年中央 1 号文件指出，国内农业生产成本快速攀升，大宗农产品价格普遍高于国际市场，如何在"双重挤压"下创新农业支持保护政策、提高农业竞争力，是必须面对的一个重大考验；我国农业资源短缺，开发过度、污染加重，如何在资源环境硬约束下保障农产品有效供给和质量安全、提升农业可持续发展能力，是必须应对的一个重大挑战。要围绕建设现代农业，加快转变农业发展方式，尽快从主要追求产量和依赖资源消耗的粗放经营转到数量质量效益并重、注重提高竞争力、注重农业科技创新、注重可持续的集约发展上来，走产出高效、产品安全、资源节约、环境友好的现代农业发展道路。要科学确定主要农产品自给水平，合理安排农业产业发展优先序，立足各地资源优势大力培育特色农业；强化农业科技创新驱动作用；创新农产品流通方式，加快全国农产品市场体系转型升级，支持电商、物流、商贸、金融等企业参与涉农电子商务平台建设；实施农业环境突出问题治理总体规划和农业可持续发展规划；提高统筹利用国际国内两个市场两种资源的能力，加快培育具有国际竞争力的农业企业集团；提高农业补贴政策效能，逐步扩大"绿箱"支持政策实施规模和范围，调整改进"黄箱"支持政策，完善农产品价格形成机制；推进农村一二三产业融合发展，延长农业产业链、提高农业附加值；加快构建新型农业经营体系，创新土地流转和规模经营方式。

2015 年 3 月 18 日召开的国务院常务会议审议通过《全国农业可持续发展规划》，确定：一要优化农业生产布局，严格保护耕地，稳定粮食播种面积，采取深耕深松等方式提升耕地质量，到 2020 年建成集中连片旱涝保收的 8 亿亩高标准农田。二要向体制改革要潜力，在稳定家庭经营的基础上，推进多种形式的适度规模经营，提高劳动生产率和产出水平。三要实施水土资源保护、农业农村环境治理等重大工程，促进节约高效用水，防治农田和养殖污染，加强森林、草原、湿地、河湖等保护，发展生态循环农业。当天下午，农业部召开部务会议，研究部署落实国务院常务会议的相关工作，对农业面源污染防治工作进行了重点研究，要求切实打好农业面源污染防治攻坚战，确保实现"一控两减三基本"（严格控制农业用水总量，减少化肥、农药施用量，地膜、秸秆、畜禽粪便基本资源化利用）目标。同一天，农业部正式发出通知，称将在全国范围内启动实施化肥、农药使用量零增长行动，力争到 2020 年，化肥利用率和主要农作物农药利用率均达到 40% 以上，分别比 2013 年提高 7 个百分点和 5 个百分点，实现农作物化肥、农药使用量零增长。

从上述背景可以看出，"十三五"乃至更长时期内，农业发展的主题应是走中国特色农业现代化道路，农业发展的主线应是转变农业发展方式、培育支撑农业增长的接续力量。把"农业发展方式转变与增长动力接续"作为年度重点研究课题，组织农村内部主要力量和外部力量进行专题研究，目的在于探索中国农业发展的正确方向和道路，对农业发展中的若干重大关键问题提出今后的政策建议。这对于引领新常态下的农业发展、制定和实施"十三五"农业发展规划、调整和完善我国农业政策框架，具有重要的现实意义；也有利于为今后的相关政策解读和政策评估奠定基础。

# 二、国内外研究综述

## （一）关于农业发展方式转变的动力机制

早期的发展经济学理论认为，农业发展方式转变是由非农业部门的拉动实现的，即由于非农业部门对农业劳动力的需求，而必须加大对农业的投入来加速农业剩余的增长。刘易斯、费景汉和拉尼斯、乔根森等的二元经济条件下的农业发展理论都是基于此思路。随着农业剩余劳动力转移殆尽，达到"刘易斯拐点"后，就必须依靠转变农业生产方式、提高农业生产效率来进一步支撑农业劳动力的转出和保障对全体居民的食物供养。刘守英、章元、邵挺（2014）执笔的调研报告《我国"刘易斯转折点"的测度与政策选择》指出，我国经济在2010年前后总体上到达"刘易斯转折点"，需要加快农业发展方式转变来保障我国粮食安全。

舒尔茨（1964）证明小农农业能对价格激励和有利技术改变做出反应，即农业经营者自发选择新的技术和投资人力资本是农业发展方式转变的重要推动力，所以他提出要通过对农业技术和农民人力资本投资来改造传统农业。对于农业发展转变的技术路径，拉坦与速水（1971）认为农业发展方式转变的基础是资源禀赋的比较优势，而施穆克勒和格里利其斯则认为特定产品的需求水平和需求潜力是诱导新技术选择和研究资源分配的主要因素，因而研究资源也会被诱导投入到农民所需要的技术发明领域。梅勒（1976和1998）将农业转变过程分为技术停滞阶段、劳动密集型阶段以及资本密集型阶段，他认为资源投入的互补性要求农业生产应该按照同比例增加各种投入。林毅夫（1992）指出，使传统农业向现代农业转变的一个必备条件是新的有利的技术供给，但技术并不是决定农业发展方式转变的唯一因素，制度可以通过影响生产组织的效率和技术选择路径，影响农业的发展，他通过实证研究考察了经济制度和技术的快速变动对农业发展的影响，并深刻分析了这种制度和技术变迁的内在原因。

何宇鹏（2010）执笔完成的《全面推进农业现代化阶段到来：以农业中资本和劳动替代关系为背景的分析》认为，自2004年起我国农业雇工工资与农民工工资趋同，农业生产资本投入比重迅速提升，资本对劳动的替代标志着我国正在进入全面推进农业现代化发展的关键阶段。韩长赋（2010）指出，转变农业发展方式是贯彻落实科学发展观的根本要求，是实现农业现代化的必然选择，转变农业发展方式要重点在五个方面实现根本性转变：一是促进农产品供给由注重数量增长向总量平衡、结构优化和质量安全并重转变；二是促进农业发展由主要依靠资源消耗向资源节约型、环境友好型转变；三是促进农业生产条件由主要"靠天吃饭"向提高物质技术装备水平转变；四是促进农业劳动者由传统农民向新型农民转变；五是促进农业经营方式由一家一户分散经营向提高组织化程度转变。

### （二）关于从粗放增长到集约增长的转变

郭显光（1997）对1979~1997年我国农业增长方式转变测展发现，平均农业集约化程度为-0.079，投入弹性系数平均值为0.82，这表明这17年里我国农业增长方式完全为粗放型。刘湛青和魏建平（1998）通过综合度量指标体系测算出我国全员劳动力生产率为72.78分、耕地综合产出率68.59分、农业产值增加比率64.29分，这种粗放型增长特征主要体现出我国农业高投入、低效益的特点。1978~

2004 年间，机械、化肥对农业发展的贡献率分别为 24.68% 和 14.54%，劳动要素的贡献率仅为 2.15%（乔榛、焦方义、李楠，2006）。

### （三）关于农业增长的可持续问题

有研究认为，农业上滥用和误用资源已经导致集约农业地区（通过农用化学品、动物废弃物和地下水枯竭）和粗放农业地区（通过森林采伐、荒漠化和生物多样性的丧失）的环境退化。（世界银行，2007）付恭华和鄢帮有（2013）对粮食生产生态足迹的实证研究结果显示，按照目前的粮食生产模式依靠自给实现粮食安全，我国人均生态足迹指数将出现负值，这意味着我国农业生态将处于不可持续的状态。李谷成等（2014）的实证研究发现，我国农业虽然取得了巨大的发展成就，但其所面临的环境资源压力一直很大，环境污染对整个农业发展产生了较大效率损失，资源节约、环境保护和农业发展的存在着某种程度的失衡。叶兴庆（2014）指出，我国农业面临的突出问题是产能严重透支，即目前达到的农业产能中相当部分是以牺牲生态环境为代价换取的，化肥农药过度使用、水资源超采、侵占湿地等严重危害农业可持续发展。

韩俊、王宾等（2013）对河北省张北县农业水价综合改革的调查研究提出，加快推进农业综合水价改革，建立农业节水的新机制。孟春等（2012）《关于发展农业循环经济的政策建议》不仅指出，随着城镇化和规模农业的推进，发展农业循环经济不仅必要且现实，并结合黑龙江垦区调研提出发展农业循环经济的建议。秦中春等（2012）总结了甘肃旱作节水农业发展新模式的特点与经验，并提出推广旱作节水技术的建议。林家彬和周宏春（2013）对新疆生产建设兵团农业节水的调研显示，以膜下滴灌为代表的新型农业节水技术的推广将引领农业生产方式的重大变革。

### （四）关于农业经营方式转变

薛亮（2008）、范东君（2010）等研究者曾指出，分散经营与社会化大生产的矛盾，是我国农业现代化的最大难点。张忠根和黄祖辉（1997）、张红宇（2012）、蒋和平（2014）等学者认为，规模经营能够提高农业比较收益，发展农业适度规模经营是切实转变农业生产经营方式的重要抓手，是建设现代农业的必然路径选择。

尽管一些研究提出农业生产规模的扩大会导致单产效率的下降，但伴随着新生产技术、生产设备的引进以及新组织方式的创新，规模经营仍然可以提高农业单产效率。张光辉（1996）通过对法国、美国和日本规模化农场的再考察发现，随着经营规模的扩大，农产品单位面积的产量也随之增加。范红忠和周启良（2014）对我国中西部七县（市）农户的调查研究显示，在控制气候条件、距离市场的远近、种植方式、土地质量、基础设施等因素的前提下，土地种植面积与土地生产率之间呈现正向的关系，不同土地经营规模条件下土地种植面积对土地生产率的影响也为正值；考虑农机设备的资本投入要素后，土地种植面积与土地生产率之间依然呈现正向关系；边际效应的分析表明，农户土地经营规模的增加，不仅不会降低土地生产率，在多数情况下反而会增加土地生产率。

我国的农业规模经营虽然受制于以小规模农户为主的土地制度，但随着市场对农业生产效率提升的要求日益增强，我国农地经营制度和农业生产经营方式正在发生巨大变化。韩俊（2010）指出，改造传统农业的现实途径是大力提高家庭经营的集约化水平，坚持农地农用的原则，鼓励土地向专业农户集中，保证农民是经营主体和受益主体。徐小青和刘守英（2012）对上海松江区、湖南、安徽的调研显示，农户土地承包权和经营权不断分离，农地规模流转成为趋势，土地适度规模经营成为平衡农工收入和农业经营者的重要手段。肖俊彦（2013）对宁波"法人"型家庭农场的调研发现，家庭农场显著改善了农业生产基础条件，具有明显的规模效益，政策应该从维护经营权、培养职业农民、引导向现代化方向转型的等方面给予大力支持。程国强（2014）通过对四川崇州"农业共营制"的调研提出，以培育农业职业经理人队伍推进农业的专业化经营，以农户为主体自愿自主组建土地股份合作社推进农业的规模化经营，以强化社会化服务推进农业的组织化经营，可能是促进我国农业经营方式转型的重要突破口，也昭示着我国农业经营体制机制创新的重要方向。

## 三、本书研究的特点与创新之处

本研究立足于"以农业促进发展"的目标，着眼于中国经济发展新常态下对农业支撑整体经济发展的需求，探索如何通过农业发展方式的转变走出一条生产技术先进、经营规模适度、市场竞争力强、生态环境可持续的中国特色新型农业现代化道路，以农业强国有效支撑我国向经济强国迈进。一是通过新技术的应用和新经营组织方式的创新，积极探索"互联网＋农业"的新模式，大幅提高农业生产效率，为我国经济发展提供充足安全的食物供给保障；二是通过一二三产业的融合发展，提高农业增加值和农业经营者收入，缩小城乡收入差距，实现城乡统筹发展；三是通过发展生态农业，在实现农业生态可持续的永续发展的基础上，强化农业生态功能，有力支撑我国的绿色发展。

但在我国特殊的人多地少、资源稀缺、农业经营体制不完善的条件下，农业发展方式的转变仍面临诸多的困难和矛盾，这将是本研究的难点，也是本研究着力创新的关键点。

第一，农业休养生息与粮食安全保障的矛盾。农业发展方式转变的重要方面是要向生态可持续的发展方式转变，这就需要生态退耕甚至"相对休耕"以缓解生产对资源的消耗，而这将降低耕种的面积，进而影响粮食安全保障目标的实现。因此，需要在保障粮食安全的前提条件下，寻找我国可以采取的农业可持续发展的模式与机制。

第二，农业规模经营需求与小农经济现状的矛盾。提高农业生产效率需要推进适度规模经营，但我国仍有大量的小农高度依赖于土地，仓促推进土地的规模化流转将会造成大量失地农民，从而威胁农村社会稳定。因此，需要探索一种保护小农利益的农业规模化经营的制度安排。

第三，农业现代化对资本的需求和农业经营者资本缺乏的矛盾。向集约化、现代化、信息化、生态化农业的转型需要大量的资本投入，传统农业经营者一般不具备这样的资本实力。并且在现行的农村产权和金融制度下，农业生产投资难以通过抵押实现有效的周转流动，农业经营者面临转型升级的资金匮乏问题。农业发展方式的转型还需要从制度上解决向农业与农村的资本供给问题。

执笔人：叶兴庆　程　郁

**参考文献**

［1］韩长赋. 毫不动摇地加快转变农业发展方式. 求是，2010（10）

［2］乔榛，焦方义，李楠. 中国农村制度变迁与农业增长. 经济研究，2006（7）

［3］李谷成，范丽霞，闵锐. 资源，环境与农业发展的协调性——基于环境规制的省级农业环境

效率排名. 数量经济技术经济研究, 2011 (10)

[4] 郭显光. 我国农业增长方式转变的测定. 农业经济问题, 1997 (10)

[5] 刘湛青, 魏建平. 我国农业经济增长方式转变研究. 中国农村观察, 1998 (3)

[6] 薛亮. 从农业规模经营看中国特色农业现代化道路,. 农业经济问题, 2008 (6)

[7] 张忠根, 黄祖辉. 规模经营: 提高农业比较效益的重要途径. 农业技术经济, 1997 (5)

[8] 张光辉. 农业规模经营与提高单产并行不悖——与任治君同志商榷. 经济研究, 1996 (1)

[9] 范红忠, 周启良. 农户土地种植面积与土地生产率的关系——基于中西部七县 (市) 农户的调查数据. 中国人口·资源与环境, 2014 (12)

[10] 韩俊. 学习中央一号文件, 开创农业农村工作新局面. 上海农村经济, 2010 (2)

[11] 叶兴庆. "健康产能"的增长如何跑赢"有毒产能"的退出. 中国发展观察, 2014 (2)

[12] 叶兴庆. 农业发展需要加快培育接续力量. 人民日报, 2015 - 03 - 16

[13] 程国强, 罗必良, 郭晓明. "农业共营制": 我国农业经营体系的新突破. 载于国务院发展研究中心主编, 调查研究报告. 第56号 (总4555号), 2014 (4)

[14] 刘守英, 章元, 邵挺. 我国"刘易斯转折点"的测度与政策选择——基于国家统计局农户数据的分析. 载于国务院发展研究中心主编, 调查研究报告. 第73号 (总4572号), 2014 (5)

[15] 徐小青, 刘守英. 农村经营制度与组织的变化趋势与政策建议. 载于国务院发展研究中心编著, 调查研究报告择要. 第147号 (总1933号), 2012 (10)

[16] 韩俊, 王宾, 许宝健. 农业水价综合改革催生农业节水新机制——河北省张北县农业水价综合改革调查. 载于国务院发展研究中心, 调查研究报告. 第241号 (总4490号), 2013 (12)

[17] 肖俊彦. 宁波市"法人"型家庭农场调查. 载于国务院发展研究中心编著, 调查研究报告. 第207号 (总4456号), 2013 (10)

[18] 何宇鹏. 全面推进农业现代化阶段到来: 以农业中资本和劳动替代关系为背景的分析. 载于国务院发展研究中心编著, 调查研究报告. 第188号 (总3719号), 2010 (11)

[19] Mellor, John. The New Economics of Growth: A Strategy for India and the Developing World. Ithaca, N. Y. Cornell University Press, 1976

[20] Mellor, John. Agriculture on the Road to Industrialization. In Carl Eicher and John Staatz, eds., International Agriculture Development. Baltimore, Maryland: Johns Hopkins University Press, 1998

专题二

# 我国农业全要素生产率分析

改革开放以来，我国农业生产快速发展，这既有综合投入增长的推动，也有技术进步、管理改善、结构优化等效率因素的贡献。如何认识投入和效率对农业产出增长的作用机理，对转变农业发展方式、推进农业现代化进程至关重要。本章在分析借鉴现有研究成果的基础上，从不同角度对我国农业特别是粮食生产的全要素生产率进行了定量分析，试图寻找推动全要素生产率提高的主要因素，从中发现推动质量效益导向的农业转型和农业现代化的切入点，使农业生产效率的提升成为农业可持续发展的新动力。

## 一、改革开放以来我国农业全要素
## 生产率的变化：文献综述

提高农业生产率是实现我国农业现代化的关键。李录堂和薛继亮（2008）指出，只有提高农业生产率，才能优化农业投入结构，使农业产出结构合理，产业链迂回，农民收入增加，从而达到实现农业现代化的目标。

　　衡量农业生产率的重要方法，是计算农业全要素生产率（TFP）。现有文献中对我国农业全要素生产率的测算主要有参数估计和非参数估计两类方法。参数估计法先确定生产函数的形式，通过计量回归，估计出各参数系数，进而测算 TFP。林毅夫（1992）利用 C－D 生产函数法，分析了 1979～1988 年期间农村改革对中国农业增长的贡献，结果表明，这一期间的农业产出增长了 42.23%，其中的 48.46% 来源于全要素生产率增长的贡献。然而，C－D 生产函数所估计出来的各类要素的投入产出弹性是固定不变的，并且通常不能反映规模报酬不变的假设。针对这一缺陷，赵芝俊、张社梅（2006）利用投入要素弹性可变的农业生产函数和 1985～2003 年我国 30 个省份的数据，测定我国农业技术进步贡献率的变动趋势。他们发现，1985～2003 年期间，农业技术进步贡献率总体上不断上升，物质投入增长在农业增长中的作用减缓。

　　运用非参数方法，Fan 和 Zhang（2002）利用 Törnquist 指数法计算出，1978～1997 年，中国农业全要素生产率的年均增长率为3.4%～5.3%。家庭联产承包责任制的制度变革使得 1978～1984 年间的产出和全要素生产率大幅度增加。如果不考虑制度变革的作用，1985～1997 年间农业全要素生产率的年均增长率仍高达 2.2%～4.8%。赵文、程杰（2011）使用索罗余值法和 Törnquist－Theil 指数法，在修正投入和产出数据的基础上，重新考察了中国农业的全要素生产率，他们计算出 1978～2009 年我国农业的全要素生产率年均增长2.0%～2.6%（见表 2－1）。

　　近年来，大量文献运用基于线性规划的 Malmquist 生产率指数方法考察了改革开放以来我国农业全要素生产率的增长情况。曾先锋、李国平（2008）使用数据包络（DEA）方法计算出我国农业全要素生

表 2-1    1978~2009 年我国农业 TFP 年均增长率    单位:%

| | 1978~2009 | 1978~1984 | 1985~2001 | 2002~2009 |
|---|---|---|---|---|
| 实际农业产出年均增长率 | 4.2~4.3 | 7.1~7.6 | 3.7~3.8 | 3.1~3.2 |
| 农业劳动力年均增长率 | -0.1 | 1.8 | 0.4 | -2.0 |
| 劳动生产率年均增长率 | 4.3~4.4 | 5.2~5.7 | 3.3~3.4 | 5.3 |
| 综合投入年均增长率 | 1.7~2.2 | 0.1~3.1 | 2.5~2.6 | 0.9~2.1 |
| 全要素生产率年均增长率 | 2.0~2.6 | 3.9~7.5 | 1.2~1.3 | 1.1~2.3 |

资料来源:赵文、程杰（2011），表2。数据区间以 Törnquist - Theil 指数和不变价指数表示。

产率在 1980~2005 年间平均年增长速度为 2.2%。李谷成（2009a）计算认为,1978~2005 年农业 TFP 经历了程度较为适中的增长,年平均总增长率为 2.8%。周端明（2009）计算出,1978~2005 年,中国农业全要素生产率保持了快速和健康的增长,年均增长 3.3%。顾海和孟令杰（2002）计算出中国农业全要素生产率在 1981~1995 年间年均增长 2.97%。陈卫平（2006）计算出我国农业 TFP 在 1991~2003 年间年均增长 2.59%。周志专（2014）计算出我国农业 TFP 在 1999~2012 年间年均增长 4%。李谷成（2009b）在考虑人力资本要素和技术非效率的前提下实证得出 1988~2006 年中国农业 TFP 年均增长 3.49%。但全炯振（2009）用 SFA - Malmquist 生产率指数模型（非参数 Malmquist 生产率指数和参数随机前沿函数模型相结合）则得出中国农业 TFP 增长速度非常缓慢,1978~2007 年间年均增长率仅为 0.7%。杨俊、陈怡（2011）考虑了环境因素,计算出在 1999~2008 年期间,中国农业生产率平均增长 1.8%。江激宇等（2005）计算出我国农业 TFP 在 1978~2002 年的年均增长率为 1.7%。李静和孟令杰（2006）计算出,1978~2004 年中国农业的 TFP 每年大约以 2.2% 的速度增长。赵蕾、王怀明（2007）计算出,1981~2003 年中国农业生产率的平均增长率为 3.7%。

表 2-2 　　　　改革开放以来我国农业全要素生产率的增长率

| 文　献 | 时间窗口 | 农业 TFP 平均增长率（%） |
|---|---|---|
| 曾先锋、李国平（2008） | 1980～2005 | 2.2 |
| 李谷成（2009a） | 1978～2005 | 2.8 |
| 周端明（2009） | 1978～2005 | 3.3 |
| 顾海和孟令杰（2002） | 1981～1995 | 2.97 |
| 陈卫平（2006） | 1991～2003 | 2.59 |
| 周志专（2014） | 1999～2012 | 4 |
| 李谷成（2009b） | 1988～2006 | 3.49 |
| 全炯振（2009） | 1978～2007 | 0.7 |
| 杨俊、陈怡（2011） | 1999～2008 | 1.8 |
| 江激宇等（2005） | 1978～2002 | 1.7 |
| 李静和孟令杰（2006） | 1978～2004 | 2.2 |
| 赵蕾、王怀明（2007） | 1981～2003 | 3.7 |
| 王钰等（2010） | 1992～2007 | -2.6 |

资料来源：作者基于文献进行的整理。

　　既有的研究关于我国农业 TFP 增长率的计算差别很大，除了考察的时间窗口各不相同，主要原因是因为研究者对投入和产出的具体匡算有所不同，特别是对投入要素的核算差异较大。由于 TFP 衡量的是产出中不能由投入要素来解释的那部分，对投入要素考虑得越全面，测算出的农业 TFP 及其增长率就越低。周端明（2009）和李谷成（2009a）都研究了 1978～2005 年的农业 TFP 增长率，虽然两者都以 1978 年不变价计价的农林牧渔业总产值来衡量农业产出，但周端明（2009）没有考虑灌溉这一投入要素，因此他关于我国 1978～2005 年的农业 TFP 增长率的测算就要高于李谷成（2009a）。王钰等（2010）考虑了自然环境、需求、农业科技水平、对外开放水平、工业化进程、要素投入水平、资源有效利用等因素的影响，他们计算出中国 1992～2007 年的农业全要素生产率平均增长率甚至低到了 -2.6%。

在产出方面，卢锋（1998）指出，中国畜牧产品和水产品的统计数字存在很大的水分，即使考虑了统计口径和遗漏，这种水分也至少占统计数据的一半以上。这会造成对产出的高估，进而会高估农业生产的 TFP。Fuller、Hayes 和 Smith（2000）运用成本收益调查数据研究了畜产品生产率增长，也认为需要对官方公布的畜产品统计数据进行修正。

进一步考察我国农业 TFP 增长率的时间变化趋势，既有的研究结论就较为一致。研究发现，我国农业 TFP 的增长受农业政策和制度、要素价格等因素的影响，波动性较大。具体地说，改革初期（1978～1984 年），由于家庭联产承包责任制提高了农民的积极性，我国农业 TFP 开始高速增长。随后（1985～1991 年），由于城市工业经济改革和价格双轨制等，导致了农村的资金和劳动力流向城市和非农就业部门，这一时期的农业 TFP 有所降低。1992 年以后，国家开始加强对农业基础设施等的投入，农业 TFP 又回升到较高的水平。1997 年后，由于受到宏观经济波动等因素的影响，农业增长速度放慢，农业 TFP 又再次出现下降。直到 2000 年后，我国采取了一系列稳增长的措施，农业的 TFP 才又恢复增长（江激宇等，2005；李静、孟令杰，2006）。

表 2－3　　　中国农业 TFP 平均增长率（Malmquist 指数方法）　　　单位:%

| 时间窗口 | 全　国 | 东　部 | 中　部 | 西　部 |
|---|---|---|---|---|
| 1978～2002 | 1.017 | 1.037 | 1.004 | 1.011 |
| 1978～1984 | 1.033 | 1.057 | 1.012 | 1.031 |
| 1985～1991 | 0.990 | 1.008 | 0.967 | 0.995 |
| 1992～1996 | 1.028 | 1.039 | 1.035 | 1.009 |
| 1997～2002 | 1.026 | 1.051 | 1.014 | 1.012 |

资料来源：江激宇等（2005），表 2－1。

为了研究 TFP 变化的影响因素，既有的研究将 Malmquist 生产率指数分解成两部分的乘积，第一部分是生产效率的变化，第二部分是技术的变化率。其中生产效率的变化还可以继续分解为两部分的乘积，一个是规模效率的变化，另一个是技术效率的变化。产出角度的Malmquist 生产率指数就等于技术效率变化、规模效率变化与技术变化的变化率三部分的乘积（江激宇等，2005；李静、孟令杰，2006）。即：

生产率变化 = 生产效率变化 × 技术变化

= 生产效率变化 × （技术效率变化 × 规模效率变化）

表 2 - 4　中国农业 TFP 变化的因素分解（Malmquist 指数方法，%）

| 时间窗口 | 生产效率变化①| 技术效率变化②| 规模效率变化③| 技术变化④=②×③| 生产率变化⑤=①×④|
|---|---|---|---|---|---|
| 1978 ~ 2002 | 0.986 | 0.993 | 0.993 | 1.032 | 1.017 |
| 1978 ~ 1984 | 1.002 | 1.001 | 1.001 | 1.031 | 1.033 |
| 1985 ~ 1991 | 0.987 | 0.986 | 1.002 | 1.003 | 0.990 |
| 1992 ~ 1996 | 0.997 | 1.001 | 0.996 | 1.031 | 1.028 |
| 1997 ~ 2002 | 0.960 | 0.987 | 0.974 | 1.069 | 1.026 |

资料来源：江激宇等（2005），表 2 - 1。

由表 2 - 4 的列①和列④可知，改革开放以来，我国农业的生产效率有下降的趋势，技术进步是我国农业 TFP 增长的主要原因。进一步的研究表明，中国农业至少在育种能力和农业生物技术两个方面保持了技术的进步，从而推动了农业生产率的增长。刘春芳、王济民（2008）于 2007 年 11 月 ~ 2008 年 6 月对山东、广西、北京市的 265 户农户进行了调查，他们发现粮食作物良种推广率达 93.8%，经济作物良种推广率达 99.7%。根据 Jin 等（2002）的研究，从 1982 ~ 1995 年中国的三大粮食的品种替换率都很高，水稻年均品种替换率约为 25%，小麦维持在 20% 左右，玉米更是达到了近 30% 的替换率。也就是说，中国农民大约每4～5年左右完全更换一次品种。而美国也只是大约3～4年左右更换一次品种，印度则需要8～10年左右才更换一次品种。

另一项保证中国农业 TFP 持续增长的因素是农业生物技术的推广和应用。生物技术的广泛应用有效地提高了农畜产品的产量和抵御病虫害的能力，有力地保障了中国的粮食和畜产品的供给。我国的农业生物技术产业整体水平领先于发展中国家，某些领域已进入国际先进行列。以抗虫棉技术为例，目前，我国是世界上继美国之后，第二个拥有自主研制抗虫棉技术的国家。2008～2010 年，我国新培育 36 个抗虫棉品种，累计推广 1.67 亿亩，实现效益 160 亿元，市场占有率已达93%，彻底打破了国外的垄断地位（蒋建科，2011）。

## 二、我国粮食生产全要素生产率分析：基于 1978～2014 年全国农产品成本收益调查时间系列数据

我们利用历年《全国农产品成本收益资料汇编》等数据，运用 Törnqvist – Theil 指数方法来测算 1978～2014 年我国三种粮食生产的全要素生产率①。这里我们基于两点考虑。第一，Törnqvist 指数方法中，各类产出品和投入品的权数随着价格的变化而不断调整，可以最小化由价格权数随着时间推移变化所引起的偏差，而且这种偏差不会随时间推移而扩大。第二，农产品成本收益资料是通过典型调查获得的一手数据，能够较好地反映农业生产投入和产出的实际情况。

计算产出的 Törnqvist – Theil 指数的公式如下：

---

① 三种粮食指稻谷、小麦和玉米。

$$LnQI_t = \sum_i 1/2 * (S_{i,t} + S_{i,t-1}) * Ln(Y_{i,t}/Y_{i,t-1}) \qquad (1)$$

（1）式中，$LnQI_t$ 是 $t$ 期的总产出指数，$S_{i,t}$ 和 $S_{i,t-1}$ 是 $i$ 产品在 $t$ 期和 $t-1$ 期的产值占总产值的比重。$Y_{i,t}$ 和 $Y_{i,t-1}$ 是产品 $i$ 在 $t$ 期和 $t-1$ 期的数量。计算投入指数的公式与此类似，产出指数减去投入指数，就是全要素生产率指数。公式如下：

$$LnTFP_t = \sum_i 1/2 * (S_{i,t} + S_{i,t-1}) * Ln(Y_{i,t}/Y_{i,t-1})$$
$$- \sum_j 1/2 * (W_{j,t} + W_{j,t-1}) * Ln(X_{j,t}/X_{j,t-1}) \qquad (2)$$

（2）式中，$LnTFP_t$ 是对数形式的全要素生产率指数；$S_{i,t}$ 和 $S_{i,t-1}$ 是 $i$ 产品在 $t$ 期和 $t-1$ 期的产值占总产值的比重。$Y_{i,t}$ 和 $Y_{i,t-1}$ 是产品 $i$ 在 $t$ 期和 $t-1$ 期的数量。$W_{j,t}$ 和 $W_{j,t-1}$ 是 $j$ 投入品在 $t$ 期和 $t-1$ 期的产值占总产值的比重。$X_{j,t}$ 和 $X_{j,t-1}$ 是 $j$ 投入品在 $t$ 期和 $t-1$ 期的数量。

需要指出的是，Törnqvist–Theil 指数仍然以生产函数为基础，它虽然避免了具体生产函数设定上的某些局限性和参数估计过程中的问题，但仍然摆脱不了新古典增长理论的假定前提，如完全竞争、利润最大化和规模报酬不变。

利用 Törnqvist–Theil 指数计算三种粮食的产出指数，使用的是三种粮食的产量和价格数据；投入指数使用的是土地、劳动、机械动力、化肥、农药、饲料、种子的价格和数量数据。

表2–5　　　　1979～2014 年我国三种粮食生产 TFP 指数

| | 产出指数 | 投出指数 | 全要素生产率 |
|---|---|---|---|
| 1979～2014 年 | 0.052 | 0.024 | 0.028 |
| 1979～1982 年 | 0.071 | 0.044 | 0.027 |
| 1983～1987 年 | 0.057 | 0.015 | 0.042 |
| 1988～1992 年 | 0.086 | 0.040 | 0.046 |
| 1993～1997 年 | 0.039 | 0.035 | 0.004 |

续表

|  | 产出指数 | 投出指数 | 全要素生产率 |
|---|---|---|---|
| 1998~2002 年 | 0.033 | 0.017 | 0.016 |
| 2003~2007 年 | 0.054 | 0.022 | 0.028 |
| 2008~2012 年 | 0.034 | 0.008 | 0.022 |
| 2013~2014 年 | 0.026 | 0.012 | 0.014 |

经计算，1979~2014 年我国三种粮食生产的全要素生产率年均增速为 2.8%。分阶段看，20 世纪 80 年代的 TFP 增长率较高，20 世纪 90 年代的 TFP 增速放缓，21 世纪以来的 TFP 增长率又有所回升。

农业改革的步伐和农业政策的变化是引起 TFP 增长率变化的重要原因。改革开放初期，粮食生产的 TFP 增长率较高，这是因为家庭联产承包责任制的推广和农产品的政策性提价。党的十一届三中全会后，农产品收购政府牌价提高。根据历年农产品生产价格指数计算，1984 年的农产品生产价格指数比 1978 年高了 53.7%，大大调动了农民生产积极性。

20 世纪 80 年代后期，整个国民经济出现了较为严重的通货膨胀，为稳定物价，政府开始对主要农产品市场价格设置上限。但是，城市和工业的市场化改革启动后，工业品被允许以市场价格出售，使得农业投入品价格大幅度上涨。农业成本上升，但农产品价格受到控制，农民生产积极性受到影响。此外，农村工业化进程显著加速，乡镇企业的蓬勃发展吸纳了大量农村青壮年劳动力，这也影响了农业生产。

1992 年，党的十四大提出建立社会主义市场经济体制的目标。此后，农产品价格体制改革不断深化，农产品统销制度彻底退出了历史舞台，农业迎来了又一个发展高潮。然而，1994 年分税制改革以后，地方财权上收，农业税属于地方税种，和其他摊派、收费一起构成了地方政府的重要收入来源。在农业税、"三提五统"和各种集资摊派的压力之下，农民负担非常沉重，"农民真苦，农村真穷，农业真危险"反映了当时农村的艰难面貌。

"三农"问题引起了中央政府的高度重视。2000 年初，中央政府在局部地区进行试点的基础上全面推行农村税费改革，2005 年 12 月 29 日全国人大通过决议，从 2006 年 1 月 1 日起全面废止《农业税条例》，极大地调动了农民的生产积极性。

## 三、我国农业生产全要素生产率分析：基于 2003～2012 年国家统计局农村住户调查截面数据

时间序列数据虽然能够从一定程度上刻画我国农业生产率的变迁，但仍存在一些不足。不同经营规模的农户，其要素投入组合的方式是不同的，《全国农产品成本收益调查》公布的时间序列数据是加总平均后的数据，无法区分不同经营规模的农户生产方式的差别。国务院发展研究中心城乡统筹基础重点领域课题组（2014）采用国家统计局的农村住户调查面板数据，测算近年来我国农业的投入和产出，采用参数方法估计出生产函数，并相应计算农业全要素生产率（TFP），计算出农业 TFP 的增长率。计算发现，2004 年农业 TFP 增长率达 9%，之后有所回落，2009 年降至 3%，2012 年又回升至 7%。

表 2－6　　　　　　　　农业 TFP 增长率变化趋势

| 年　份 | TFP 增长率 | 标准差 | 样本量 |
| --- | --- | --- | --- |
| 2004 | 0.09 | 0.21 | 64627 |
| 2005 | 0.04 | 0.34 | 55495 |
| 2007 | 0.05 | 0.12 | 65220 |
| 2009 | 0.03 | 0.13 | 66070 |
| 2012 | 0.07 | 0.16 | 60610 |

进一步地分析表明，不同类型的农业户中，纯农业户的农业 TFP 年均增长率最快，达到 8%；其次是农业兼业户，其农业 TFP 年均增长率为 6%；而非农兼业户和非农户的农业 TFP 年均增长率都在 3% 以下，明显比前两类农户更低（见表 2-7）。这表明，专业化能够提升农业生产的全要素生产率（TFP）。

表 2-7　　　　　　　不同类型农户的 TFP 增长率

| 从业类型 | TFP 增长率 | 标准差 | 样本量 |
| --- | --- | --- | --- |
| 农业户 | 0.08 | 0.22 | 77145 |
| 农业兼业户 | 0.06 | 0.19 | 147312 |
| 非农兼业户 | 0.02 | 0.16 | 122553 |
| 非农户 | 0.03 | 0.16 | 31170 |

分区域来看，2003 至 2012 年间，我国中部地区的 TFP 增长最快，年均增长率为 5%，而东部和西部地区年均增长率都为 4%（见表 2-8）。

表 2-8　　　　　　　不同地区的农业 TFP 增长率

| 区　域 | TFP 增长率 | 标准差 | 样本量 |
| --- | --- | --- | --- |
| 东　部 | 0.04 | 0.21 | 136655 |
| 中　部 | 0.05 | 0.16 | 130170 |
| 西　部 | 0.04 | 0.18 | 111355 |

规模化经营有助于提高农业生产 TFP。根据测算，大规模户的 TFP 年均增长率是 6%，是小规模户的两倍（见表 2-9）。

表 2-9　　　　　　　不同规模农户的 TFP 增长率

| 规　模 | TFP 增长率 | 标准差 | 样本量 |
| --- | --- | --- | --- |
| 小规模户 | 0.03 | 0.13 | 183549 |
| 大规模户 | 0.06 | 0.15 | 187058 |

## 四、农户经营规模与生产效率：基于 2012 年 国家统计局农村住户调查截面数据

随着时间的推移，土地流转加快，农业生产服务环节的外包也渐成规模，这促进了适度规模经营，也有利于发挥规模经济效益和提升农业生产效率。我们运用 2012 年的数据，分析以推进适度规模经营促进提升农业生产效率的情况。

70720 户样本农户中，纯农业户占 18%，农业兼业户占 30%，非农业兼业户占 36%，非农户占 16%（见表 2 - 10）。

表 2 - 10　　　　　　　四类农户的分布情况

| 从业类型 | 样本量 | 样本占比 |
|---|---|---|
| 农　户 | 12929 | 18.28 |
| 农业兼业户 | 21264 | 30.07 |
| 非农业兼业户 | 25258 | 35.72 |
| 非农户 | 11269 | 15.93 |
| 总　数 | 70720 | 100 |

表 2 - 11　　　　　农户耕作面积、产量和单产的均值统计

| | | 全样本 | 农户 | 农业兼业户 | 非农业兼业户 | 非农户 |
|---|---|---|---|---|---|---|
| 耕种面积（亩） | 谷物 | 8.010 | 15.16 | 10.84 | 5.438 | 0.236 |
| | 小麦 | 1.403 | 1.369 | 2.084 | 1.446 | 0.0579 |
| | 水稻 | 1.970 | 2.923 | 2.855 | 1.581 | 0.0786 |
| | 玉米 | 3.366 | 7.458 | 4.384 | 1.880 | 0.0773 |
| 产量（公斤） | 谷物 | 3269 | 5904 | 4549 | 2260 | 89.94 |
| | 小麦 | 552.5 | 520.8 | 822.3 | 578.9 | 20.64 |
| | 水稻 | 947.8 | 1431 | 1380 | 742.6 | 36.95 |
| | 玉米 | 1725 | 3845 | 2290 | 918.2 | 31.61 |

续表

| | | 全样本 | 农户 | 农业兼业户 | 非农业兼业户 | 非农户 |
|---|---|---|---|---|---|---|
| 亩产（公斤/亩） | 谷物 | 403.9 | 402.8 | 408.0 | 405.1 | 351.7 |
| | 小麦 | 484.0 | 493.4 | 489.4 | 477.1 | 468.8 |
| | 水稻 | 377.3 | 370.1 | 373.2 | 384.5 | 348.5 |
| | 玉米 | 468.5 | 487.8 | 471.4 | 458.4 | 412.2 |

数据表明，2012 年，农户每户平均种植小麦 1.40 亩，水稻 1.97 亩，玉米 3.37 亩。从农户到农业兼业户，再到非农业兼业户，最后到非农户，他们耕种的作物面积是大幅减少的。随着耕种规模的扩大，水稻的单产呈现出先增加再减少的趋势，谷物单产也是如此。这说明，农户的耕种面积在一定区间里的单产是最高的，适度规模经营可以提高农业生产效率。

以小麦为例，随着耕种面积的增加，单产的变化情况如下。玉米和水稻的单产与耕作面积也表现出同样的关系，表格从略。

表 2-12　　　　　　　小麦单产与耕作面积的关系

| | 农户小麦单产 | 农业兼业户小麦单产 | 非农业兼业户小麦单产 | 非农户小麦单产 |
|---|---|---|---|---|
| 小麦面积 | 0.0549 *** | 0.0823 *** | 0.132 *** | 0.0759 |
| | (5.52) | (11.91) | (20.19) | (1.81) |
| 中部地区 | -0.0943 *** | -0.0717 *** | -0.0297 *** | 0.0234 |
| | (-6.09) | (-6.73) | (-3.78) | (0.60) |
| 西部地区 | -0.484 *** | -0.445 *** | -0.329 *** | -0.150 ** |
| | (-28.96) | (-38.38) | (-36.60) | (-3.08) |
| _ cons | 5.923 *** | 5.882 *** | 5.788 *** | 5.756 *** |
| | (300.47) | (395.13) | (526.29) | (139.33) |
| N | 3251 | 7575 | 9164 | 414 |

注：*、**、***分别表示在10%、5%、1%的水平上显著。

根据表 2 - 12 发现，耕作面积增加 1%，四类农户的单产提高了 0.05% ~ 0.13%。其次，以东部地区为参照，中部地区和西部地区的单产低于东部地区，这可能是由于自然条件的差异导致的。而从农户到农业兼业户再到非农业兼业户，随着耕种规模的扩大，农户的生产逐渐从小农户精耕细作的传统生产方式转向依靠农机资本和土地资本的投入的现代化农业生产方式，因此，各地区地理区位差异导致的单产差异在逐步缩小。数据表明，传统生产方式下的一户农户，在中部比在东部单产低 0.09%；而现代农业生产方式下的农户，单产只低 0.03%。传统生产方式下的一户农户，在西部比在东部单产低 0.48%；而现代农业生产方式下的农户，单产只低 0.15%。现代化的农业生产方式在一定程度上弥补了中西部地区的区位劣势。

进一步选取小麦主产区的省份，在这部分子样本里重复上面的回归。回归结果表明，在小麦主产区，耕种面积扩大 1%，单产提高 0.08% ~ 0.14%，高于全国水平。主产区更适宜种植，其耕种规模更大（主产区平均耕种 2.76 亩，非主产区平均耕种 0.36 亩），配套的生产性服务业更齐全，政策上的支持和倾斜更多。这些因素是规模经济效益得以发挥的重要保障。所以，主产区的耕地规模扩大，生产效率提高得更多。

表 2 - 13 主产区小麦单产与耕作面积的关系

| | 农户<br>小麦单产 | 农业兼业户<br>小麦单产 | 非农业兼业户<br>小麦单产 | 非农户<br>小麦单产 |
|---|---|---|---|---|
| 小麦面积 | 0.0788 *** | 0.118 *** | 0.138 *** | 0.0262 |
| | (8.75) | (19.36) | (21.75) | (0.57) |
| N | 2556 | 6051 | 7819 | 337 |

注：*、**、*** 分别表示在 10%、5%、1% 的水平上显著。

上述分析仅考虑到土地这一个生产要素，而农业是一个典型的多要素投入的生产过程，需要进一步考虑劳动力、农用机械等固定资本和种子化肥等流动资本投入对农业生产的影响。我们采用 C – D 生产函数考察土地、资本和劳动力的投入对农户从事农业经营收入的影响。

农业产出用农户的农产品收入来衡量，包括粮食收入和经济作物收入两大部分。对于农业投入要素，我们用播种面积衡量土地投入，用农业劳动时间衡量劳动投入，用农业机械原值衡量农业机械投入。播种面积是粮食播种面积和经济作物播种面积（均考虑了复种）之和，这与农产品收入的统计口径一致。农业劳动时间是农户全家全部劳动力一年内从事农业活动的月份数。农业机械资产原值衡量了购买农业机械的初始价值，不考虑农业机械的折旧。

表 2 – 14　　　　　　　　　农户农业收入的规模经济

| 规模报酬系数 | 0.9994 | 1.02652 | 0.70129 | 0.27 |
|---|---|---|---|---|
| | 农户<br>收入 | 农业兼业户<br>收入 | 非农业兼业户<br>收入 | 非农户<br>收入 |
| 播种面积 | 0.554 *** | 0.580 *** | 0.501 *** | 0.267 *** |
| | (111.83) | (144.04) | (197.23) | (60.33) |
| 劳动力 | 0.0963 *** | 0.0386 *** | 0.0155 *** | 0.00688 ** |
| | (15.18) | (8.76) | (7.61) | (2.89) |
| 固定资本 | 0.0211 *** | 0.00792 *** | 0.00379 *** | 0.00228 *** |
| | (12.76) | (7.76) | (8.10) | (3.89) |
| 流动资本 | 0.328 *** | 0.400 *** | 0.181 *** | – 0.00504 |
| | (41.03) | (69.65) | (46.24) | ( – 1.54) |
| 常数项 | 8.002 *** | 8.109 *** | 8.283 *** | 8.516 *** |
| | (446.06) | (539.16) | (1364.88) | (2098.05) |
| 样本量 | 11703 | 20785 | 24609 | 4023 |

注：*、**、***分别表示在10%、5%、1%的水平上显著。

研究发现，在农业兼业户，要素投入提高一倍，收入提高 1.03 倍，这就表明，在这一区间扩大耕种规模，有利于发挥规模经济和提高生产效率。我们将被解释变量换成农产品产量，采用超越对数形式①的生产函数计算规模报酬系数，也发现了这一点。农业兼业户的要素投入提高一倍，产量提高 1.11 倍。

表 2 – 15 农户农业产量的规模经济

| 规模报酬系数 | 0.46 | 1.11 | 0.67 | 0.33 |
| --- | --- | --- | --- | --- |
| | 农户产量 | 农业兼业户产量 | 非农业兼业户产量 | 非农户产量 |
| 播种面积 | 2.307*** | 2.099*** | 2.279*** | 3.591*** |
| | (79.70) | (69.87) | (107.02) | (48.30) |
| 劳动力 | 0.142*** | 0.149*** | 0.168*** | 0.155*** |
| | (4.74) | (4.93) | (10.38) | (3.67) |
| 固定资本 | −0.0967*** | −0.0469*** | −0.0204*** | 0.0148 |
| | (−11.26) | (−6.38) | (−4.89) | (1.03) |
| 流动资本 | −0.165*** | 0.191*** | −0.215*** | −0.177*** |
| | (−3.43) | (4.45) | (−7.34) | (−3.76) |
| 播种面积$^2$ | −0.256*** | −0.249*** | −0.434*** | −1.600*** |
| | (−24.54) | (−24.40) | (−41.10) | (−19.60) |
| 劳动力$^2$ | 0.0396* | −0.0250* | −0.0755*** | −0.107*** |
| | (2.44) | (−2.12) | (−9.03) | (−3.39) |
| 固定资本$^2$ | 0.0269*** | 0.0147*** | 0.00605*** | −0.00458 |
| | (19.22) | (16.97) | (8.63) | (−1.32) |
| 流动资本$^2$ | −0.140*** | −0.227*** | −0.134*** | −0.131*** |
| | (−8.40) | (−18.24) | (−12.01) | (−5.52) |
| 播种面积*劳动力 | −0.123*** | −0.0706*** | −0.0589*** | 0.0158 |
| | (−12.19) | (−8.27) | (−8.91) | (0.48) |
| 播种面积*固定资本 | −0.0146*** | −0.0101*** | −0.00356* | 0.000420 |
| | (−5.49) | (−4.95) | (−2.37) | (0.06) |

① C–D形式的生产函数，投入要素的弹性是不变的，而超越对数形式的生产函数放松了这一假设，允许投入要素的弹性可变，模型设定更符合实际。

续表

| | 农户<br>产量 | 农业兼业户<br>产量 | 非农业兼业户<br>产量 | 非农户<br>产量 |
|---|---|---|---|---|
| 播种面积*<br>流动资本 | − 0.334 *** | − 0.372 *** | − 0.279 *** | − 0.366 *** |
| | ( − 25.72) | ( − 32.03) | ( − 21.36) | ( − 5.95) |
| 劳动力*<br>固定资本 | 0.00755 ** | 0.00247 | 0.00252 * | − 0.00346 |
| | (2.79) | (1.21) | (2.16) | ( − 0.90) |
| 劳动力*<br>流动资本 | 0.0779 *** | 0.0375 ** | 0.0539 *** | 0.0454 * |
| | (5.13) | (3.07) | (5.80) | (2.33) |
| 流动资本*<br>固定资本 | 0.0104 ** | 0.00773 ** | 0.00702 *** | 0.0283 *** |
| | (3.19) | (2.96) | (3.35) | (5.49) |
| 常数项 | 4.742 *** | 5.055 *** | 5.102 *** | 4.286 *** |
| | (101.35) | (81.13) | (182.97) | (123.45) |
| 样本量 | 11703 | 20785 | 24609 | 4023 |

注：*、**、***分别表示在10%、5%、1%的水平上显著。

上述发现表明，发展土地适度规模经营，有利于提高农业生产率，提升农业现代化水平。应当在坚持家庭承包经营的基础上，通过土地承包经营权流转，促进土地的适度规模经营。

## 五、优化要素配置提升农业全要素生产率的政策建议

要实现中国农业的可持续发展，就要优化资源配置，提高农业全要素生产率。必须加快相关制度的改革步伐，消除土地、资本等要素合理配置的障碍，更为有效地配置资源。

### （一）培育多元化的新型经营主体

一是加快发展农民专业合作社。鼓励农户联合组成合作社、股份制组织等，并通过土地流转、入股和地块互换、归并等方式，扩大土

地经营规模。

二是大力培育家庭农场。要发挥家庭经营的基础作用，重点培育以家庭成员为主要劳动力、以农业为主要收入来源，从事专业化、集约化农业生产的家庭农场，使之成为引领适度规模经营、发展现代农业的有生力量。

三是做大做强龙头企业。通过财政贴息、信贷奖励补助等方式，支持龙头企业兼并重组，组建大型企业集团。引导龙头企业创办或领办各类专业合作组织，实现龙头企业与农民专业合作社深度融合。

### （二）政府引导土地流转规范化

农村土地流转是发展农业适度规模经营的基础保障，农户在承包期内依法、自愿、有偿流转土地承包经营权，是逐步发展适度规模经营的重要途径。政府应发挥引导和服务职能，制定相关政策以明确土地流转的规模、进度、期限及机制。

### （三）加强财政支农力度、发展农村金融

随着土地流转的加快，新型经营主体的经营规模越来越大，但由于缺乏有效的可供抵押的资产，新型经营主体的发展面临着很大的资金瓶颈，急需财政金融政策解决融资难问题。

一是加大财政支农力度。研究改革农业补贴制度，使补贴资金向种粮农民以及家庭农场等新型农业经营主体倾斜。继续完善财政补助和贷款贴息政策，支持龙头企业与合作社、农民建立紧密的利益联结机制。强化涉农贷款财政奖励补贴，调整绩效考核机制，形成对金融机构支农的有效激励和约束。

二是深化农村金融改革。探索开展农村承包土地经营权抵押贷款、大型农机具融资租赁试点，积极推动厂房、渔船抵押和生产订单、农业保单质押等业务，拓宽抵质押物范围。完善土地经营权等抵押物处置平台，创新农村资产抵押模式。完善多层次金融体系，加快发展农村合作金融，大力发展互联网金融等。

执笔人：周群力

**参考文献**

[1] 刘春芳，王济民．新形势下我国新农村建设科技发展问题研究．载于中国农业科学院农业经济与发展研究所编著，农业经济与科技发展研究2008．北京：中国农业出版社，2008

[2] 卢锋．肉，蛋，水产品生产消费知多少？——我国若干农产品产销量数据不一致及产量统计失真问题．载于林毅夫等主编，中国经济研究．北京：北京大学出版社，2000

[3] 陈卫平．中国农业生产率增长，技术进步与效率变化：1990 - 2003 年．中国农村观察，2006（1）

[4] 顾海，孟令杰．中国农业 TFP 的增长及其构成．数量经济技术经济研究，2002（10）

[5] 李谷成．技术效率，技术进步与中国农业生产率增长．经济评论，2009（1）

[6] 李谷成．人力资本与中国区域农业全要素生产率增长，财经研究，2009，35（8）

[7] 李静，孟令杰．中国农业生产率的变动与分解分析：1978 - 2004 年——基于非参数的 HMB 生产率指数的实证研究．数量经济技术经济研究，2006，11（5）

[8] 李首涵，何秀荣，杨树果．中国粮食生产比较效益低吗．中国农村经济，2015（5）

[9] 李文明，罗丹，陈洁，谢颜．农业适度规模经营：规模效益，产出水平与生产成本．中国农村经济，2015（3）

[10] 全炯振．中国农业全要素生产率增长的实证分析：1978 —2007 年．中国农村经济，2009（9）

[11] 王钰，宋文飞，韩先锋．中国地区农业全要素生产率及其影响因素的空间计量分析——基于1992 -2007 年省域空间面板数据．中国农村经济，2010（8）

[12] 赵文，陈杰．中国农业全要素生产率的重新考察——对基础数据的修正和两种方法的比较．中国农村经济，2011（10）

[13] 杨俊，陈怡．基于环境因素的中国农业生产率增长研究．中国人口资源与环境，2011，21（6）

[14] 赵蕾，王怀明．中国农业生产率的增长及收敛性分析．农业技术经济，2007（2）

[15] 赵芝俊，张社梅．近20 年中国农业技术进步贡献率的变动趋势．中国农村经济，2006（3）

[16] 曾先锋，李国平．我国各地区的农业生产率与收敛：1980 - 2005．数量经济技术经济研究，

2008（5）

[17] 周端明. 技术进步, 技术效率与中国农业生产率增长——基于 DEA 的实证分析. 数量经济技术经济研究, 2009（12）

[18] 周志专. 中国农业生产率的时空特征研究——基于序列 DEA 的非参数测度框架. 湖北社会科学, 2014（2）

[19] 蒋建科. 转基因抗虫棉打破国外垄断. 人民日报, 2011（3）, http://ip.people.com.cn/GB/14211445.html

[20] 李录堂, 薛继亮. 我国农业生产率与农业现代化的关系研究. 东南大学学报（哲学社会科学版）, 2009, 11（6）

[21] 江激宇, 李静, 孟令杰. 中国农业生产率的增长趋势: 1978–2002. 南京农业大学学报, 2005（28）

[22] 国务院发展研究中心城乡统筹基础重点领域课题组. 基于微观数据的中国农业生产率测算: 2003–2012". 载于国务院发展研究中心城乡统筹基础重点领域编著, 城乡统筹基础重点领域年度成果汇报, 2014

[23] Fan, Shenggen and Zhang, Xiaobo, Production and Productivity Growth in Chinese Agriculture: New National and Regional Measures, Economic Development and Cultural Change, 50（4）: 819, 2002.

[24] Fuller, F., D. Hayes and D. Smith, Reconciling Chinese Meat Production and Consumption Data, Economic Development and Cu ltural Change, 49（2）: 52–83, 2000.

[25] Jin S. Q., Huang J. K., Hu R. F. and Rozelle S., The creation and spread of technology and total factor productivity in China, American Journal of Agricultural Economics, 2002.

[26] Wen, Guanzhong James: Total Factor Productivity Change in China's Farming Sector: 1952–1989, Economic Development and Cultural Change, 42（1）: 1–4 [1] 1993.

# 以农业健康产能的增长接替农业边际产能的退出

长期以来，为了追求当期农业产量增长，我国普遍过度使用水土资源和环境容量，因此付出了巨大的环境成本和经济代价。在新的发展形势下，我国农业发展不能再简单地追求数量目标，不能再以消耗资源、破坏生态为代价换取当期产量。为此，迫切需要转变农业发展方式，促进边际产能有序退出，并进一步提升健康产能，实现产出高效、产品安全与资源节约、环境友好协调兼顾。

## 一、农业边际产能的存在形态

所谓农业边际产能，是指生产成本高于市场长期均衡价格的产能。如果把外部负效应内部化、实行完全成本核算，或者剔除国家支持保护因素，我国农业中确实存在多种类型的边际产能。例如，如果没有国家的临时收储，东北地区次适宜地区的部分玉米产能就难以持续下去；实行按产量（交售量）补贴目标价格差价款政策后，新疆部分低产棉田就得退出生产。又如，如果把对生态环境的破坏（治理生态环境破坏所需的投入）计入生产成本，过量使用化肥和农药、开垦陡坡土地和湿地、超采地下水、使用重金属超标耕地形成的产能就会得不偿失。本章重点研究后一类农业边际产能。

### （一）化肥过量使用带来的污染成本已远超过其增产收益

我国农田投入化肥总量从 1978 年的 884 万吨上升为 2014 年的5995.94 万吨，增长近 6.78 倍。全国农作物单位播种面积施肥量由1978 年的 58.89 千克/公顷增长至 2014 年的 362.41 千克/公顷，增长了 5.15 倍。如果以耕地面积计算，2013 年中国化肥施用强度达到443.62 千克/公顷，是世界平均水平的 3.7 倍，是国际公认的化肥施用安全上限 225 千克/公顷的 1.97 倍。但 2015 年我国三大粮食作物（水稻、小麦和玉米）当季化肥有效利用率仅 35%，发达国家该利用率一般在 60%~70%。

#### 1. 化肥使用对粮食增产的边际效应下降

从理论上来看，化肥的增产效果并不是始终随着施用量的增加而增加的，而是有一个最优点。研究结果显示，我国三大粮食最优化肥施用量为 18.4 千克/亩（折纯量），而 2011 年我国主要粮食作物施用的化肥量为 19.41 千克/亩，已经超过了最优施肥量。这导致化肥使用对粮食增产的边际效应下降，主要粮食作物的化肥投入弹性由 2004 年的 0.175 下降至 2011 年的 0.14（赵志坚、胡小娟，2013）。

#### 2. 酸化严重

化肥投入量接近或超过土壤最大容量和作物最高产量需求，就会导致土壤中养分过剩和污染物积累，造成土壤生态系统处于超负荷运行，导致土壤本身物理、化学和生物学性质发生改变。目前，化肥高投入已对我国生态环境产生明显影响，特别是导致土壤严重酸化。张福锁教授 2013 年在 Nature 的文章显示，1980 年至 2010 年中国陆地生态系统氮素沉降从每公顷年均 13.2 公斤增至 21.1 公斤；来自农业源氨排放（包括氮肥的直接排放和养殖场畜禽粪便等间接排放）的铵态氮沉降是氮素沉降的主体，占总沉降量的 2/3 左右。如 2011 年，中国有 1997.4 万吨氮通过化肥进入粮食生产，其中有 779 万吨（约 39%）被作物吸收利用，有 719.1 万吨（约 36%）以氮气和氮氧化物的形式进入大气，有 499.4 万吨（约 25%）通过淋洗等方式进入水体或残留在土壤中，后两种氮元素流向成为土壤酸化的重要来源。

20 世纪 80 年代以来我国耕地土壤酸化面积不断扩大，酸化程度不断加深。全国耕地土壤酸碱度（pH）30 年平均下降了 0.6 个单位，相当于土壤酸量在原有基础上增加了 2.2 倍，酸化耕地（pH 小于 5.5）面积占比从 30 年前的 7%，上升到目前的 18%。酸化不仅降低了耕地质量，同时增加了重金属的活性，加大了耕地生态和地下水质量恶化的风险。此外，北方地区，如东北三省、山东和内蒙古等曾经土壤呈碱性的区域也开始出现耕地酸化。而这些省份都是我国的主要粮食产地。

**3. 过度依赖化肥导致土壤有机质不断下降**

现在的耕种方式普遍存在"重用轻养"问题，盲目施用见效快的化肥，很少施用有机肥，导致我国土壤养分失衡、土壤肥力和有机质下降，使得我国基础地力对粮食生产的贡献很低。目前，我国有机养分投入不足，仅占作物总养分投入的 30%，较 30 年前下降 20 个百分点。绿肥种植面积由 1978 年的 1.8 亿亩减少到目前的 7680 万亩，降幅达 57%。

我国耕地的有机质含量一般较低，水田土壤大多在 1%～3%，而旱地土壤有机质含量较水田低，有机质含量小于 1% 的耕地占 31.2%（张桃林、王兴祥，2000）。欧美国家粮食产量 70%～80% 靠基础地力，20%～30%靠水肥投入，而我国耕地基础地力对粮食产量的贡献率仅为50%，比欧美等发达国家低20～30个百分点。近30年来，我国粮食亩产平均提高了83%，而全国土壤有机质平均含量普遍下降，主要产粮区东北和黄淮海区域土壤有机质含量分别下降了45%和32%，而且耕地土壤生物群系也在不断减少。30年前，平均每公斤土壤中有3000～5000条有益线虫，而现在只有500条。原来每公斤土壤中有10克蚯蚓，现在不施有机肥的地里几乎找不到蚯蚓。2015年中国耕地地球化学调查报告指出，东北区、闽粤琼区、西北区和青藏区部分耕地有机碳含量相比20世纪80年代我国农业部门的调查数据下降趋势明显，其中东北区耕地有机碳含量下降了21.9%，闽粤琼区下降16%，青藏区下降13.3%，西北区下降10.5%。由于土壤中有益生物数量减少，致使土壤生态食物链断裂，导致土壤物质循环、转化、储存及自身调控能力减弱，土传病害频发。

**4. 化肥过量使用产生巨大的环境成本**

根据赖力等（2009）的测算，1990～2005年全国化肥施用的环境成本以年均7.1%的速度增长，2005年全国化肥施用环境成本共计188亿元，约占当年农业增加值的1.5%，其中大气污染37.8亿元、土壤污染51.4亿元、水污染91.9亿元，分别占总成本的20%、27.3%和52.7%。赵志坚、胡小娟（2013）的估价结果与之相似，粮食生产中化肥施用的环境成本以年均7.4%的速度增长，并且化肥使用量每增加1个百分点，环境成本增加1.74个百分点，而粮食产量仅增加0.32个百分点。

**（二）过量使用农药是以牺牲质量为代价增加产量**

通常情况下，施用农药后因病虫害引起的农作物损失可降至35%

左右，而不施用农药损失则会达到 70% 左右。我国平均每年发生病虫害的面积近 1.8 亿～1.87 亿公顷，使用农药的防治面积近 1.53 亿公顷，可以挽回粮食损失 200 万～300 万吨①。为了保障粮食丰收和节约劳动力，农民倾向于多用农药。近年来，随着越来越多的农民外出打工，可以节省劳动力的除草剂、拌种子的农药使用量大幅增加。

**1. 我国农药使用大大高于世界平均水平**

我国农药使用量从 1990 年的 73.3 万吨增加到了 2012 年 180.6 万吨。2012 年，以农作物播种面积计算，每公顷农药使用量达到 11.05 千克；以耕地面积计算，每公顷农药使用量达到 13.36 千克。我国单位面积农药使用量是世界平均水平的 2.5 倍，与欧洲（1.9 千克）和美国（1.5 千克）相比分别高出 6 倍和 8 倍。

**2. 农药残留危害食品质量安全**

我国农药使用效率比较低，2015 年三大粮食作物农药有效利用率仅 36.6%。未被有效利用的部分，不但没有发挥保障生产的作用，而且还对外界环境产生污染，主要表现在农药对生态环境的危害，特别是对土壤、水体和大气产生污染。其中，对土壤的污染最为严重。农药进入土壤的途径主要有三种，分别是农药由田间施用直接进入土壤，通过作物落叶和雨水淋洗进入土壤，通过灌溉水和动植物残体进入土壤。各类农药在土壤残留期长短的次序是含重金属农药、有机氯农药、除草剂、有机磷农药。这些流失的农药使得土壤中磷、镁、铅、汞等化学元素富集过高，而且由于农药本身不易被阳光和微生物分解，对酸和热稳定，不易挥发且难溶于水，故残留时间长。农药对土壤的残留和污染主要集中在 0～30cm 深度的土壤层中，造成土壤的严

---

① 仲维科："我国食品的农药污染问题"，《农药》，2000 年第 7 期。

重污染。如超负荷连年使用农药，残留量远远超过土壤的自净和降解能力，就会导致土壤生产能力、调节、自净和载体功能受到严重损害，这种土壤生产出来的农产品必然会有有害化学物质的残留，从而会造成食品安全问题。

## （三）农膜残留加速耕地"死亡"

我国农膜年均使用量已从 1991 年的 64.21 万吨增加到 2012 年的 249.3 万吨，累计增长 2.7 倍。农膜的使用可以改善土壤温度、湿度，可以延长生长季节，土地就像穿上了一层棉衣，即使在自然灾害的情况下，产量也能够提高数倍。但农膜的使用却存在难以回收的问题，超过40％的农膜被留在地里。中国农科院监测数据显示，目前国内长期覆膜的农田土壤，平均每亩地膜残留量为 5～15 公斤。

大量残留在土壤里的农膜，会在 15～20 厘米土层形成不易透水、透气的难耕作层，严重影响作物根系的伸展和微生物的活力，造成土壤板结，而且还会阻碍作物根系的深扎和对土壤养分、水分的吸收。同时，农膜中的增塑剂在土壤中挥发，还会对农作物造成毒害，阻碍作物体内叶绿素合成，影响作物正常生长。调查显示，连续使用农膜种植玉米 15 年以上的土地，每亩含膜最高达 25.6 公斤，最低 13.8 公斤。一亩地土壤含残膜达 3.9 公斤时，将导致农作物减产11％～23％。

目前使用的聚乙烯材料地膜，埋在土壤中 200 年都不会降解。唯一的方式是农膜焚烧，但于 800 度焚烧农膜，会释放二噁英等严重的致癌物质，对生态环境和人的生命安全造成严重危害。

## （四）湿地开垦破坏自然生态平衡

据不完全统计，从 20 世纪 50 年代以来，全国湿地开垦面积累计达 1000 万公顷。全国沿海滩涂面积已削减过半，56% 以上的红树林丧失，长江河口已被围垦的滩涂达 7.85 万公顷，全国围垦湖泊面积达 130 万公顷以上。"千湖之省"湖北省的湖泊锐减了 2/3。第二次全国湿地资源调查结果显示，全国湿地总面积 5360.26 万公顷，其中，自然湿地面积 4667.47 万公顷，占全国湿地总面积的 87.08%。与第一次调查同口径比较，10 年来湿地面积减少了 339.63 万公顷、减少率为 8.82%，其中自然湿地面积减少了 337.62 万公顷、减少率为 9.33%。以黑龙江三江平原为例，新中国成立以后经历了四次开荒大潮，原有的 534 万公顷湿地现在只剩下 130 万公顷，三江平原 80% 的湿地已经变成耕地。为了增加粮食产量而不断侵占湿地，直接导致了自然生态净化系统被破坏，出现水质下降、生物多样性降低、土壤沙化、水土流失等生态恶化现象。

### （五）坡地耕作导致严重的水土流失

坡耕地是我国耕地资源的重要组成部分。据国土资源部第二次全国土地调查，截至 2009 年底，全国 25 度以上坡耕地为 8244 万亩。据水利部、中国科学院和中国工程院联合开展的中国水土流失与生态安全综合科学考察结果显示，坡耕地是我国水土流失的主要策源地，其产生的土壤流失量占全国 28.3%，西南、西北等地区坡耕地土壤流失量占当地土壤流失总量的 50% 以上。坡耕地的土层普遍较薄，耕作层下面为没有养分、不能生长植被的成土母质，处于坡面上的耕作层一旦流失，生产、生态基础就会遭到破坏。2005 至 2011 年间，我国发生在坡耕地上的石漠化土地增加了 65.15 万亩、年均增加 10.86 万亩，其中失去耕种条件的面积为 42.93 万亩、以年均 7.15 万亩的速度弃耕。目前，贵州毕节、重庆万州等地区 160 多万亩坡耕地已经石漠化。

### （六）粗放式灌溉加大了水资源压力

**1. 农业生产存在严重水资源浪费**

一方面，由于水土地域不匹配，我国农业生产面临水资源匮乏的严峻挑战。另一方面，我国农业生产严重依赖灌溉，而大多数地区仍采用传统的沟溉、畦灌等大水漫灌方式，节水灌溉面积相对较少，水资源消耗浪费巨大，有的地区农田产出甚至接近"斤粮吨水"。2012年我国农田灌溉水有效利用系数只有 0.516，发达国家为 0.7～0.8 左右；每立方米水的粮食生产能力只有 0.85kg，发达国家在 2kg 以上。[①]究其原因，主要是我国水资源缺乏先进的量水设施，推广节水灌溉的技术力度不大，输水、灌水、配水和田间水利用效率低下。另外，灌溉工程老化、农业用水管理体制不健全也是农业用水效率低的重要原因。

**2. 地下水超采导致严重生态问题**

在水资源利用效率不高的条件下，农业增产以过度的水资源消耗为代价，很多灌区存在严重的地下水超采问题，给生态环境和未来的生产能力造成巨大损害。一是地下水资源衰竭。华北地区地下水超采最为严重，河北年均超采 50 多亿方，已累计超采 1500 亿方，面积达 6.7 万平方公里，超采量和超采区面积均为全国的 1/3。自 1980 年以来，北京、天津和河北平原区地下水储量累计亏损量已达 1550 亿方。二是地面下沉形成漏斗区和地裂。根据中国水资源公报，2013 年全国 21 个省级行政区共有地下水降落漏斗 70 个，总面积 6.1 万平方公里，河北、江苏深层漏斗面积最大。河北省共有地下水位降落漏斗 26 个，其中漏斗面积超过 1000 平方公里的有 7 个。华北地区累计地面沉降量

---

① 谢崇宝："发展高效节水灌溉之哲学思考"，《中国水利》，2012 年第 9 期。

超过 200mm 的面积达到 6.2 万 $km^2$，占全国的 78%。全国已有 200 个县市发现了因地下水超采产生的地裂缝，主要分布在河北省和山东省。河北省已发现地裂缝 400 余条，其长度由数米至 500 余米不等，少数长达数千米。三是海水入侵威胁淡水资源安全。截至 2010 年，全国沿海地区因地下水超采引发的海水入侵面积约 2500$km^2$，咸水入侵面积超过 1000$km^2$，主要分布在河北、山东等省。海水入侵使地下水产生不同程度的咸化，造成当地群众饮水困难，土地发生盐渍化致使农田减产。

**（七）污染耕地的继续耕种威胁农产品质量安全**

2014 年 4 月环境保护部和国土资源部联合发布的《全国土壤污染状况调查公报》显示，全国耕地土壤点位超标率为 19.4%，其中轻微、轻度、中度和重度污染点位比例分别为 13.7%、2.8%、1.8% 和 1.1%，主要污染物为镉、镍、铜、砷、汞、铅、滴滴涕和多环芳烃，镉的点位超标率高达 7.0%。尽管以网格法布点取样数据只是反映抽样点的情况，不能直接据此推断全国土壤污染超标的面积，但结合《重金属污染防治"十二五"规划》和我国水稻种植与施肥情况，可以粗略估计出调查范围内（630 万平方公里）受影响的耕地面积达25.5 万平方公里（38250 亩），其中中重度污染面积约 3.5 万平方公里（5250 万亩）。

根据国土资源部中国地质调查局 2015 年 6 月发布的中国耕地地球化学调查报告，重金属中重度污染或超标的点位比例为 2.5%、覆盖面积 3488 万亩，轻微—轻度污染或超标的点位比例为 5.7%、覆盖面积 7899 万亩。污染或超标耕地主要分布在南方的湘鄂皖赣区、闽粤琼区和西南区。其调查的耕地面积为 13.86 亿亩，占全国耕地总面积的

68%。因为此次调查范围更加广泛，可以由此推算全国重金属中重度污染耕地面积约在5129万亩，轻度污染耕地面积在在11616万亩。

两个调查数据推算的结果，均与2009年国土资源部第二次全国土地调查公布的数据以及国土部正式公布数据①大体相当，即全国中重度污染耕地面积大体是5000万亩。污染耕地继续耕种不仅使得生产的农产品存在健康安全隐患，而且不及时治理污染耕地还可能导致污染物蔓延，更大范围造成水和土壤的污染。

## 二、退出边际产能对国家粮食安全到底有多大影响：以退出边际耕地为例

2014年，根据中央1号文件精神，中央财政安排了退耕还林还草还湿、土壤重金属污染治理、地下水超采治理三项试点工作。2015年5月，农业部、国家发改委等部门联合发布《全国农业可持续发展规划（2015—2030）》。2015年7月，国务院办公厅下发《关于加快转变农业发展方式的意见》，要求加强耕地保护，开展东北黑土地保护利用试点，逐步扩大重金属污染耕地治理与种植结构调整试点。2015年10月，党的十八届五中全会通过的十三五规划建议，突出强调了新时期农业的可持续发展，明确要求"探索实行耕地轮作休耕制度试点"，"扩大退耕还林还草"，"开展退耕还湿、退养还滩"。"十三五"时期，我国以生态环境为代价的边际耕地将逐步退出。

下面，通过估算边际耕地退出后的产能损失，评估对我国粮食安全保障能力的影响。需要指出的是，由于缺乏大范围的耕地环境普查，

---

① 2013年12月30日，在国务院新闻办的发布会上，国土资源部副部长王世元称，全国中重度污染耕地大体在5000万亩左右。

我们对有多少耕地需要进行生态退出仍然底数不清。从已有规划安排的农业生态休养生息的几个方面，即退耕还林还草、退耕还湿、重金属污染治理以及地下水超采治理，在现有调查的基础上估计需要生态退出的耕地约为14490万亩，由此推算退出后对粮食产能的影响在5721.37万吨（参见表3-1）。

表3-1 耕地生态退出对粮食产能的影响估计

| | 2014年退出面积（万亩） | 预计粮食减产（万吨） | 全部生态退出（万亩） | 预计粮食减产（万吨） |
|---|---|---|---|---|
| 退耕还林还草 | 500 | 75 | 8244 | 1236.6 |
| 退耕还湿 | 15 | 5.8 | 5064 | 1063.5 |
| 重金属污染治理 | 14 | 83.6 | 5250 | 2694.37 |
| 地下水超采治理 | 85.3 | 37.35 | 5000 | 726.9 |
| 合　计 | 614.3 | 201.75 | 14490 | 5721.37 |

## （一）退耕还林还草

根据第二次全国土地调查，截至2009年底，我国25度以上的耕地（含陡坡耕地和梯田）仍有8244万亩，主要分布在西部地区。2014年国务院批准的《新一轮退耕还林还草总体方案》，计划到2020年全国具备条件的坡耕地和严重沙化耕地约4240万亩将退耕还林还草。2014年和2015年中央财政安排新一轮退耕还林还草专项资金，已分别安排退耕还林还草任务500万亩和1000万亩。

坡耕地的产量非常低，一般亩产仅100~200公斤。如果按照亩产150公斤计算，即使2014年安排的500万亩退耕面积以前全部种植粮食，退耕还林计划实施后，最多造成75万吨粮食产能损失。假设4240万亩坡耕地与严重沙化耕地退出生产前全部种植粮食，到2020年新一轮退耕还林计划实施完成后，对粮食产能的影响为636万吨左右。如果考虑全面的生态退出，即使 8244 万亩坡耕地与严重沙化耕地全部退出，按照上述标准计算，预计对粮食产能的影响至多为 1236.6 万吨。

## （二）退耕还湿

为支持湿地保护与恢复，2014 年中央财政安排林业补助资金湿地相关支出 15.94 亿元，支持湿地保护与恢复，启动退耕还湿、湿地生态效益补偿试点和湿地保护奖励等工作。2014 年 7 月，财政部会同国家林业局印发了《关于切实做好退耕还湿和湿地生态效益补偿试点等工作的通知》。退耕还湿先行安排在黑龙江、吉林、辽宁、内蒙古 4 个省区开展试点，退耕还湿面积 15 万亩；全国安排 21 个单位进行湿地生态效益补偿试点；对全国 60 个湿地保护工作业绩突出的县进行奖励。黑龙江省各试点单位通过土地置换、一次性买断、收缴国有土地等多种方式安排退耕还湿面积 12.345 万亩。按 4 个省 2013 年粮食平均单产计算（386.85 公斤/亩），实施 15 万亩退耕还湿后，预计粮食减产规模为 5.8 万吨。由于目前对耕地侵占湿地的情况没有系统的调查结果，具体应该退出多少湿地仍然底数不清，我们只能假设退耕还湿是基于对过去十年湿地损失的修复。以近十年自然湿地面积减少了337.62 万公顷（5064 万亩）计算，如果对此全部进行修复，并且假设 70% 的湿地（即 3545 万亩）减少是因为开垦种粮食，以平均单产300 公斤/亩计算，湿地生态修复可能造成的粮食减产预计在 1063.5 万吨。

## （三）土壤重金属污染治理

2014 年 6 月，农业部和财政部正式批复《湖南重金属污染耕地修复治理与种植结构调整试点 2014 年实施方案》，中央财政安排专项资金 11.56 亿元，对长株潭 19 个县（市、区）170 万亩重金属污染耕地重点区域进行治理。依据农业部、财政部稻田镉污染划分等级，长株潭地区 247 万亩重点区域，重度双超面积约 14 万亩（土壤镉含量 > 1.0mg/kg、稻米镉含量 > 0.4mg/kg，列为替代种植区），中度污染面积约 80 万亩（土壤镉含量 ≤ 1.0mg/kg、稻米镉含量 > 0.4mg/kg，列为管控专产区），轻度污染面积约 76 万亩（稻米镉含量 0.2 ~ 0.4mg/kg，列为达标生产区）。

按照治理方案要求，对重度污染区必须进行非粮、非食用作物替代（即划为替代种植区），如果 14 万亩全部实施将直接带来约 12 万吨粮食减产[①]。中度污染区作为管控区，虽然仍选择低镉吸收品种进行种植，但产出粮食采取"四专一封闭"（即"专用品种、专区生产、专企收购、专仓储存"）的方式封闭管理运行。根据课题组对湘潭市重金属污染治理实施情况的调研，按照方案要求在管控区采用低镉品种将会降低粮食单产，每亩减产约 100 公斤。据此估计，如果 80 万亩管控区全部推广低镉品种，将会减产 8 万吨粮食。但这部分粮食是不能食用的，因而如果参照管控区 2013 年的单产水平（按照 800 公斤/亩计算），实际上将可能损失 64 万吨可食用稻谷。达标区采用低镉品种生产，因品种产出效率的差异，也会造成 7.6 万吨粮食减产。

以此数据为基础估算，湖南省被重金属污染的耕地面积约在 1420 万亩以上，其中中重度污染、轻度污染面积估计在 470 万亩和 950 万亩。如果对全部 470 万亩中重度污染区参照试点方案进行治理，按照 2013 年湖南省稻谷的平均单产计算（418 公斤/亩），预计会造成

---

① 2013 年管控区水稻产量为 12 万吨。当地一般种植两季，产量是两季收成的总和。

196.46万吨可食用粮食减产。假设其中15%的比例是需要进行替代种植的重度污染区，其他85%推广低镉品种，则耕地重金属污染治理预计可能会造成湖南省69.42万吨粮食减产（即剔出封闭运行的非食用粮食）。950万亩轻度污染区采用低镉品种种植后，会带来78.61万吨粮食减产。因而，重金属污染治理对湖南省粮食产量的影响大致为291.46万吨（包括166.99万吨粮食不可食用），减产总量为124.47万吨。这是以全部重金属污染耕地都种植粮食为假设计算的，但实际上2013年湖南省水稻播种面积占总粮食播种面积比例为82.75%，影响的范围还会缩小一些，可能在241.83万吨（包括不可食用的粮食）。

以此方法推算至全国，全国5000万亩中重度重金属污染耕地，也按照15%和85%的替代种植区和管控区的比例计算，根据其重金属污染分布地区2013年稻谷的平均单产（425.7公斤/亩）计算，全部进行治理会导致744.28万吨粮食减产，并可能减少2121.5万吨的可食用粮食（见表3-2）。轻度污染的11616万亩耕地，采用低吸收品种带来的单产下降，可能造成的粮食产量减少约为1161.6万吨。这是相对保守的估计，如果将可能造成的影响进行最大化考虑，实际上中重金属污染主要对水稻种植产生影响，而并不是所有的污染区都种植水稻，所以即使目前所有的污染耕地都种植水稻，在全国范围推广重金属污染治理可能造成的食用粮食产量损失也不会超过3290.1万吨，这其中还有1384.22万吨粮食仍可用作非食用的加工用途。实际上，这个估计是明显偏高的，因为假设中所有污染耕地都种植稻谷，但实际上这些主要污染省区稻谷播种面积占总粮食作物播种面积的比例为49.31%。不过，重金属污染在这些区域的分布也并不均衡，因为没有耕地重金属污染的分省数据，很难进行更精确的估计。江西和湖南是重金属污染最严重的地区，耕地种水稻的比例也最高。我们只能假定江西的重金属污染治理对粮食生产的影响基本与湖南相当[1]，剔出这两个省后，剩余地区再按照水稻种植的高位比例70%[2]和水稻平均亩产436公斤/亩计算，总的受影响粮食产能大致为2694.37万吨。

表 3 - 2　　　　耕地重金属污染治理对粮食产能影响的粗略估计

| | | 长株潭试点 | 湖　南 | 全　国 |
|---|---|---|---|---|
| 替代种植区 | 面积（万亩） | 14 | 70.5 | 750 |
| | 预计粮食减产（万吨） | 12 | 29.47 | 319.28 |
| 管控区 | 面积（万亩） | 80 | 399.5 | 4250 |
| | 预计粮食减产（万吨） | 8 | 39.95 | 425 |
| | 预计食用粮食减少（万吨） | 64 | 166.99 | 1809.22 |
| 达标区 | 面积（万亩） | 76 | 950 | 11616 |
| | 预计粮食减产（万吨） | 7.6 | 95 | 1161.6 |
| 合　计 | 粮食减产总量（万吨） | 27.6 | 164.42 | 1905.88 |
| | 食用粮食减少总量（万吨） | 83.6 | 291.46 | 3290.1 |

### （四）地下水超采治理

2014年中央财政安排63亿元支持河北省地下水超采综合治理试点，联合河北省财政共计74.5亿元投入实施《地下水超采综合治理试点方案（2014年度）》。试点范围包括衡水、沧州、邢台、邯郸4市的49个县（市、区），全部涵盖了冀枣衡、沧州、南宫三大深层地下水漏斗区；涉及土地面积3.6万平方公里、耕地面积3370万亩、有效灌溉面积2712万亩，地下水超采量27亿立方米、深层地下水超采量21.5亿立方米，分别占全省的19%、34%、40%、45%和70%。试点治理拟通过调整种植模式、非农作物替代农作物、推行农艺节水技术、

---

[1]　江西的耕地面积比湖南少1568亩万亩，2013年的水稻亩产水平也比湖南低17.8公斤。

[2]　剩余重金属污染省区实际水稻播种面积占粮食播种面积的比例为38.42%。

建设高效节水工程、实施节水管理制度、增加替代水源的综合措施，探索建立长效的水生态保障体系。

按照试点方案，在无地表水替代的深层地下水严重超采区，适当压减依靠地下水灌溉的冬小麦种植面积，改冬小麦、夏玉米一年两熟制，为种植玉米、棉花、花生、油葵、杂粮等农作物一年一熟制，实现"一季休耕、一季雨养"，调整种植模式面积 76 万亩。在地下水严重污染和深层超采的小麦种植区，实施非农作物替代农作物，实现耕地、河湖休养生息，实施休耕面积 9.3 万亩（退耕还林还湿）。到 2015 年，计划调整农业种植结构（休耕雨养）85.3 万亩，预计将造成夏粮减少 34 万吨、秋粮减少 3.35 万吨，总计减少粮食综合生产能力 37.35 万吨。

按照《全国农业可持续发展规划》，还将进一步在河北、河南、山东、新疆、辽宁 5 个省区推行地下水超采治理，涉及的区域面积在 1.6 亿亩，试点区域面积是 5000 万亩，而在治理实施过程中完全不用灌溉的面积也就在 500 万亩左右。如果 500 万亩都进行休耕或非粮作物替代，按 5 个省 2013 年粮食的平均单产计算（392.93 公斤/亩），预计将直接减产 196.47 万吨；其余的治理面积，按照缩减灌溉后减产 20% ~ 30% 计算，预计减产 353.6 万 ~ 530.5 万吨。即新的地下水超采治理试点全面推广后，预计最多会造成总的粮食减产 726.9 万吨。

## 三、以健康产能增长接替边际产能退出的思路与建议

党的十八届五中全会通过的十三五规划建议，突出强调"坚持最严格的耕地保护制度，坚守耕地红线，实施藏粮于地、藏粮于技战略"。在"十三五"时期，我国将大力推进高标准农田建设、提高基

本农田生产效率，实行种养结合、轮作休耕以保障耕地的可持续生产能力。通过综合治理开发，提高农业健康产能。

农业产能中，粮食产能最为敏感和重要。我国粮食的实际单产与理论上的最高单产和发达国家现实单产相比，还有很大差距，粮食单产和总产还有巨大的提升潜力。近些年，我国通过水利灌溉条件的改善、高标准基本农田的建设，有效保障了粮食生产的基本条件，对实现粮食增产目标做出了巨大贡献；测土配方施肥、水肥一体化、深耕深松等耕作技术的推广，大大提高了资源利用效率。大规模的生产示范和试验研究也显示，通过加强田间土壤—作物系统综合管理可以实现粮食增产15%，综合技术的集成能够实现粮食增产30%。粗略估算表明，不同增产措施的增产潜力有较大差异。如果将基础设施条件改善、综合技术集成推广应用以及规模化、现代化生产组织形式相结合，我国还有过亿吨的粮食增产潜力（见表3-3）。

表3-3　　　　　　　　　不同方案下粮食增产潜力估计

|  | 粮食增产估计（万吨） |
| --- | --- |
| 坡改梯 | 250 |
| 高标准基本农田建设 | 8193.724 |
| 测土配方施肥 | 754.19 |
| 土壤-作物系统综合管理推广50% | 3144.27 |
| 土壤-作物系统综合管理推广80% | 5030.83 |
| 综合技术集成推广80% | 6579.7 |

## （一）以水利条件改善增加农业健康产能

与发达国家相比，我国灌溉习惯落后，灌区灌溉工程状况、用水管理水平、灌溉技术水平较低，高效节水灌溉面积比重偏低。因此，在农业用水总量不增加的情况下，用较少的耗水获得较高的产出，推广高效节水灌溉技术，改善灌溉条件，是缓解我国水资源紧缺的有效途径。灌溉包括输水和灌水两过程，根据经验，若输水方式灌溉技术经历了渠道防渗和管道输水两个阶段，水利用系数可从 0.3 逐步提高到 0.95；若灌水方式从地表漫灌发展到喷灌、微灌直至地下滴灌，水利用系数可从 0.3 逐步提高到 0.98。但在实际生产中，我国管道输水灌溉仍在田间沿用着传统的沟畦地面灌溉，节水灌溉技术水平低，造成田间水利用系数低，对膜上灌和涌流灌的节水机理等研究仍在探索过程中。所以，还需继续深入总结国外的先进经验，学习和掌握科学节水灌溉技术，改善灌溉条件，提高水的利用效率和管理水平。

水利设施改善有助于水资源利用的节约，而节水技术应用可以保证水资源的可持续利用。根据水利部数据，2004～2014 年全国有效灌溉面积稳定增加，截至 2014 年底，全国有效灌溉面积达到 9.68 亿亩（6453.95 万公顷），占耕地总面积的 52.1%。2013 年有效灌溉面积中，节水灌溉工程面积 4.07 亿亩（2711 万公顷），约占 43%；高效节水灌溉面积 2.14 亿亩（1427 万公顷）、约占 22%，其中低压管道输水 1.11 亿亩（740 万公顷）、喷灌 0.45 亿亩（300 万公顷）、微灌 0.58 亿亩（387 万公顷）。2004～2014 年我国节水灌溉面积逐年增加，从 2004 年 3.05 亿亩（2034.6 万公顷），增加到 2014 年 4.35 亿亩（2901.9 万公顷），占有效灌溉面积的比重从 37.35% 提高到 42.71%（见表 3-4）。

表 3-4　　　　　全国有效灌溉面积和节水灌溉面积　　　　　单位：万公顷

| 年 份 | 2004 | 2007 | 2010 | 2011 | 2012 | 2013 | 2014 |
|---|---|---|---|---|---|---|---|
| 有效灌溉面积 | 5447.8 | 5651.8 | 6034.8 | 6168.2 | 6303.6 | 6347.3 | 6453.95 |
| 节水灌溉面积 | 2034.6 | 2348.9 | 2731.4 | 2917.9 | 3121.7 | 2710.9 | 2901.9 |

资料来源：中国统计年鉴。

近几年灌溉节水技术的推广，有助于我国实现在水资源可持续条件下的粮食增产。一是大大节约了水资源。全国的农田灌溉水有效利用系数由 2000 年的 0.43 提高到 2013 年的 0.523，形成节水能力约 300 亿立方米。尽管我国有效灌溉面积持续增加，但全国农田灌溉用水量基本稳定在 3400 亿～3700 亿立方米，农田灌溉用水量占总用水量的比重从 66% 持续下降到 56%，用有限的水资源支撑了我国粮食增产。二是增加了粮食产量。水利部数据显示，2011～2014 年，我国通过实施大中型灌区改造、小农水项目，新增和恢复灌溉面积近 6000 万亩，发展高效节水灌溉面积超过 9000 万亩，节水灌溉措施可增产粮食 10%～40%，新增粮食产能 300 多亿公斤。三是提高了肥料、农药使用效率。高效节水灌溉实现了水肥药一体化，与传统灌溉方式相比，肥料、农药利用率提高了 5 到 20 个百分点。四是发挥了综合效益，促进了现代农业发展。节水灌溉不仅实现了节能、省地、省时、省工、减排等综合效益，而且提高了技术集成、机械化、专业化生产经营程度，促进了农业规模化、集约化和现代化。

按照《全国农业可持续发展规划（2015～2030 年）》，到 2020 年全国灌溉面积要增加到 11.05 亿亩，其中粮食灌溉农田面积达到 6.8 亿亩以上，全国节水灌溉面积比现状净增 2.88 亿亩，高效节水工程要增加 2.5 亿亩，增加坡改梯面积 3000 万亩；到 2030 年全国灌溉面积要增加到 11.45 亿亩，全国节水灌溉面积还要净增 1.5 亿亩，高效节水工程还要新增 1.6 亿亩，再增加坡改梯面积 2000 万亩（参见表 3－5）。因为大量灌溉与节水工程的实施是与高标准基本农田建设配套，这里不单独计算水利条件改善带来的粮食增长能力，仅测算坡改梯所带来的粮食增产可能。据相关部门测算，在相同耕地、耕作条件下，梯田与坡耕地相比，每亩可增产粮食 40 到 100 公斤。若以平均增产 50

公斤计，到2020年坡改梯将可以增加约150万吨的粮食增产潜能，到2030年还可以再增加100万吨，即2030年坡改梯工程实施完成后将预计增加250万吨粮食生产潜力。

表3－5                 农业可持续发展的水利保障目标

|  | 2020年 | 2030年 |
|---|---|---|
| 全国灌溉面积（亿亩） | 11.05 | 11.45 |
| 其中：农田有效灌溉面积（亿亩） | 10.05 | 10.35 |
| 粮食灌溉面积（亿亩） | 6.8 | |
| 全国节水灌溉面积（亿亩） | 7 | 8.5 |
| 节水灌溉率（%） | 64 | 75 |
| 高效节水灌溉工程（亿亩） | 3.4 | 5 |
| 农田灌溉水有效利用系数 | 0.55 | 0.57 |
| 增加坡改梯面积（万亩） | 3000 | 2000 |
| 坡改梯将增加粮食生产潜能（万吨） | 150 | 100 |

## （二）以基本农田建设增加农业健康产能

为保障粮食生产能力、提升产出效率，国家农业综合开发办公室以加强农田基本设施建设、土地整理与土壤改良为重点，推进中低产田改造和高标准农田建设。1989～2001年，中低产田改造对粮食生产的效率提升发挥了重大作用，年均改造中低产田2746.55万亩，实现年均粮食增产509.2万吨。但随着有增产潜力的大量中低产田改造完成，通过其实现粮食增产的空间逐渐降低，现在每年通过中低产田改造实现的粮食增产能力在300万吨左右。到2009年，中低产田改造的面积降低至2464.21万亩，粮食增产只实现了284.09万公斤。从2009年开始，在继续中低产田改造的同时，加大了高标准农田建设力度，以进一步提高粮食生产效率。到2013年中低产田改造面积下降至1442.68万亩，2009～2013年共建设高标准农田4009.56万亩，逐年分别完成 51.55 万亩、480.05 万亩、757.23 万亩、1238.34 万亩和 1482.39 万亩（见图 3 - 1）。

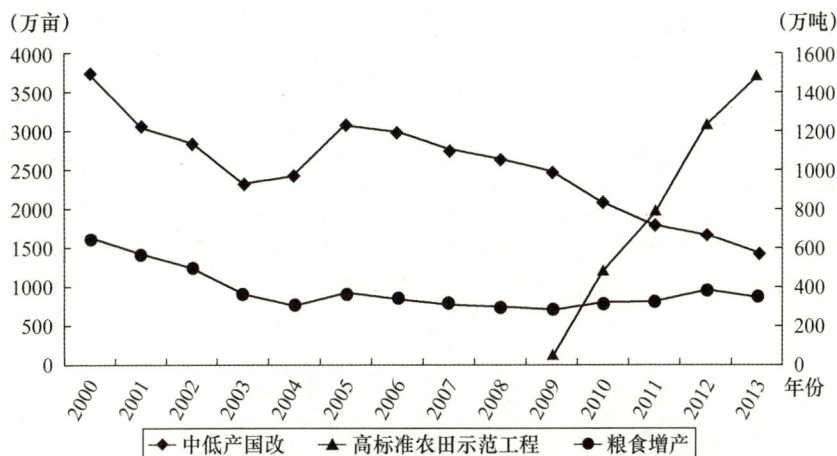

图 3 - 1 中低产田改造与高标准基本农田建设的增产效果

2013 年国务院批复了《全国高标准农田建设总体规划》，计划到 2020 年建成集中连片、旱涝保收的高标准农田 8 亿亩，亩均粮食综合生产能力提高 100 公斤以上。《全国农业可持续发展规划（2015—2030 年）》也明确要求，"到 2020 年建成集中连片、旱涝保收的 8 亿亩高标准农田"，"到 2020 年和 2030 年全国耕地基础地力提升 0.5 个等级和 1 个等级以上，粮食产出率稳步提高"。高标准农田建设虽然是重点向粮食产区倾斜，但也要考虑棉花、油料、糖料等地区优势品种的平衡，因而衡量粮食的增产效果则按粮食主产区来计算比较合理。13 个粮食主产区，按照近 5 年高标准农田建设亩均增产 148 公斤[①]计算，到 2015 年粮食主产区高标准农田建设 28688 万亩后，将实现粮食增产 4245.82 万吨；到 2020 年粮食主产区高标准农田建设 55363 万亩后，预计将能实现粮食

---

① 以 2008 年为基础计算中低产田的粮食增产效果为每亩 113 公斤，据此计算各年中低产田改造贡献的新增粮食产量，在总体的粮食增产产量中扣除该部分后，按照高标准基本农田建设面积，估算高标准农田建设的亩均增产效果。

增产 8193.724 万吨（参见表 3 - 6）。同时，高标准农田建成后，灌溉水有效利用系数可提高约 10 个百分点以上，据此测算，每年可节约灌溉用水 200 亿立方米以上；肥料利用率约提高 10 个百分点，每年可节肥 120 万吨以上；通过农田林网建设，还可有效增加林木蓄积量。

表 3 - 6　　　　13 个粮食主产区高标准农田建设粮食增产效果估算

| | 2015 年建成规模（万亩） | 2015 年预计粮食增产（万吨） | 2020 年建成规模（万亩） | 2020 年预计粮食增产（万吨） |
|---|---|---|---|---|
| 河　北 | 2420 | 358.16 | 4678 | 692.344 |
| 内蒙古 | 1137 | 168.276 | 3660 | 541.68 |
| 辽　宁 | 1126 | 166.648 | 2292 | 339.216 |
| 吉　林 | 1227 | 181.596 | 2740 | 405.52 |
| 黑龙江 | 3197 | 473.156 | 6556 | 970.288 |
| 江　苏 | 2365 | 350.02 | 4275 | 632.7 |
| 安　徽 | 2631 | 389.388 | 4670 | 691.16 |
| 江　西 | 1377 | 203.796 | 2825 | 418.1 |
| 山　东 | 3504 | 518.592 | 5982 | 885.336 |
| 河　南 | 3500 | 518 | 6369 | 942.612 |
| 湖　北 | 2213 | 327.524 | 3570 | 528.36 |
| 湖　南 | 1495 | 221.26 | 3316 | 490.768 |
| 四　川 | 2496 | 369.408 | 4430 | 655.64 |
| 合　计 | 28688 | 4245.824 | 55363 | 8193.724 |

### （三）以减肥增效增加健康产能

我国农业生产对化肥的依赖程度高，而肥料的利用效率低，是农业生产效率低且环境代价巨大的重要原因。我国从 2005 年开始推广测土配方施肥，实施后三大粮食作物氮肥、磷肥和钾肥利用率分别为 33%、24% 和 42%，比实施前分别提高 5、12 和 10 个百分点。据测土配方施肥示范区调查，与常规施肥相比，水稻、小麦、玉米等粮食作物单产增加 6% ～ 10% ，亩节本增效 30 元以上。据统计，测土配方施肥示范区一般每亩减少不合理施肥量 1 ～ 2 公斤（折纯）。截至 2013 年，通过实施测土配方施肥，全国累计减少不合理施肥 1000 多万吨，减少氮、磷流失 6% ～ 30% 。

根据农业部《到 2020 年化肥使用量零增长行动方案》和《到 2020 年农药使用量零增长行动方案》，到 2020 年，测土配方施肥技术覆盖率达到 90% 以上，畜禽粪便等有机肥养分还田率达到 60% 、提高 10 个百分点，农作物秸秆还田率达到 60% 以上、提高 25 个百分点，机械施肥面积占到主要农作物种植面积的 40% 以上、提高 10 个百分点，水肥一体化技术应用面积达到 1.5 亿亩、增加 8000 万亩。按照 2013 年测土配方施肥实施计划，全国测土配方施肥技术推广面积要占农作物种植面积的 60% 以上，推广测土配方施肥技术 14 亿亩。由此，2015 年到 2019 年，逐步将化肥使用量年增长率控制在 1% 以内；力争到 2020 年，主要农作物化肥使用量实现零增长。

据对农户抽样调查，应用测土配方施肥技术的田块，小麦、水稻、玉米亩均增产 3.7% 、3.8% 、5.9% 。以 2013 年小麦、水稻、玉米的播种面积和产量为基础，假设测土配方施肥覆盖面积分别增加 30% ，按照上述增产率计算，小麦、水稻、玉米产量将分别增加 135.34 万吨、232.12 万吨和 386.73 万吨；仅考虑三种主粮生产，测土配方施肥按计划推广将可带来 754.19 万吨粮食增产（参见表 3－7）。通过大幅度减少不合理用肥，可以在确保生态安全的基础上实现粮食增产。

另外，中国农业大学张福锁教授领衔 18 个科研机构、33 名研究人员共同完成的一项研究成果显示，土壤—作物系统综合管理①

---

① 土壤—作物系统综合管理是指在多种作物上集成的高产高效的综合管理技术，如增密延衰水肥调控的玉米高产高效技术、适应多变气候的小麦群体与水肥调控技术、增密调氮的水稻高产高效技术、旱作水肥协调的高产高效技术等。

表 3 - 7            到 2020 年测土配方施肥对粮食增长的影响

|  | 水 稻 | 小 麦 | 玉 米 |
|---|---|---|---|
| 测土配方实际增产效果（%） | 3.8 | 3.7 | 5.9 |
| 2013 年播种面积（万亩） | 45468 | 36175.5 | 54477 |
| 2013 年单产（公斤/亩） | 447.81 | 337.04 | 401.07 |
| 测土配方覆盖面提高 30% 后的粮食增产量（万吨） | 232.12 | 135.340 | 386.73 |
| 合计三大谷物增产（万吨） | 754.19 | | |

（ISSM）使水稻、小麦、玉米单产平均分别达到 8.5、8.9、14.2 吨/公顷，实现了最高产量的 97% ~ 99%，与国际上当前生产水平最高的区域相当，而且在增产的同时，大幅度减少环境代价，实现粮食安全与生态环境保护的协调（Chen xinping et al，2014）。他们在全国大量地块进行试验示范的结果显示，小麦、玉米和水稻平均实现增产 10% ~ 15%、增效 20%、减排 30%。具体来说：小麦的 52 个试验点，平均增产 14.2%，增效 36.3%，节氮 18.7%；玉米的 72 个试验点，平均增产 19.2%，增效 53.7%，节氮 13.5%；水稻的 58 个试验点，平均增产 9.7%，增效 40.5%，节氮 22%。而且他们在试验地农户的调查显示，在不增加化肥投入的条件下，对于水稻有 20% 的农户（全部样本为 6592 户）生产能够达到接近土壤—作物系统综合管理最优的试验增产效果，而对于小麦则有 5% 左右的农户（全部样本为 6940 户）能够达到该水平。假设能够在全国一半的粮食种植区域推广土壤—作物系统综合管理，并且推广的农户能够达到当前试验地区农户增产效果的 80%，那么就能够实现粮食增产 3144.27 万吨，并且大幅度降低化肥的使用和氮的排放，实现环境可持续的粮食增产（见表 3 - 8）。

张福锁教授等（2014）认为，如果能够有效地构建理想的高产作物群体结构组合、适应高产作物需求同步根层水肥供应、提高土壤基础地力，还是有潜力能够实现增产增效 30% 以上。他们的实验发现，

表 3 - 8　　　　　　土壤 - 作物系统综合管理的粮食增产效果

| | 水　稻 | 小　麦 | 玉　米 |
|---|---|---|---|
| 粮食主产区农民平均单产水平（公斤/亩）* | 446.67 | 380 | 506.67 |
| 试验地农民实际单产（公斤/亩）* | 480 | 480 | 700 |
| 消除产量限制因素的改进试验单产（公斤/亩）* | 540 | 553.33 | 840 |
| 无成本约束下的高产方案下的单产（公斤/亩）* | 586.67 | 613.33 | 960 |
| ISSM 的单产（公斤/亩）* | 566.67 | 593.33 | 946.67 |
| ISSM 对粮食增产效果（%）# | 18.06 | 23.61 | 35.24 |
| 试验地区平均的粮食增产效果（%）+ | 9.7 | 14.2 | 19.2 |
| 2013 年全国平均单产（公斤/亩） | 447.81 | 337.04 | 401.07 |
| 2013 年播种面积（万亩） | 45468 | 36175.5 | 54477 |
| 预计实现粮食增产效果（%） | 7.76 | 11.36 | 15.36 |
| 推广 50% 面积预计可实现粮食增产量（万吨） | 773.72 | 692.54 | 1678.01 |
| 推广 50% 面积预计粮食增产总量（万吨） | 3144.27 | | |
| 推广 80% 面积预计可实现粮食增产量（万吨） | 1237.95 | 1108.06 | 2684.82 |
| 推广 80% 面积预计粮食增产总量（万吨） | 5030.83 | | |

注：* 来源于 Chen, Cui, et al（2014），Producing more grain with lower environmental costs, Nature。

# 根据上文数据，以土壤 - 作物系统综合管理试验单产与试验地农民实际单产测算的增产效果。

+ 张福锁教授研究团队试验点的平均增产效果。

在品种相同、土壤肥力没有大幅度提高的条件下，水稻、小麦和玉米同时增产增效 30% 以上的实现率分别为 15%、22% 和 31%。这说明实现 30% 以上的增产增效是可能并可行的，但仅靠现有技术的集成大规模实现仍有难度，还需要进一步技术创新的支持。

## （四）以综合技术集成增加健康产能

上述增产措施只是通过生产条件的改善以及投入要素的充分利用，主要是在常规技术条件下，以增效促进增产。而如果考虑新技术、新品种的开发和利用，粮食增产的空间还有望进一步提升。自 2013 年开始，中国农业科学院以"增产增效并重、良种良法配套、农机农艺融合、生产生态协调"为基本要求，组织开展了粮食作物增产增效技术集成生产模式研究计划，启动实施了水稻、玉米、小麦、大豆、油菜等 5 种作物。

水稻分别在江西、湖北、广西建立了 5 个示范点，集成示范了水稻好氧栽培、机插轻型无土基质育秧、免疫诱抗剂应用、粒粒饱增产、低碳机械化稻作、激光耕整地、统防统治田间管理等 7 项核心技术，构建了晚稻早熟品种、中迟熟品种技术集成等 4 套生产模式。通过示范应用，有效提高了产量和效益。在江西珠湖农场示范的 3 种早熟品种技术集成模式，平均每亩分别增产 84 公斤、166 公斤和 121 公斤，平均增收 338 元；示范的中迟熟品种生产模式，每亩增产 173 公斤，增收 349 元。

玉米在山东、河南、安徽等主产县建立玉米新品种"中单 909"千亩核心示范基地 5 个，集成组装了种子包衣、科学播种、统防统治、化控防倒、适时晚收、全程机械化等"农机农艺六配套"，并配合抢时、灭茬、宽窄行播种、测土配方、三位施肥、密植播种等"科学播种六融合"的"六配套六融合"大面积生产技术集成模式；在"六配套六融合"模式基础上，又增加了叶面施肥和辅助授粉两项技术，构建了"八配套六融合"超高产技术模式，取得了大面积均衡增产的良好效果。在山东省武城县，10 亩"八配套六融合"技术模式示范田，平均亩产 1056 公斤，增产 300～400 公斤，节工 5 个，增收 800 元；1000 亩"六配套六融合"技术模式示范田，亩产 850 公斤，增产 150～200 公斤，节工 5 个，增收 600 元。在东北春玉米区，将平播垄管机械精量播种、化学调控抗逆抗倒防衰等 7 项技术优化集成，1000 亩"中单 909"示范田平均亩增产 100 多公斤，增效 200 元，带动区域增产增效 10%。

　　小麦在黄淮海产区开展了"增产增效协调、良种良法配套、农机农艺融合"技术集成模式研究。在山东、河南、河北、江苏和安徽等地建立万亩区 1 个、千亩片 4 个、百亩方 10 个，重点开展了包括"中麦"和"轮选"系列冬小麦优良品种、病虫害综合防控、墒情自动监测与灌溉预报、新型肥料与施肥等技术的集成生产模式研究。在山东临邑，集成了新品种、新肥料、氮磷钾与中微量元素全程平衡施肥、精细耕作管理、全程病虫草害综合防控、适期收获等技术，取得了良好的效果。在河南省新乡示范区，亩产超过 600 公斤，增产增效 10%以上。

　　综上，综合集成品种、栽培、水肥利用、土壤改善、机械耕作等多种技术，主要粮食品种可以实现 30%～50% 的增产。如果综合集成技术在全国 80% 的种植面积上推广，假设针对水稻、小麦、玉米分别能够以 12%、17.6%、24.8% 的概率实现 30% 的增产效果，而其余部分（即 88%、82.4% 和 75.2%）的水稻、小麦和玉米分别能够实现增产 7.76%、11.36% 和 15.36%[①]，那么我国粮食将总体实现新增产能 6579.7 万吨（见表 3-9）

表 3-9　　　　　　　综合技术集成的粮食增产潜能估计

| | 水　稻 | 小　麦 | 玉　米 |
| --- | --- | --- | --- |
| 试验地区平均的粮食增产效果（%） | 9.7 | 14.2 | 19.2 |
| 2013 年全国平均单产（公斤/亩） | 447.81 | 337.04 | 401.07 |
| 2013 年播种面积（万亩） | 45468 | 36175.5 | 54477 |
| 新技术推广 80% 面积（万亩） | 36374.4 | 28940.4 | 43581.6 |

　　① 增产效果的实现程度是以张福锁教授团队的实验数据为基础。将增产面积分为两组，一组是实现 30% 的增产，按照其实验的实现率计算比例；另一组即其余的推广面积下的增产情况，以其试验数据的增产率的 80% 计算。

续表

| | 水 稻 | 小 麦 | 玉 米 |
|---|---|---|---|
| 实现30%增产效果的面积比例（%） | 12 | 17.6 | 24.8 |
| 实现30%增产的新增产量（万吨） | 586.40 | 515.01 | 1300.46 |
| 实现30%增产的新增产量合计（万吨） | 2401.87 | | |
| 其余推广面积能够实现的增产率（%） | 7.76 | 11.36 | 15.36 |
| 其余推广面积能够实现的增产量（万吨） | 1245.81 | 913.04 | 2018.98 |
| 其余推广面积的增产量合计（万吨） | 4177.83 | | |
| 总增产合计（万吨） | 6579.7 | | |

执笔人：程　郁

**参考文献**

［1］水利部. 中国水资源公报. 北京：中国水利水电出版社，2014

［2］环境保护部，国土资源部. 全国土壤污染状况调查公报，2014（4）

［3］李颖明. 粮食主产区农业水资源可持续利用分析. 中国农村经济，2009（9）

［4］谢崇宝. 发展高效节水灌溉之哲学思考. 中国水利，2012（9）

［5］仲维科. 我国食品的农药污染问题. 农药，2000，39（7）

［6］赵志坚，胡小娟. 我国粮食生产中化肥投入的环境成本研究. 湖南大学学报（社会科学版），2013.11，27（6）

［7］赖力，黄贤金，王辉，董元华，肖思思. 中国化肥施用的环境成本估算. 土壤学报，2009.1，46（1）

［8］国土资源部中国地质调查局. 中国耕地地球化学调查报告（2015年），2015（6），http：//www. ngac. cn/GTInfoShow. aspx? InfoID＝5146&ModuleID＝73&PageID＝1

［9］Chen X. P.，Cui，Mingsheng Fan，Vitousek P.，Zhao M.，Ma W. Q.，Wang Z. L.，Zhang W. J.，Yan X. Y.，Yang J. C.，Deng X. P.，Gao Q.，Zhang Q.，Guo S. W.，Ren J.，Li S. Q，Ye Y. L.，Wang Z. H.，Huang J. L.，Tang Q. Y.，Sun Y. X.，Peng X. L.，Zhang J. W.，He M. R.，Zhu Y. J.，Xue J. Q.，Wang G. L.，Wu L.，An N.，Wu L. Q.，Ma L.，Zhang W. F.，Zhang F. S. Producing more grain with lower environmental costs，Nature，Nature，2014（23 October），486 － 489

［10］Xuejun Liu，Ying Zhang，Wenxuan Han，Aohan Tang，Jianlin Shen，Zhenling Cui，Peter Vitousek，Jan Willem Erisman，Keith Goulding，Peter Christie，Andreas Fangmeier & Fusuo Zhang，Enhanced nitrogen deposition over China，Nature，2013（28 February）：459 － 462

专题四

# 以农村三次产业融合发展扩大农民就业增收空间

随着经济的发展，农业在国民经济中的占比、农业生产者在农产品价值链中的分配份额的下降，使得农民增收日益困难，一些国家甚至在此过程中出现农民收入下降的情况。但与此同时，与农业相关联的产业链条不断延伸、经济范围持续扩大，农产品加工、流通、销售、餐饮等环节的价值增值数倍于农业，健康养生、休闲农业、乡村旅游、生物能源与生物制造以及涉农电商等新兴产业、新型业态的崛起带来了新的价值增值，而农民往往无法从中足额分享收益。

为破解这一问题，2015 年中央 1 号文件要求"推进农村一二三产业融合发展"，指出"增加农民收入，必须延长农业产业链、提高农业附加值"。2015 年 12 月，国务院办公厅印发《关于推进农村一二三产业融合发展的指导意见》，要求"以市场需求为导向，以完善利益联结机制为核心，以制度、技术和商业模式创新为动力……着力构建农业与二三产业交叉融合的现代产业体系，形成城乡一体化的农村发展新格局，促进农业增效、农民增收和农村繁荣。"农村一二三产业的融合发展是未来农业与农村发展的必然趋势，也是促进农民增收的重要途径和关键政策切入点。

我国从国家层面提出一二三产业融合，其目的不再是一般意义的农业产业化，而是使农民真正融入不断深化扩大的农业产业链，以包容式的发展支撑农民增收。在实践中，各地涌现出各种不同的三次产业融合的模式，但其最大的难点在于如何与农民建立紧密的利益连接机制，从而使其能够分享产业链延伸和拓展的增值收益。本文将考察政策推进三次产业融合发展的经验与问题，重点分析其促进农民增收中的作用、效果及面临的障碍，并提出针对性的政策建议。

## 一、农村三次产业融合发展是增加农民收入的重要途径

农业部门的小部门化和农业占国民经济的比重日益下降，是经济发展的客观规律。美国、欧盟、日本、韩国农业占国民经济的比重仅分别为1.6%、2.0%、1.3%和3.6%，即使加上食品加工业也只分别达到2.9%、4.1%、3.6%和6.3%。但农业创造的直接与间接价值却是巨大的，特别是其所提供的非商品性产出在有力支撑了第二、第三产业增长的同时，以规模经济和范围经济的协同效应实现了农业关联的综合经济更大的价值。伴随着人们收入和生活水平的提高，农业除了要保障国民的食品安全外，还要满足人们对营养美食、健康养生、自然生态、田园生活、农耕文化体验的多元化需求，从而拉动农业产业链的延伸和扩展。实际上，与农业相关的加工、流通、销售、餐饮、乡村旅游、休闲度假等产业的产值一般是农业直接生产价值的10倍左右，并且由其形成的产业正在成为农业和农村的新兴增长点。比如，日本食品关联产业国内生产额约100万亿日元，第一产业的农林渔业生产仅占10%，其他90万亿来自加工（第二产业）、流通、销售和餐饮业（第三产业）；在欧盟国家，对农村GDP贡献最大的已经由农业

转变为服务业①，尤其是法国虽然农业直接就业人口只占就业人口的4.1%，但与农业相关联部门吸纳就业的贡献却是最高的。

在我国以小农生产为主的条件下，弱势小农在市场上缺乏足够的竞争力与谈判力，无法单独与市场（尤其是高附加值市场）实现高效对接，流通企业和加工企业利用其资本、渠道、信息、运输优势在市场上压低农产品收购价，使农民在农产品价值分配中的比例不断被压低（李霖、郭红东，2014；钟真、孔祥智，2013）。据估计，我国农产品流通环节的价格加成占到50%~60%。以蔬菜为例，批发商的利润率比农民高6~10倍，零售商利润率比农民高5~7倍（张侠、张闯，2008）。因为缺乏市场议价权，城市居民食物消费结构的升级和相应消费支出的增加，并没有能够有效带动农民农业收入的增长。

尤其需要注意的是，初级农产品生产的产业链比较短、价值收获方式单一，一旦发生自然风险和市场价格波动，将会对农户家庭收入造成巨大冲击。大宗农产品需求弹性很小，极易出现丰产不增收、价格波动幅度大的问题。农民靠单纯从事农业经营很难实现收入提升，甚至很多家庭仅靠纯农业收入已经无法维持生计。突破农民增收的困境，只有通过延伸产业链、拓展经营范围、创造多元价值来实现。日本农协综合研究所所长今村奈良臣认为，要提高农民的收入，必须采取产业链整合的方式，1994年他提出农业的"六次产业"②概念，即只有各产业间的合作、联合与整合，才能获得农业与农村经济发展效益的提高。

---

① OECD, Multifunctionality in Agriculture：Evaluation the Degree of Jointness, Policy Implication, Paris，2008

② "六次产业"是六次产业＝第一产业＋第二产业＋第三产业，而后为了强调产业融合的价值，改为了三者相乘，即六次产业＝第一产业×第二产业×第三产业，寓意为各产业联合起来才能发挥倍增效益，而分立则是整体效益为零。

## 二、对农村三次产业融合发展的理解和认识

我们提出的农村一二三产业融合发展思路与日本的"六次产业"具有异曲同工之理，核心都是强调充分开发农业的多种功能与多重价值，以将更大的农业附加值保留在农村、促进农民增收。因而，农村一二三产业融合是在农业发展的基础上延伸产业链和拓展经营范围，以农业生产、农产品加工、销售流通、休闲旅游服务等三次产业领域的交叉融合创新、整合协调发展以及价值链的优化重组，最大程度挖掘农业经济价值，通过创新价值创造、规模经济、范围经济和提高市场议价权支持实现农民收入提升。农村一二三产业融合强调的是基于农业后向延伸，内生成长出立足于农业资源利用的二、三产业，让农林牧渔生产者能够分享农产品加工、流通和消费环节的收益，而不是让现有的工商业资本前向整合，吞噬和兼并农业；突出的是在农村地区内实现农业及其关联产业的有机整合，充分挖掘农业与农村资源的价值，达到振兴乡村的目标。

农村一二三产业融合的政策思路提出后，不同的学者对一二三产业融合形成了不同的理解，基本在"以农业为基础、以惠农为根本"上达成一致认识。比如，马晓河（2015）认为，农村一二三产业融合发展指的就是以农业为基本依托，通过产业联动、产业集聚、技术渗透、体制创新等方式，将资本、技术以及资源要素进行跨界集约化配置，使农业生产、农产品加工和销售、餐饮、休闲以及其他服务业有机地整合在一起，使得农村一二三产业之间紧密相连、协同发展，最终实现农业产业链延伸、产业范围扩展和农民增加收入。姜长云（2015）指出，农村一二三产业融合发展以农村一二三产业之间的融

合渗透和交叉重组为路径，以产业链延伸、产业范围拓展和产业功能转型为表征，以产业发展和发展方式转变为结果，通过形成新技术、新业态、新商业模式，带动资源、要素、技术、市场需求在农村的整合集成和优化重组，甚至农村产业空间布局的调整。刘明国（2015年）认为，现阶段我国农村一二三产业融合发展，在本质上是一个以农业为基础、农民就业增收为目标、农村为依托，以打通延长农业产业链与价值链为方向，以农业与关联行业间资本、技术、人才、市场、管理方式的交叉渗透和优化重组为途经，形成农村一二三产业高度一体化的新型农业产业形态的过程。但是对于融合的形态、形式以及融合后三次产业间的相互关系，却不同学者存在不同的认识。有学者认为，融合需要相关联的各个环节紧密连接，最终在同一主体、同一地区，或者同一产业领域上融为一体。有人提出，融合的关键环节在于农产品加工业。也有人指出，融合的动力来自新技术、新业态。还有人认为，融合源于农业本身的多元价值与多重功能。尽管这些观点从不同角度反映了三次产业融合发展的部分特征，但对三次产业融合发展的内在规律还存在认识不足。

我们认为，理解农村一二三产业融合发展还需要注意以下几个方面，充分考虑其实现所需具备的条件。

一是发展的阶段性。三次产业融合是经济社会发展到一定阶段后的必然趋势，是适应新技术条件、市场需求和产业组织需求而形成了新的产业发展的动态过程。一二三产业的融合发展只有在市场的多元化、多层次需求不断扩大和农业产业现代化、组织化程度明显提高的基础上才能实现，融合发展的内动力是通过产业链的整合提高产品的品质、提供多元化和多功能的产品与服务，满足人们不断升级的消费需求和实现更高的产业附加值。

二是主体的成熟性。一二三产业融合建立在农业经营主体比较成熟和具备一定能力的基础上，因为其突出强调的是以农业向二三产业的延伸和扩展，而非工商企业对农业整合，所以这就需要农业经营主体初步实现规模化生产、具有一定的联合投资、加工生产、包装销售以及提供服务的能力，或者在农业经营者内部逐步分化出专业化从事组织供销服务的服务主体来促进产业链的组织整合。

三是功能的协同性。一二三产业融合发展是基于农业多功能性[①]的多元价值融合所带来价值增值效应。随着经济的发展和人民生活水平的提高，农业非商品性功能的价值日益受到重视，并逐步成为人们愿意为之支付成本的新商品或新服务，使农业的经济、生态、文化功能的统一和协同发展具有了现实的基础。特别是人们对食品安全、营养健康、可持续发展和田园生活的追求和向往，带动了生态循环农业、特色农业、养生农业、休闲农业的发展，通过种养结合、农特产品加工、乡村旅游等模式实现一二三产业融合发展，并推动了农业的提档升级。因而，一二三产业的融合还需要强调三次产业间的合理布局、功能协调发展以及相关环境要素的优化组织配置，从而实现在互促融合发展基础上的价值提升。

## 三、农村三次产业融合发展的路径与模式

随着我国农业现代化的推进和新型经营主体的快速发展，农业的经营形式和产业组织机制正在发生重大变化，新型农业产业形态不断涌现、专业化分工协作日益深化、市场与服务体系逐步完善，很多地

---

① OECD农委会于1998年首先提出农业多功能性（Agricultural Multi – Functionality）概念，强调农业具有经济、生态、社会和文化等多方面的功能。

方已经自发形成了多样化的产业融合发展方式。

从主导产业形态和融合发展驱动力来看，大致可以分为以下七种类型。

一是生态循环农业型，即基于农业生态循环链建立的种养结合和农业废弃物资源综合利用的农业循环经济发展模式。比如，"稻田养鱼（虾）""稻鸭（蟹）共作""畜—沼—果（菜）"等多种种养结合，以相互共生的有机生产模式实现更高的产品附加值和生态功能的保持。又如，运用现代生物技术和废弃物资源化技术，通过秸秆、畜禽粪便加工还田、农膜回收利用等实现农村环境保护和农业资源的永续利用。

二是加工延伸带动型，即农业生产者向农产品加工环节延伸，通过发展农产品的产地加工提高产品的标准化程度和附加价值。不同于一般意义的农业产业化，虽然加工环节和龙头企业具有重要的带动性，但它不是传统的"订单＋农户"模式，而更强调的是农业生产者对第二产业的参与及增值价值的分享。这一模式主要是指农业生产者联合建立或入股投资发展的农产品加工产业，包括农户自己发展传统工艺的加工产品、通过合作社开展的联合加工生产以及与企业共同建立并结成紧密关系的产加销一体化经营组织等。生产向加工环节延伸的主要目的是提高产品附加值和产品的商品化程度，农产品加工的本地化发展能有效地带动农业生产的规模化和品质的上台阶，而加工环节与生产紧密联合的利益切合点在于保障特色、优质、稳定的农产品供给。

二是以直销为基础的供需互动型，即农业生产者自建直销服务体系或与终端需求者的直接合作，实现产销一体化运营，通过缩短中间环节和基于消费者需求的定制化生产获得更大增值收益。日本"六次产业"发展战略的核心内容就是促进"地产地销"，将本地农产品加工、销售环节的利润保留在本地。这一模式的突出特点是，农业生产者或从其中专门分化出专业从事本地特色农产品的经纪人建立自有的销售网络和渠道、创设自己的品牌，通过加强与消费者的直接联系提高其对产品品质的信任和价值认可，并根据消费者需求及时调整生产安排，做到以需定产和促进需求导向的产业创新。

四是以专业化服务支撑产业链整合型，即农业规模化生产推动了产业的细化分工，在农业生产者内部分化形成专业化社会服务组织，通过资源整合和服务支持将农业产前、产中、产后各个环节有机联系在一起，提高生产组织效率和产品品质与附加值。服务的主体既可以是已有的生产大户，为保障自身规模生产需求配备建立支撑服务体系，为实现农机等设备充分利用向周边其他生产者提供服务；也可以是农业生产者的联合组织，比如农机专业合作社、农资专业合作社、农技合作社等，还可以是现有的农资供应商、农技服务组织、农产经纪人等，他们在自己核心服务的基础上，整合相关服务资源为农业生产者提供整合的服务解决方案，由此以产业链、技术链、价值链、供应链的有机整合推动实现一二三产业的融合发展，服务主体或平台成为各环节连接和融合的关键媒介。

五是以新技术应用为切入点的渗透融合型，即新技术、新业态、新商业模式向农业全产业链的渗透发展，推动资源要素整合利用和产业组织体系的优化重组，通过打破既有的不合理的价值分配格局创造新的利益联结机制，为农业生产方式转变和农民增收带来新机遇。比如，农业信息化发展和电商进农村推动了农业产供销在新技术、新业态下的全面融合和一体化发展。电商推进农业生产、流通、加工、储运、服务等环节的网络化管理，为优化要素资源配置和产业链的整合提供了有效的手段。电商平台通过农产品供求信息透明化、促进供需有效对接和整合渠道物流资源，优化产供销组织体系，以效率的提升缩小农产品产地与销地市场价格的差距，使农产品生产者和消费者的福利均获得改善。电商可借助互联网信息技术整合农资供应、农技服务、加工流通等服务，实现对农产品质量的全程控制和追溯，增强消费者对农产品安全、生态价值的认可，以农产品高价值的转换激励农业生产向标准化、精细化、生态化方向转型。

六是以农业功能拓展为基础的多产业交叉融合型，即通过开发、拓展和提升农业的多种功能，带动旅游、文化、创意、科教等相关产业发展和多重的交叉融合。近年来，休闲农业快速发展，成为我国农村经济的新增长点、农民就业增收的新途径和乡风文明建设的新亮点。以农业的景观化打造、农产品加工的创新性开发以及农事与农耕文化的创意性体验为基础，发展乡村旅游将农产品转化为更具附加值的特色旅游产品，带动农业及农副产品加工业发展，有效促进一二三产业融合和农民收入提升。同时，依托不同的资源、文化与产业基础优势，在充分挖掘农业与农村多元化价值的基础上，形成观光采摘、景区带动、民俗特色、农家体验、科普教育等不同的休闲农业发展模式，将文化、科技、生态、旅游等元素与农业有机融合，形成多产业交叉融合发展的新经济形态，为农村经济和乡村建设注入新的活力。

七是以紧密关联产业组织聚集为特征的农业产业综合体，即围绕农业主导产业形成农资供应、农业生产、农技服务、农产加工、销售物流、农业旅游、金融服务等专业经营者和服务者聚集的农业产业集群，通过相互之间紧密的协作关系实现产业的有效组织、价值链的有机整合、三次产业的协调融合发展。集群是一二三产业融合的高级形态，使不同产业环节的经营主体既能够通过专业化分工充分发挥自身优势提高各自的专业能力与生产效率，又能够在完善服务体系支持下通过强化产业纵向与横向协作促进产业链、价值链的有机整合和三次产业的有效融合，以规模经济、范围经济、外部经济效益的实现提升区域产业的整体价值和竞争力①。

## 四、农村三次产业融合发展带动农民增收的难点

尽管农村一二三产业融合发展已经开始有一些不同模式的探索，《国务院办公厅关于推进农村一二三产业融合发展的指导意见》出台后各地也加快推出支持三次产业融合发展的措施，但一些现实的障碍制约着农村一二三产业的融合发展，农民参与和实现增收仍存在困难。

### （一）农户向二三产业延伸发展的能力不足

二三产业的发展相对于单纯农业来说，对经营者资本、技术以及经营能力的要求更高，且产业发展的风险也更大，传统农户仅靠自身的力量难以向二三产业延伸发展。近年来，我国农业新型经营主体培育取得一定成效，涌现出了一批经营组织能力较强的规模化、专业化农业生产经营者。然而，即使是规模化、现代化程度很高的农业生产者，要进一步将产业链延伸到加工、流通、休闲农业等领域，也面临巨大的障碍，包括基础设施和生产设备投资、品牌建设和市场推广、经营管理和服务能力等。我们调研过程中，一些种粮大户曾表示，希望能够自己进行稻米加工以获得更多收入，但稻谷烘干、稻米加工设备的投资巨大，他们仅靠农业的收入积累没有能力进行投资。

---

① 产业集群是一种介于市场（无形的手）和等级（垂直一体化）之间的新的空间组织形式，是一种有效的价值链管理方式，能够提高生产效率，创造产业竞争力乃至区域竞争力（Por-ter, 1990 & 1998）。

通过农协组织带动小农延伸进入二三产业，是日本"六次产业"发展的重要形式。农协通过建立农产品加工生产设施、品牌、市场网络甚至研发投资开发新产品等方式，来提高农业附加值。但即便是组织能力非常强大的农协，面对更加强大的工商资本的市场渠道控制，发展也非常艰难，只能在差异化的细分市场和区域性市场上占有一席之地。我国也涌现出一些由合作社组织推动一二三产业融合发展的案例，但要么是早期有一定积累的地方以集体资产投资发展，要么是合作社带头人在工商产业实现资本积累后回乡创业发展，依靠传统农业发展二三产业非常不现实。比如，江苏省常熟市政府大力支持农业合作组织发展加工业，已经有10个多合作农场配合引进了各类稻米加工设备从事加工业务，但大部分村级合作农场仍处于传统稻麦作物种植和简单初加工阶段，效益相对较低。发展相对较好的勤丰稻米合作社是因为村集体原来搞物业有比较好的资产积累，从而能够投资500万元引进比较先进的加工设备，并有能力投资建设稻米文化产业园。

对于进入门槛相对较低的农家作坊和农家乐，在农户传统的经营模式下又会存在产品品质、服务水平难以提升的问题，无法有效地形成对客户的持久吸引力、维持和拓展市场发展空间。比如，当前蓬勃兴起的休闲农业，使农民可以通过发展农家乐、农家旅馆获得较为丰厚的三次产业收入，但大多数农户对于发展农家乐、农居旅馆和休闲农业体验项目还缺乏经验，不重视对卫生条件的改善，服务项目、服务水平和服务质量还不能很好地全方位满足城市人休闲体验的需求，从而难以维持稳定的客源和持续的旅游收入。

## （二）专业分工协作体系未建立、社会化服务支撑不足

在传统的农业经营方式下，虽然也有些农户自己生产农产品、自

己做传统农家农副产品、再自己拿到集市上去卖，但这并不是真正意义上的一二三产业融合，而是分工不完全、产业服务体系不成熟条件下农户谋求改善家计生活的无奈选择，难以实现较高的生产效率和经济效益，并且因为产量规模和销售能力受限，促进农民增收的作用有限。三次产业的融合发展需要建立在一定的产业基础之上，通过一定的组织形式实现产业的规模化之后，在农村内部形成生产、加工、销售、服务的专业化分工。融合是在产业细化分工后，为实现更高价值而推动的产业功能重组再造与产业链整合，且融合的关键是在于有效的社会化服务组织推动三次产业的无缝对接和整合协调发展。对于大的农业企业来说，可能有实力通过做全产业链来实现三次产业整合发展，而小农户只有在社会化服务比较发达的情况下才会有机会参与三次产业融合并分享其增值的收益。

当前我国农村内部专业化的社会分工体系尚未形成，大部分农业生产者都必须独立完成从生产到销售的全过程劳动，无法有效专注于自身的优势环节提高生产效率和提升品质。同时，因为区域内的专业化检测检验、加工包装、物流仓储、品牌运作、市场开拓等服务较为缺乏，当地农业发展面临产业延伸无路可循、价值提升无力而为的困境，使得农业生产者只能将农产品低价卖给前来收购的经销商。在我国以分散小农为主的农业生产体系下，农业的规模化、组织化程度不高，这给产业链的延伸、产业功能的再开发和产业链的组织整合带来了较大的障碍。一家一户小规模生产不仅在生产上难以实现规模经济效应，也给产品质量控制和集中加工、运销以及农业景观打造带来巨大困难。如果没有专业化的检测认证与生产过程指导，分散生产的产品品质和质量难以控制。如果没有专业化产业经纪人或运销组织，分散小农难以通过对农产品进行有效的清理筛选、分级包装、冷藏保鲜、品牌运作以及市场推广等实现高附加值的销售。如果没有信息透明的市场平台以及相关市场接入服务，分散的小农户将在市场上缺乏选择权而处于被动地位。

从休闲农业与乡村旅游的发展来看，在我国以分散小农户家庭承包经营为主的农业经营体制下，种什么是由农户自主决定，导致了农田种植作物的分散性和差异性，难以形成具有吸引力的连片农业景观。没有专业化旅游服务对旅游线路策划推广、旅游团队导览、游览服务项目的策划等，农业旅游也会因游乐体验不足和服务跟不上而难以保持长期稳定的客源。

### （三）农民参与和分享收益的制度保障机制不健全

农业生产者能力不足、缺乏社会化服务的有效支撑，使农业生产者难以直接延伸进入二三产业。现实的发展情景是，农村一二三产业的融合发展往往必须依靠工商业资本的投资和现代经营理念的注入。近年来，随着城市居民收入和生活水平的提高，希望吃到更安全放心的农产品、追求自然、生态、绿色的田园农居生活，生态、休闲农业成为资本追逐的热点，大量工商资本进入农业和农村投资发展。工商资本的进入能够高效推动农业的转型升级和乡村建设的快速发展，这本身是一件好事。但由于我国一直缺乏对工商资本进入农村投资的规范管理措施，面对强大的资本，弱势的小农缺乏参与的自主权和维护自身权益的有力措施，难以分享新的发展模式所带来的增值收益。

尽管我国在农业产业化推进过程中，极力强调和引导企业与农户建立利益联结机制，但由于缺乏约束力，农户充分参与和分享收益的权利难以获得保障。具体来说，工商资本与农户的利益联结机制大致可以分为三类：①订单采购。即企业按照订单约定价格收购农户生产的农产品。企业订单采购价大多不会比市场收购价更高，基本是随行就市收购的性质，对农民的利益并没有充分保障，也无法使农民分享企业加工、销售环节获得的增值收益。在一定区域内，企业处于垄断收购的情况下，还会出现压价收购现象，农民的利益会受到损害。②土地租金＋工资。即农民将土地流转给企业，企业向农户支付租金，同时农户成为产业工人进入企业工作获得工资收入。理论上说，农民可以通过与公司合作获得租金＋工资的双份收益，并可以在农闲时外出打工，额外获得打工收入，提高收入。但实际上，大多数地方土地租金以土地之上粮食产量计量，并未考虑其延伸发展二三产业的增加价值；进入企业工作的工资也基本是最底层的收入，而且不是所有流转土地的农民都能进入企业工作，工作也大多是临时性、没有社会保障的。③工资＋股份分红。即农户在企业就业获得工资，并以其土地等资产入股享有增值收益的分配权。这被认为是农户参与企业主导的三次产业融合发展和分享增值收益最重要、最有效的形式。但实际操作中，对于土地资产价值的评估基于其原有农业生产用途，并且未考虑土地的长期价值，谈判过程中工商资本的强势地位，使得农民赖以生存和最有价值的资产只能占到很小的股权比例，既无法在经营中获得有效的参与和决策权，也不能获得合理的收益分享。在我们的调研中发现，大部分以农业为基础延伸二三产业的经营项目，以农民集体土地资产入股的股权比例至多也只有 10% 左右。比如，湖南省长沙市望城区光明村的土地股份合作社所占股份不足 10%；江苏省南京市江宁区以具有社会责任的国有企业推动开发的休闲农业，黄龙岘村集体股份占比只有 7.8%；贵州省平塘县京舟村准备以村集体土地及其地上附着的大棚等设施入股，但因为当前农业用地租金只能达到 400 元/亩，在谈判中村集体希望能够获得 10% 的股份，而合作企业只愿意给

3%的股份。即使明确了参与农户所拥有的股份权利，由于信息不对称和农户参与能力有限，其实际应该获得的分红也难以保证，开发企业会通过隐瞒收益来降低对农民的分红。为了保证农户的收益，一些地方提出了保底分红的方法，即最低的分红收益不能低于基本租金，但实际最终的结果是企业只向农户分配基本的租金收入。

日本的工商企业连带①被认为是推进"六次产业"发展最有效形式。但因为一直以来日本为保证农林渔业者利益，在法律上做出限制性规定，农工商合作中工业商业资本的出资股份不能超过49%②。这确保了农业生产者掌握发展的主动权和主要的收益分享权。而我国的现实是，没有像日本农协一样的强大组织能够与工商业资本有力抗争来维护农业生产者权益。况且我国的农产品加工、销售和服务企业实力不强，自身的发展也是困难重重。因而，我国一方面需要扶持农产加工、运销服务企业的发展，以政策激励引导其加大对农村的投资；另一方面，又需要支持农户通过参与二三产业经营实现增收。这使得我们在政策上陷入了"激励工商资本投资和保护农民利益"的两难境地。尽管如此，只要逐步建立保障农民基本权益的制度机制，仍可以在工商资本主导的三次产业融合发展中让农民实现增值收益的分享。比如，在江西省婺源县的油菜花景区，因为农民认为固定租金的收入分配机制不合理，集体拒绝种植油菜花而影响景区收益，迫使经营公司与村集体再谈判，重新确立村集体享有20%的门票收益分享权。

---

① 农工商连带是指农业生产者联合掌握高技术的食品制造企业、具有有利销售网的流通企业和零售企业等工商业企业组建农工商一体化的产业集团组织，借助其生产加工技术、销售网络和品牌优势开发新产品、开拓新市场、创造新价值，整体收获多样化产品链和多元化产业体系的综合价值。

② 但该法律已经在安倍政府下被修改，由此工商资本可以在农业领域实现控股权。

### （四）农村基础设施条件落后

交通不便仍然是农村产业发展的最大制约。截至 2014 年底，我国仍有 5.43 万个行政村不通水泥沥青路，已通村道仅有 3.5 米宽。车辆通行不便给产业链的供应组织和市场通道的打开带来巨大障碍，运输成本高、产品不能及时送出去以及储藏保鲜物流基础设施缺乏，使得产品难以有效"卖出去"。同时，交通不便也制约了人"走进来"体验和消费。休闲农业景区每逢节假日就会出现道路拥堵问题，而且因为公共交通不便利，致使休闲农业的游客群体只能局限于驾车族。

很多农村地区的电网改造尚未完成，现有电力负荷难以支撑二、三产业的发展。目前，很多三次产业融合项目都是由经营者自己投资建变电站，但这又会影响农村居民用电。

大多数农村不具有污水和垃圾处理能力，随着加工业、服务业的发展，垃圾和污水排放会明显增加，将会大大超过自然的降解能力，因而三次产业的融合发展还需要充分考虑好规划布局，对加工区进行适度集中、配套提供污染处理设施。另外，发展乡村旅游服务还需要加强农村环境的整治和改造，改变农村脏、乱、差的生活环境，完善道路、厕所、停车场、游览服务站点、垃圾桶等旅游服务基础设施。

## 五、促进农村三次产业融合发展的政策建议

推进农村一二三产业融合发展的核心目标是促进农民增收。应按"基在农业、利在农民、惠在农村"思路，把政策的着力点放在为农民参与发展和分享收益创造机会、搭建平台、营造环境上，在制度上引导和激励企业家带领农民增收致富。

### （一）以惠农为目标确立农村一二三产业融合的政策标准

农村一二三产业的跨界融合发展使得优惠政策的认定和执行存在困难，使得很多基于农业延伸发展的二三产业和新兴产业难以获得政策支持。同时，长期以来我国支持农业产业化政策重点放在龙头企业上，政策惯性使得以农民为主组建的加工、服务项目很难得到政策支持。鉴于推进农村一二三产业融合发展的目的是促进农民增收，政策的受惠主体应当覆盖到参与的广大农民。因此，支持农村一二三产业融合发展，必须以惠农为目标明确政策支持的标准与范围，有效发挥政策的引导和激励功能。

第一，一二三产业融合必须是以农业为基础的延伸和扩展，体现对农业和农村资源的综合利用开发，具有服务农业生产、带动农民增收、推动乡村建设、保护生态环境、传承农业文化的功能。

第二，一二三产业融合发展必须要有农民的充分参与，支持多种形式的农民参与式发展，鼓励经营者创新与农民的利益联结机制。本地农民参加就业的比例不小于80%，除了基本租金、工资收入外，农民还能够通过分红、返利等形式分享经营项目的增值收益，农民以土地、劳动及其他要素参与分配获得的收益应该不低于经营净收入的30%。

### （二）对符合标准的项目给予全面政策支持

对经有关部门认定的农村一二三产业项目，可以给予土地、税收、财政、金融、优惠电价等政策的支持。

一是将符合条件的农村一二三产业融合发展项目纳入土地利用规划，优先给予用地安排。鼓励村集体通过宅基地等建设用地整理和荒山、荒坡、荒滩、荒沟的开发利用支持一二三产业融合发展。对于确实需要通过征地后转变为国有建设用地供地的，可按照返还地政策使村集体合法获得建设用地使用权，以便于其以土地参股经营分享收益。

二是对符合条件的农村一二三产业融合发展项目给予税收优惠支持。对利用当地传统工艺对本地农产品进行加工销售的，免征营业税、所得税和增值税；对其直接用于采摘、观光的种植、养殖的土地，为农业生产提供储存、晾晒、初加工等服务的土地，以及利用自有宅基地住房改造发展民宿和农家乐，免征房产税和土地使用税。

三是对符合条件的农村一二三产业融合发展项目给予充分的信贷支持。对于农村一二三产业融合发展项目投资兴建设施所使用的土地（包括农村建设用地、农业设施用地等）及其附属设施资产分别按照其土地属性给予相应的确权，对农户利用自有宅基地住房、休闲农业企业合法取得的农村土地经营权及其地上投资的附着设施给予产权确权，支持其用于抵押贷款融资。通过政府担保的贴息贷款，支持农村一二三产业融合发展项目投资生产设备、技术改造和技术创新。

四是支持政策投入资金（包括扶贫资金、支持合作社和集体经济组织发展资金等）和财政投入形成的资产作为农村集体资产，入股参与农村一二三产业融合发展项目的经营，提高农民集体资产股权的比例。

五是支持本地农民以一二三产业融合发展项目创业。设立一二三产业融合发展基金，一方面对当地农民、返乡创业者的创业项目给予起步资金支持，另一方面对于一二三产业融合项目的升级改造给予股权投资支持。

### （三）以服务体系建设扩大农民参与的机会

通过政府购买服务、财政补贴支持等多种方式，扶持产业链关联紧密、服务带动力强的社会化服务体系建设，为广大农民参与和分享一二三产业融合收益创造机会。一是支持农业生产的社会化服务组织发展，为农业规模化、标准化的高品质生产提供有效的支撑；二是支持仓储、配送等物流服务，为农村一二三产业的融合贯通创造基础条件，提高农业供应链的组织效率；三是支持和培育专业化农产经纪人，通过其积极的市场开拓，为农村一二三产业的融合发展提供广阔的市场空间；四是支持建立信息透明的市场平台，使广大农民能够平等地参与市场；五是支持以产地为基础对区域品牌进行整体推广，使本地农民更容易从本地特色产品的生产、加工、销售中获得收益；六是搭建多产业、多主体交流对话与合作平台，积极促进农业与文化创意、互联网等各类产业的交叉融合创新，催生一二三产业融合发展的新兴产业形态。

### （四）建立利益保障机制确保农民的利益分享

对于获得政策支持的农村一二三产业融合发展项目，必须每年度向有关部门报送其财务信息和利润分配情况。有关部门有权核查其农民参与就业和向农民的收益分配情况是否属实，对于信息披露不实者将取消一切政策优惠。

### （五）统筹规划完善产业发展的基础配套环境

对农村一二三产业融合发展进行统筹规划，将相关联的农业加工、服务业的用地纳入土地利用规划。综合考虑农村建设、产业发展、乡村景观的需求以及生态承载能力，对农村居住、农业生产、农业服务、农产加工、乡村旅游等功能进行合理空间布局，完善供水、供电、污水垃圾处理等基础设施与服务功能。整合各部门乡村环境建设资金，包括住建部的"美丽乡村"和农村环境治理项目、水利部"水美乡村"、农业部"农村清洁工程"、交通部"村村通"工程以及各地新农村建设和村庄整治等支持资金，加大对道路、公共交通、通信网络、电网改造、垃圾与污水处理、厕所与停车场、生态保护等基础设施建设与农村环境改造的投入，合力打造农业景观和乡村风光，改善村容村貌，完善农村的产业配套服务支撑体系。

### （六）加大培训支持力度，提高农户参与和创业能力

对符合条件的农村一二三产业融合发展项目，每年由财政支持当地农民参加相关的专业技能培训，农业、人社等部门整合各自的培训项目资源，联合组织开展期限较长、全面系统、连续性强的专题培训项目。充分挖掘当地传统农产加工工艺资源，以相关的培训项目，支持特色加工工艺、文化的传承。加大对与本地产业紧密相关的新兴技术的推广和普及教育，与高校、科研院所、职业学校以及龙头企业等联合开展实用性新技术实战培训，提高农民跨界参与经营和创业的能力。建立农村一二三产业融合发展创业孵化平台，对创业者提供创业指导和技能培训支持。

执笔人：程　郁

**参考文献**

［1］姜长云. 推进农村一二三产业融合发展 新题应有新解法. 中国发展观察，2015（2）

［2］李霖，郭红东. 小农户集体行动研究文献综述——基于市场准入视角. 中国农村观察，2014（6）

［3］马晓河. 推进农村一二三产业深度融合发展. 中国合作经济，2015（02）

［4］孙侠，张闯. 我国农产品流通的成本构成与利益分配——基于大连蔬菜流通的案例研究. 农业经济问题，2008（2）

［5］刘明国. 务实求解农村一二三产业融合发展. 农民日报, 2015（11）

［6］钟真，孔祥智. 农产品质量安全问题产生原因与治理措施. 中南民族大学学报（人文社会科学版），2013（02）

［7］OECD，Multifunctionality in Agriculture：Evaluation the Degree of Jointness，Policy Implication，Paris，2008

［8］Porter，M. E. Clusters and the New Economics of Competition，Harvard Business Review，1998 November/December.

［9］Porter，M. E. The Competitive Advantage of Nations. New York：Free Press，1990.

# 以产业化经营促进农业产业链整合和价值链提升

农业产业化是现代农业发展的方向，也是转变农业发展方式、推进农业结构性改革的重大任务。20世纪90年代以来，特别是"十二五"时期，我国农业产业化规模持续增长，结构不断优化，业态逐步丰富，成为推动农业发展、促进农民增收的新增长点，但也存在竞争力不强、政策落实不到位、经营成本高、与农民的利益连接机制不健全等问题。下一步应以提升农业产业链整体竞争力为导向，坚持"延长链条、丰富主体、落实政策、降低成本"的总体思路，进一步提升农产品加工业的整体竞争力，大力培育涉农电商、休闲农业等新兴业态，引导产业化经营组织集群集聚发展，实现农产品生产、加工、销售有机衔接，促进一二三产业深度融合，加快传统农业向现代农业转型升级。

## 一、农业产业化的内涵及产生背景

### （一）农业产业化的理论内涵

#### 1. 国际上的定义

"农业产业化"概念最早是由哈佛大学的 Roy A. Goldberg 等在 20

世纪 50 年代提出来的，基本概念是"农业综合企业"（Agribusiness），即农业的生产、加工、运销等方面的有机结合或综合。Reardon 和 Barrett 在 2000 年又提出了农业产业化（Agroindustrialization）的概念，具体包括三层含义：一是农业加工、流通和农业投入三个方面的增长；二是农业加工企业和农业之间制度及组织的变化，如垂直协作的明显增加；三是农业部门产品、技术、市场结构的变化。

**2. 国内的定义**

在国内，农业产业化一词最早出现在《人民日报》1995 年 12 月 11 日发表的《论农业产业化》社论中。该社论将农业产业化定义为：以市场为导向，以提高经济效益为中心，以资源优势为依据，对当地农业的支柱产业和主导产品实行区域化布局、专业化生产、一体化经营、社会化服务、企业化管理，把产供销、贸工农、经科教紧密结合起来，形成一条龙的经营体制。1997 年 7 月，时任农业部部长的刘江将农业产业化概况为：在稳定家庭联产承包责任制的前提下，以市场为导向，以经济效益为中心，通过龙头企业把农户生产与国内外市场联结起来，实现种养加、产供销、贸工农一体化经营，使农产品从生产到消费的各个环节有机连成一个完整的产业体系，使龙头企业与农民结成利益共沾、风险共担的经济共同体。

这以后，学术界也陆续对农业产业化内涵进行阐述，尽管表述不太一致，但都坚持"以市场为导向，以经济效益为中心，以企业为主体，实现产前、产中、产后一体化经营"。

2014 年中央农村工作会议提出要大力发展农业产业化，即在稳定粮食生产的基础上，积极推进农业结构调整，依靠科技支撑，由"生产导向"向"消费导向"转变，由单纯在耕地上想办法到面向整个国土资源做文章，构建优势区域布局和专业生产格局，加快推进农牧结合，把产业链、价值链等现代产业组织方式引入农业，促进一二三产业融合互动。

可见，新时期农业产业化的核心是把现代产业组织方式引入农业，以市场需求为导向，推进种养业、农产品加工业和农村服务业融合发展，本质特征是延伸农业产业链和价值链。

### （二）农业产业化的经济社会背景

农业产业化产生和发展的根本原因有三个方面：居民生活水平的提高，农业分工细化（专业化），农业科技进步。

从国际看，二战以后，随着人们生活消费水平的提高，美国、欧洲等国家食品工业加速发展，需要现代化农业为加工业提供标准化、专用化的原料。同时，伴随着大规模的机械化生产，美国等国家种植业和养殖业的分工越来越细，并从种养生产的专业化走向畜禽产品加工的专业化。大规模的专业化生产需要与上游原料市场、下游消费市场建立更紧密的联系，在市场驱动和政策支持下，农业生产的上中下游垂直一体化合作日益增强，进而走上产业化经营的道路。

在我国，农业产业化是农村改革发展的重要产物，是计划经济向社会主义市场经济转轨的产物。20 世纪 90 年代中期以后，农产品供给由长期短缺转向总量基本平衡、结构性余缺并存的局面，部分农产品出现销售难，农业小生产与大市场的矛盾、家庭经营与规模经济的矛盾日益突出，各地为了解决买难卖难、产销分割，开展了产加销一体化、贸工农一条龙等经营联结形式的探索，以减少生产与市场之间的信息不对称，降低交易成本。

进入 21 世纪以后，在家庭承包经营的基础上，种养大户、家庭农场、农民合作社等新型农业经营主体快速发展，比普通农户经营规模更大、商品化程度更高，与市场有效对接以降低风险的需求更为迫切。同时，在城乡居民消费升级的带动下，我国农产品加工业加快发展，加工企业也需要有稳定的原料供应基地。供需两个方面的共同需要，促进了以农产品生产和加工一体化为主的农业产业化快速发展。

# 二、国外农业产业化发展经验及启示

农业产业化最早出现在美国，随后在西欧各国和日本兴起，进而在一些发展中农业大国快速发展。各国的资源禀赋、发展阶段不一样，农业产业化的具体形式和发展措施也不尽相同。

## （一）美国

美国是世界上最早发展农业产业化的国家，自 20 世纪 50 年代至今，已形成了发达的农业产业体系，布局区域化、生产专业化、经营一体化、服务社会化的产业化大格局已经形成。

### 1. 主要形式

美国农业产业化主要有三种形式。

一是农业合同经营制。农产品加工企业与农场主通过签订协议，确定原料的品种、数量、价格和质量，保证原料的稳定供应，进而把农产品的加工和销售联结起来，形成产供销有机综合体。美国的很多农产品如饲料、肉鸡、水果、蔬菜、蛋类都是根据合同生产的。

二是农场主合作社经营。若干农场主自愿联合组成合作社，为农场提供生产资料供应、产品收购、储运、加工服务。

三是农工商综合企业。大公司直接经营大农场，把生产资料供应、农业生产、农产品加工销售、技术研发服务各个环节联结起来，完全垂直一体化经营，生产技术水平比较先进，经营规模较大。

**2. 主要措施**

一是通过立法和制定相关政策推进农业产业化。美国以《农业法案》为主体，通过政府财政支持手段，对产业化主体的人员培训、技术研发、基础设施建设、农场管理提供支持。

二是重视推动技术进步。政府既投资加强育种、农机、农艺等基础研究，注重农业生产的标准化、规范化、质量安全，又重视加工业、流通业的技术进步，特别是注重精深加工。美国农产品精深加工大而专，副产物利用程度高，并且注重资源综合利用、生态环境保护和可持续发展。如稻米加工企业主要生产精米、预煮米和即食食品，稻壳用作燃料转化能源，米糠主要由专业公司生产米糠油或饲料。畜禽屠宰加工除进行肉及肉制品加工外，骨、血、皮、毛等副产物还被普遍用于生物医药、食品添加剂、饲料等的加工。

三是注重发挥好行业服务组织的作用。美国农民虽不足人口的2%，但产业协会、市场、金融、保险、期货、科研等相关社会化服务人员却达到18%以上，完善的社会化服务体系保障了美国农业以及农产品加工业的高质高效发展。如美国农场联合会是由农场主自愿组成的社团组织，会员有600多万，覆盖了全美3000多个县中的2815个，具有很强的社会影响力。

**（二）日本**

**1. 主要形式**

日本土地资源稀缺，走出了一条以家庭小规模经营为基础的农业产业化道路。其主要特征是建立遍及全国的农协组织，农协通过自己举办的各类事业和完备的社会化服务体系，促使日本小规模家庭农业发展成为集约化、社会化、商品化的现代农业。

日本农协建立于 1900 年，经过 100 多年的发展，已在组织结构、产业经营、管理机制等方面形成了一个稳定的体系，成为集农业、农村、农民三类组织为一体的综合性社区组织，不仅为农民提供生产资料购买、金融、技术、建设基础设施等服务，还为农民代办农产品加工、仓储和运销。

**2. 主要措施**

一是支持农协的发展。日本政府对农协在税收、价格、信贷、流通以及设施等方面有许多优惠政策。如在税收上，日本对农协法人采用特殊税制，农协所得税率为 23%、事业税率为 8%，而其他一般法人的所得税率为 40%、事业税率为 12%。

二是大力开展一村一品运动。主要做法是立足本地资源，发展村级特色产品，发展加工业，打造知名品牌；培养一批具有全球战略眼光、富有挑战精神的地区带头人。

三是注重财政扶持。日本政府先后出台了"农工商合作事业计划""综合化事业计划""地产地销促进计划"和"农业技术创新计划"等四大计划以及政策补贴、低息贷款和"农林渔业产业化成长基金"等三大资金配套支持农业产业化的发展，既鼓励企业和农业生产者间的合作，也鼓励农业生产者自身延长产业链，核心是提高农业增值率。

## （三）巴西

**1. 主要形式**

巴西的农业产业化发展于 20 世纪 60 年代，主要有两种形式。

一是以合作社为核心内向发展。合作社通过资金积累或融资，建立自己的农副产品加工企业，组织农户进行生产，由合作社负责市场销售。

二是以企业为核心外向联合发展。企业按照市场需求，与农户或合作社签订合同，组织农户生产。这种模式将分散的农户组织起来形成合力，既能带动当地农业发展，又能吸收农村剩余劳动力，推动小城镇建设。

**2. 主要措施**

一是鼓励性政策。如制定支持农工综合体发展计划、鼓励初级农产品加工计划、完善居民食品结构计划等，加强农业与工业之间的联合。同时又提供多种财政优惠政策，提供土地和基础设施等。

二是政府直接参与建立农工企业。如亚马逊开发管理局联合仨迪亚公司在该地区建立肉牛生产基地，同时开办牛肉制品和奶制品加工企业，该管理局还同其他公司实施水利灌溉计划，建立蔬菜水果生产基地和加工企业。

## （四）几点启示

农业产业化是各国农业现代化发展的客观趋势。但农业产业化是一个长期过程，也是一个系统工程，要以全新的思维，协调各方利益，统筹谋划推进。

一是要充分发挥政府在农业产业化中的推动作用。包括制定生产标准，提供市场信息服务，开展行业基础性、共性技术研究，加强市场监管，优化发展环境。以及在不同的发展阶段，制定不同的支持政策：在发展早期，主要通过示范性支持政策，鼓励行业发展；在快速发展期，要制定普惠性政策，降低市场主体的经营成本；在转型升级时期，则要消除市场扭曲，支持薄弱环节，提高行业竞争力。

二是扶持龙头企业做大做强。龙头企业是产业化的关键，必须建立现代企业制度，形成自我发展能力。同时，也要加强约束，使龙头企业把带动本地资源开发和农民就业放在首位。

三是建立龙头企业与农户间的利益联结机制。按照市场经济规律，坚持农民和企业自愿互利的原则，通过建立稳定的合同关系、形成产权纽带和提供优质服务等措施，健全龙头企业和广大农户间风险共担、利益共享的机制。允许企业和农户根据发展阶段和产业特点形成多样化的联结方式。

四是大力发展各类行业服务组织。通过行业协会等组织，架起农业生产者、加工企业等经营主体与政府、市场的桥梁，推动协调行业立法和政策制定，加强行业自律，增强产业链各方主体的话语权。

# 三、我国农业产业化发展特点及主要问题

我国农业产业化最早出现在东部沿海地区和大城市郊区，经过20世纪90年代的起步探索阶段、21世纪前10年的稳定发展阶段，到"十二五"进入了全面发展阶段。至2014年底，各类农业产业化经营组织总数达到35.42万个，其中农业产业化龙头企业12.55万家，中介组织21.12万个，专业市场1.75万个。

## （一）主要特点

### 1. 作为农业产业化支柱的农产品加工业快速发展

一是产业规模持续增长。2011～2015年，规模以上农产品加工业主营业务收入从13万亿增加到20万亿元，年均增长11%。2015年，农产品加工业产值约占全国工业的18%，加工业与农业产值比值约为

2.2：1。二是产业组织不断优化。规模以上企业发展到 7.6 万家，大中型企业比例达到 16.15%，年销售收入 1 亿以上的企业近 2 万家，100 亿以上的龙头企业达 70 家（其中 500 亿以上 5 家）。三是产业结构不断提升。特色优势产业进一步发展，装备技术升级加快，一批名企、名品、名家正在培育成长。农产品加工业已成为产业关联度高、行业覆盖面广、中小微企业多、带动作用强的重要支柱产业和民生产业。

**2. 产业化业态不断创新，产业主体日益多元**

一是新型农业经营主体"接二连三"发展产业化。越来越多的规模大户、家庭农场，甚至普通农户以资金、农产品、土地经营权入股合作社发展加工和流通业。目前，农民合作社达到 147.9 万家，其中产加销一体化或专门从事加工流通的占到 50% 以上。

二是涉农电商企业成为新兴的产业化主体。随着大数据和"互联网+"等新一代信息技术向农业生产、经营、服务领域的渗透，涉农电子商务快速发展，目前农产品电商平台企业超过 3 万家，涉农电子商务交易额超过 15 万亿元[①]。涉农电商已发展成为一种新型的产业化模式，主要有三种类型。第一种是电商企业通过"平台+加工企业+基地（合作社）""平台+基地（合作社）+农户"等形式带动区域农业产业链的形成和发展。第二种是淘宝村、淘宝镇[②]等涉农网商集群带动了当地农产品加工业集群发展，进而带动特色种养业规模化发展。据阿里研究院的数据，全国淘宝村从 2009 年的 3 个增长到 2015 年的 780 个，活跃网店超过 20 万家，呈井喷增长之势，这种新兴的涉

---

① 中国食品（农产品）安全电子商务研究院：《2014～2015 年中国农产品电子商务发展报告》。

② 淘宝村的认定标准，主要包括以下三条原则：经营场所在农村地区，以行政村为单元；电子商务年交易额达到 1000 万元以上；本村活跃网店数量达到 100 家以上，或活跃网店数量达到当地家庭户数的 10% 以上。淘宝镇是三个村连片在一起形成了产业群。

农电商集群已成为当地农业产业化发展的重要推动力量。第三种是信息合作社，即分散的农户合作成立信息合作社，合作社通过自己的平台或第三方平台在网上下订单，并将订单信息向社员共享，带动农村种养业的集群发展。

表5－1　　　　　　　　全国淘宝村和淘宝镇数量　　　　　　单位：个

| 年　份 | 2009 | 2013 | 2014 | 2015 |
|---|---|---|---|---|
| 淘宝村 | 3 | 20 | 212 | 780 |
| 淘宝镇 | — | — | 19 | 71 |

资料来源：阿里研究院《2015年中国淘宝村研究报告》。

三是休闲农业对农业产业化的带动作用开始显现。休闲农业和乡村旅游将农业与文化生态、休闲旅游相融合，促进农区变景区、田园变公园、农房变客房、劳动变运动、产品变商品，成为现代农业的重要形式，并带动了农村加工、特色农产品生产的发展。主要有两种形式：一种是大量的旅游人口带动了当地特色种植业（观光）和设施农业（采摘体验）的发展，大大提高了农产品的增加值；另一种是旅游产品制造带动了当地特色食品的加工，虽然这种食品加工的产业链不长，但往往嵌入了当地的民俗或文化，附加值很高。

### 3. 产业布局加快集中，产业集群初具规模

一是全国农业生产、农产品加工、涉农服务业向优势区域、特色区域集中。粮食加工业进一步向生产核心区集中，油料、果蔬加工业向优势产区聚集，屠宰加工业、现代乳品业向养殖产品优势区集中。

二是农业产业化主体逐步向县域加工园区、物流节点、主产区集聚，形成了一批特色产业集群。如2015年全国农产品加工园区达到1600家，汇聚了3.5万家企业（其中龙头企业1.5万家），成为优秀企业和名牌产品的聚集地。江苏、河南等省已经形成了一定规模的农

产品加工产业集群，集群内有一家或多家核心加工企业，农户、合作组织、经纪人、物流商、监测机构等共同围绕核心企业服务，并在集群内保持适度有益竞争，共同健康发展。

三是农产品电商等新兴业态集聚发展趋势明显。一些地方，县域电商从最初的分散、独立发展，开始进入园区进行聚集。目前，全国电商园区的数量已超过500家。电商产业园区将涉农电商企业和服务商聚集在一起，进行线下线上的互动和协作，降低了知识和经验的传播成本，促进农业产业化集群的发展。

### 4. 产业链条不断延伸，利益主体融合趋势明显

一是产业链条从一二产业融合向一二三产业融合转变。很多龙头企业在加强与上游农业生产者之间联系的同时，通过电子商务、直销等新形式，将产业链向后延伸，实现从田间到餐桌的全产业链发展，并在空间上集聚形成利益共同体，实现集群化、网络化、品牌化发展。

二是龙头企业与农户之间的合作联系更加紧密。由最初的买断型、产销合同型的联系模式，发展到合作式、股份合作式、股份式，农民以土地经营权、资金、技术等生产要素入股发展产业化经营，将生产环节的购销交易关系，转变为全产业链的产权合作关系。农户对农业产业化发展的参与程度、获益水平不断提升。

### 5. 对农民增收促进效应明显

农业产业化的发展，延长了农业产业链和价值链，拓展了农业的多种功能，推动现代农业产业体系、生产体系、经营体系加快构建，实现补农建农带农。目前全国农民人均收入中9%以上来自农产品加工业工资性收入，加上关联产业，这一比重更大。每亿元加工营收吸纳96人就业，明显高于工业57人的平均水平。全国休闲农业主体已有180万家，收入3500亿元，有力带动了从业农户收入增长。

## （二）农业产业化发展面临的突出问题

我国农业产业化大而不强的特征十分明显，规模化经营主体发育较慢，上下游产业间互联互通性不强，农产品的产业链、价值链实现不充分。

### 1. 农产品加工业技术水平低，总体竞争力不强

一是初加工水平低。我国农产品储藏、保鲜、烘干等初加工设施简陋、方法原始、工艺落后，粮食、马铃薯、水果和蔬菜的产后损失率分别高达 7%～11%、15%～20%、15%～20% 和 20%～25%。二是精深加工水平低。我国农产品加工比例偏低、资源利用率低，如粮食的深加工量仅占其总产量的 8%，苹果为 4.7%，柑橘为 5%，肉禽类为 4%，远远低于发达国家 70% 以上的水平。三是技术装备水平落后。目前我国达到或接近国际先进水平的农产品加工技术与装备仅占 5%～10%，整个行业比发达国家落后 20～25 年。精深加工和综合利用技术装备主要依赖进口，产业发展受制于人。四是龙头企业创新能力不足。大多数企业缺乏自主创新意识，大部分企业没有建立研发机构，重模仿、轻开发，重引进、轻创新，具有自主知识产权的技术成果少，一些关键领域对外技术依赖度高。五是大型龙头企业国际竞争力不足。我国也涌现出了新希望、双汇、蒙牛、伊利等大型龙头企业，但与国际农业巨头四大公司相比，这些企业大而不强，在自主创新能力、资源配置效率、质量效益等方面差距明显。

### 2. 涉农电商、休闲农业等新兴业态发展面临较多障碍

涉农电商的发展不仅面临农产品标准化、品牌化程度低，农村物流不通、网络不畅、人才缺乏等传统难题，而且也出现一些新的问题。一是"离农"问题突出。大多数电商企业、淘宝村都是以销售（加工）特色产品为主，如山东曹县的演出服、山东博兴的草柳编、河北

青河的毛衣毛线、江苏绥宁的家具等，和农产品的直接关联不大。少数农产品电商企业，盈利不多，生存困难。二是千网一面，同质化竞争严重。同一地域内，涉农电商企业趋同投资非常普遍，同质化严重，导致竞争无序，亏损经营。三是缺乏有效的地域支撑服务体系。电商企业的发展，需要政策信息、市场信息，需要美工、客服、推广营销、数据分析、后台管理、仓储物流等多种外包服务，但这些服务在农村地区非常缺乏，使得涉农电商不仅没有降低成本，提高效率，反而增加了成本，甚至拖累了企业的发展。

休闲农业发展也面临着一些现实的障碍。一是农村的资本和人才缺乏；二是休闲农业用地政策不明确，拿地难，成本高；三是休闲农业的产业属性不清，大多数休闲农业主体是按照工商业企业标准来征税，加大了经营者的税收负担；四是农村基础设施和公共服务发展滞后，休闲农业的配套支撑不足。

### 3. 龙头企业支持政策落实不到位，发展环境有待改善

为支持龙头企业的发展，中央和各地都出台了具体的支持政策，但在具体落实和政策配套方面还存在不到位现象。一是财政支持力度不够。农业龙头企业不仅建设初期投资需求大、建设周期长，加之农产品价格波动大，而且大部分企业利润微薄，需要财政资金的扶持、引导和催化。农业产业化发展资金，还是大面积分散的扶持方式，导致财政扶持效果不佳。二是税赋重。农产品加工业仅有初加工税收优惠、产地初加工补助等政策，农业废弃物、加工副产物综合利用、主食加工等符合国家战略，关系民生的产业没有专门的税收优惠政策。农产品加工企业平均税负约占销售收入的 8%～10%，而利润仅为销售收入的 3%～5%。三是融资难问题突出。农业产业化龙头企业对资金的季节性需求十分大，资金短缺成为目前多数企业普遍存在的问

题。特别是广大中小企业由于资产规模小、信用等级低，抵押担保物不足，难以获得商业性金融机构的信贷支持。四是出口难度加大。国际经济增长乏力，贸易保护主义抬头，各种壁垒频繁设立，加上人民币过去长期持续升值，农产品加工业"走出去"的困难和风险增多。

**4. 农业产业化主体经营成本高**

一是土地成本高。虽然国土部和农业部出台了农业附属物配套用地相关规定，但没有具体的实施细则。经过土地硬化，从事工厂化养殖或设施农业生产的土地仍被视为工业用地，收购存储农产品的仓库厂房同样也被视为工业用地，导致企业在建设加工厂房及养殖场时，申请使用土地难、费用高。二是资金成本高。涉农企业贷款利率一般要在国家基准利率的基础上再上浮一定比例，融资成本居高不下。三是电力成本高。一些加工企业在用电方面没有享受到涉农优惠政策，特别是面粉等口粮加工企业只能部分享受农电价格优惠，果品流通企业的冷库也必须按照工业用电交费，增加了企业运营成本。四是产品质量检验检疫费用高。本应由政府部门承担的费用，实际上由企业承担。特别是很多"三品"企业反映，检查频率过多，委托中介机构检测费用过高。五是原料成本高。由于国家托市收购价格较高，抬高了加工企业的粮食购进成本，导致"稻强米弱""麦强面弱"等现象出现，严重影响加工企业效益。

## 四、促进农业产业化发展的政策建议

从国际经验和规律看，工业化城镇化快速发展阶段，往往也是农业产业化高速成长的时期。当前我国正处工业化中后期，城镇化率达到56.1%，人均 GDP 超过 7000 美元，进入中等偏上收入国家行列，城乡居民对高质量农产品、加工食品和农村休闲旅游的需求快速增长，为农业产业化发展提供了巨大的内生动力。总体上来看，我国农业产业化已进入转型升级发展阶段，这一阶段的主线是加快转变发展方式，推进农村一二三产业融合，提升农业产业链的整体竞争力。要适应阶段性变化，提高趋势性认识，加强战略谋划和前瞻部署。

**（一）以壮大龙头企业为重点，提升农产品加工业整体竞争力**

龙头企业自身的竞争力，决定了整个农业产业链的竞争力。如果龙头不强，作为龙身和龙尾的农民合作社、家庭农场和农民也很难强大起来。要以延长产业链和提升价值链为核心，打造一批能引领农业发展的加工型龙头企业。

一是引导龙头企业积极延长产业链，实现全产业链发展。鼓励龙头企业以股份制、合作制等紧密联系形式，发展设施农业、规模化养殖和高端农业开发等适合企业化经营的现代种养业。顺应"互联网＋"大潮，支持龙头企业运用电子商务、移动互联网、大数据等技术，拓展物流配送和连锁经营，发展生鲜电商、定制农业等新业态。引导企业建设从原料、加工到出厂、经销全过程的质量检测体系和信息追溯体系，保障质量安全。

二是支持龙头企业通过技术创新、精深加工和品牌管理提升价值链。鼓励龙头企业建立技术研发、产品设计中心，提高自主创新能力。推动龙头企业集群集聚发展，进行企业间协同创新，突破一批行业关键共性技术。推动发展优秀国产农产品加工设备装备，逐步实现进口替代。积极采用生物工程技术、超高温灭菌、冷冻保鲜、分子蒸馏等精深加工技术，在提取蛋白质、脂肪、纤维、新营养成分、药用成分及活性物质等方面取得突破，加快提升精深加工水平。大力发展循环利用、全值高值利用和梯次利用技术，加强对秸秆、稻壳米糠等外果及皮渣、畜禽骨血、水产品皮骨内脏等副产物的综合利用。推进标准化进程和品牌培育工程，发挥生态、安全标准作用，培育农产品加工领军企业和知名品牌。

三是巩固利益链，让农户分享产业链增值收益。引导龙头企业坚持为民服务方向，积极发展订单农业，通过规范合同内容、明确责任程序、开展诚信教育等方式，提高订单履约率。支持龙头企业为农户提供农资购销、技术指导、市场信息、产品销售、物流配送等社会化服务。鼓励龙头企业设立风险资金，应对自然、疫病和市场风险，切实保护农民利益。鼓励龙头企业拓展服务网络，围绕休闲农业、农产品初加工、特色种养殖等行业，因地制宜为农民创业提供支撑服务，促进大众创业、万众创新。

**（二）以培育新型主体为重点，大力发展涉农电商、休闲农业等新兴业态**

**1. 大力发展对农业带动效应强的涉农电商**

一是推动涉农电子商务和农业经营方式创新有效结合。一方面，要发挥好现有涉农电子商务规模企业的作用，鼓励发展"平台＋加工企业＋基地（合作社）""平台＋基地（合作社）＋农户"等电商经营形式，鼓励发展农产品网商集群，增强涉农电商企业对农业、农民的带动作用。另一方面，要鼓励和扶持现有的农业龙头企业、合作社，特别是农业产业化企业通过开设网店、自建平台、线上和线下结合等方式，积极发展农产品电子商务，更好地连接市场，规避风险。二是大力培养农村电子商务人才。把"大学生到农村支教、担任农村村官"与"发展农村电子商务"相结合。引导大专院校的电子商务专业人才进入农村地区进行"技术扶贫",为农村电子商务建设提供人才支持和队伍保障。把创业农民(工)、农业龙头企业负责人、种养大户、合作组织负责人作为电商培训的重点。三是构筑县域电商服务体系。以县城和中心镇为载体,大力发展美编、设计、运营、培训、物流等服务机构,对现有的农村客运、县域散货运输、邮政物流等资源进行整合,通过大数据平台高效协同,提高区域电商服务水平。四是要落实好国家政策,解决好农村宽带和物流"最后一公里"的问题。

**2. 延长休闲农业服务链,鼓励集聚发展,扩大产业规模**

一是创新经营方式。对休闲农业,也要鼓励规模经营,培育"旅游大户",扶持农民发展休闲旅游合作社。同时还要解放思想,引导和支持社会资本参与开发休闲农业和乡村旅游项目,深度拓展农业多种功能,带动传统种养产业转型升级。把休闲农业作为农民职业技能培训和创业培训的重要内容,鼓励返乡农民工和本地能人创办休闲农业经营实体。二是推进规范化发展。围绕农家乐、休闲农庄、休闲农园和民俗村等类型,分门别类研究制定餐饮住宿、景观环境、食品卫生、安全消防和服务礼仪等方面的标准,推动产业的规范化发展、标准化服务、特色化运营。三是强化基础设施建设。结合村庄整治和美丽乡村建设,整合各级、各部门财政资金,采取以奖代补、先建后补、财政贴息、产业投资基金等方式,重点加强乡村道路、公共交通、通信网络、电网改造、垃圾与污水处理、厕所与停车场、生态保护等基础设施建设和农村环境改造。四是增强产业对农民的带动力。将当地农户参与程度作为政策支持的重要条件,在符合规划要求的条件下,支持以闲置宅基地等农村集体建设用地入股发展休闲农业建设项目。公共财政投入建设休闲农业配套设施形成的经营性资产,可作为农村集体资产入股参与休闲农业项目。探索社会资本参与发展休闲农业的多类型利益分享机制。

**（三）以发展县域产业集聚区为重点，培育形成一批相互配套、功能互补、联系紧密的产业集群**

一是以县域为重点，扶持建设一批起点高、功能全、带动力强的加工园区。注重发挥产业集聚区整体效率，改善软硬件环境，加强运行机制建设，引导企业加强分工协作，完善研发机构、监测机构和污水处理及给排水系统等配套设施，让企业共享资源和服务、共同治理污染。二是依托农产品加工园区，构建县域物流配送和市场营销体系。支持有条件的园区打造农产品加工品集散中心、物流配送中心、展销中心和价格形成中心，发展直销直供、电子商务、移动互联网营销、第三方电子交易平台等新型流通业态，创新商业模式。支持有条件的地区推进电商产业园与农产品加工园、农产品物流园一体化建设运营。三是围绕产业集聚区，在县域内建设一批专业化、规模化、标准化的原料生产基地。组织筛选推广加工专用优良品种，组装集成原料生产技术，从生产到销售全程实现标准化，进而在县域内建成农产品生产、加工、仓储、物流、营销、电商一体化的产业体系。

**（四）以改善发展环境为重点，围绕产业链健全政策链和服务链**

一是在农产品生产环节，落实并推广好国家"三项补贴"改革试点工作，推进农业适度规模经营，培育农业新型经营主体。完善加强农产品"三品一标"的认证和监督，加强对生产过程的指导和规范，促进农业生产的标准化、规范化，为产业化经营奠定基础。

二是在农产品加工环节，完善农产品加工业增值税政策，将农产品加工增值税进项税额核定扣除办法由目前试点的乳制品等 3 个行业扩大到农产品加工全行业。进一步扩大农产品初加工所得税优惠政策产品范围，将主食类产品整体纳入享受优惠政策范围。扩大农产品产地初加工补贴资金规模、实施区域和设施范围。以农产品加工关键技术、工艺及装备的中试熟化和工程化共性技术的研发应用等为重点，加大对农产品加工技术创新的扶持力度。

三是在副产物综合利用环节，对企业综合利用秸秆、稻壳米糠、果皮果渣、畜禽骨血等副产物综合利用设施装备投入实行政策性奖补，对企业综合利用技术设施装备改造升级贷款基准利息给予贴补；对进口国内不能生产的综合利用设备装备免征关税和进口环节增值税，将副产物按初级农产品执行税收减免。

四是在农产品流通环节，按照"市场定价，政府补贴，价补分离"的原则，深化农产品价格改革，适时取消玉米临时收储政策，根据市场供求关系和生产成本合理确定大米和小麦的最低收购价，完善大豆目标价格试点，让农产品价格逐步回归市场均衡水平，为粮食加工等行业的健康发展创造公平的市场环境。

五是在农产品贸易环节，重点支持龙头企业走出去开拓"一带一路"沿线国家市场。做好龙头企业走出去的指导服务，研究解决龙头企业海外生产农产品的进口配额、劳务大卡、农资供应等问题。

### （五）以钱、地、电为重点，降低经营成本

在金融方面，一是落实好农业部与中国农业发展银行、中国农业银行支持龙头企业发展的政策，在贷款展期、续贷和项目贷款期限等方面继续给予支持。二是强化对产业化组织的融资担保，充分发挥各地农业产业化融资担保公司的功能及作用，创新担保机制，灵活担保

方式，强化金融服务企业的功能。三是发挥好国家产业化专项资金的杠杆作用，通过财政贴息、以奖代补、贷款担保、风险补偿、保费补贴等方式增强企业融资能力。四是将农产品加工业列入国家"定向降准、提高存贷比"范围，组织金融机构支持农产品企业开展综合利用、主食生产示范等项目。

在土地方面，一是积极探索"腾工换农"，盘活存量土地。结合国家化解产能过剩和治理僵尸企业的机遇，把破产、倒闭、限制的工业园区、工业用房和建筑，改造为农业产业化园区。二是支持有条件的地区通过盘活农村闲置房屋、集体建设用地、"四荒地"、可用林场和水面等资产发展休闲农业、农村电商以及其他新兴农业产业化组织。把休闲农业、乡村旅游、农村电商、设施农业项目建设用地，纳入土地利用总体规划和年度计划合理安排。

在电力方面，在普遍性降低电力价格的基础上，还应结合农业产业化组织的实际，实施梯度电价政策。对于初加工业务实施比农电价格更低的优惠价格，对于食品加工企业一律实施农电价格，对于非食品深加工企业参照工业电价。对于农村电商、休闲农业等第三产业，一律实施农电价格。

执笔人：金三林

**参考文献**

[1] 农业部. 中国农业年鉴（2010－2014）. 北京：中国农业出版社

[2] 张敏，秦富等. 农业产业化发展：理论与实践. 北京：中国农业出版社，2014

[3] 雷玉明. 城乡统筹的经济动因—农业产业化利益机制新论. 武汉：华中科技大学出版社，2010

[4] 张红宇. 牢牢把握新形势下农业产业化发展方向. 农民日报，2015（9）

[5] 何宇鹏，陈春良，金三林. "互联网＋"是发展农村六次产业的有效途径. 国务院发展研究

中心调研报告，2015（101）

［6］程郁．日本发展"六次产业"的主要做法与启示．国务院发展研究中心调研报告，2015（44）

［7］程郁．引导休闲农业向以农为本方向发展．国务院发展研究中心调研报告，2015（77）

［8］陈晓华．在全国农产品加工业暨休闲农业工作会议上的讲话，http：//www. moa. gov. cn/gov-public

# 以农业结构调整优化农业资源配置

⬇

农业结构是农业资源要素配置的集中体现。改革开放以来，经济发展、市场需求变动以及产品和要素价格的变化都对农业生产产生了显著影响。一方面，农业生产在不断适应市场环境和制度条件的变化，外部环境对农业生产的变革发挥了重要的激励作用；另一方面，围绕不同时期的目标和需求，国家采取了各种政策积极主动引导农业结构调整。在内外因素的综合影响下，我国农业结构出现了深刻调整。当前，我国经济发展进入新常态，农业发展呈现出新的阶段性特征，准确把握当前农业生产新的形势和特点，在系统梳理我国农业结构调整的脉络基础上提出有效的调整举措，有助于化被动为主动，加快新时期农业结构调整步伐。

## 一、改革开放以来农业结构调整变化的历史过程

改革开放以来，我国农业，尤其是种植业的结构变化和政策变革经历了以下四个阶段。

### (一) 1978～1985 年

改革开放以前，我国农业实行"以粮为纲"的生产方针，粮食在农业生产中的占比较高。农业以种植业为主，农林牧副渔总产值结构基本稳定，1978 年农、林、牧、渔 的 占 比 分别 为 80%、3.4%、15% 和 1.6%[①]；种植业结构也相对稳定，以粮食为主，粮食作物、经济作物和其他作物在种植业中的占比，1978 年仍保持在 80.4%、9.6%、10%[②]。

随着人民公社制度解体、家庭联产承包经营责任制在改革中成为农村基本经营制度，农业生产打破了计划经济体制，农户成为农业生产经营的主体。1981 年中共中央、国务院转发了国家农委《关于积极发展农村多种经营的报告》，提出了"绝不放松粮食生产，积极发展多种经营"的调整方针。此后，1982 的中央 1 号文件提出，要按农林牧副渔全面发展的要求建立合理的生产结构，以获得综合经济效益，并增加农业经济的内部积累。对于生产结构的调整，文件要求执行 1981 年 13 号文件提出的"绝不放松粮食生产，积极开展多种经营"的方针。在调整生产结构时，要求注重区域协调，避免过去生产单一化的错误，使个别地区因地制宜的发展计划和全国的合理布局协调起来。

1983 年的中央 1 号文件继续提出农村必须走农林牧副渔全面发展、农工商综合经营的道路，只有这样才能保持农业生态的良性循环和提高经济效益；才能满足工业发展和城乡人民的需要；才能使农村的剩余劳动力离土不离乡，建立多部门的经济结构；也才能使农民富

---

① 本文所使用的农林牧渔产业结构数据均根据历年《中国统计年鉴》中"农、林、牧、渔业总产值及指数"数据测算得出。

② 种植业结构数据来源于全国农业普查办公室：《中国第一次农业普查资料开发课题研究：农村产业结构调整和小城镇发展研究》，中国统计出版社 2000 年版，第 7 页。

裕起来，改变农村面貌。当时已经认识到，随着农村分工分业的发展，将有越来越多的人脱离耕地经营，从事林牧渔等生产，并将有较大部分转入小工业和小集镇服务业。这会是一个必然的历史性进步，它为农业生产向深度和广度进军，为改变人口和工业的布局创造了条件。

从这一时期中央文件的论述来看，决定这一轮农业结构调整的考量因素，主要是国家需求、资源条件、劳动就业、农民收入。在需求上，一方面，城乡居民的粮食供应绝不可掉以轻心，必须保证粮食生产持续稳步地增长；另一方面，国家急需的原料如棉花、糖料等，以及林牧渔业，都急需发展，以解决供应紧张的问题。在土地利用方面，主要是把本来不宜于种粮食而适宜种其他作物的耕地逐步改为合理种植，"积极发展多种经营，重点应放在开发山区、水域、滩涂、草原和发展家庭养殖业方面。"在劳动就业和农民收入方面，希望建立起一个多种经营综合发展的合理的生产结构，实行合理的社会分工，以吸收农村劳动力为社会创造财富，因为大量农村劳动力附着在十几亿亩土地的种植业上，必将使劳动生产率下降和农村经济萎缩。只有在多种经营的基础上发展社会分工，才有利于开发农村的人力资源。

这一阶段的政策取向主要是赋权、放开，使得农民具有生产经营自主权，并通过调整价格鼓励粮食和农业生产发展。到1985年，我国农业结构出现了较大变化，农、林、牧、渔在农业产值中的占比分别为69.2%、5.2%、22.1%、3.5%，其中种植业比重较1978年降幅超过10个百分点，林、牧、渔业分别增长了1.8、7.1、1.9个百分点；在种植业结构中，粮食作物、经济作物和其他作物的占比分别为75.8%、15.6%和8.6%，经济作物的比重较1978年提高了6个百分点。

## （二）1985～1998 年

随着新的经营制度的活力被激发出来，在连续丰收后，粮食和棉花产量大幅增加，流通体制不适应的问题暴露出来，各地出现了"卖难"问题。这一时期，国家为了完善流通体制，开始引入市场机制。1985 年中央 1 号文件在分析当时农村生产向商品经济转化中存在的不协调现象时指出，问题主要是"农业生产不能适应市场消费需求，产品数量增加而质量不高、品种不全，商品流通遇到阻碍；生产布局和产业结构不合理，地区优势不能发挥，一部分地区贫困面貌改变缓慢。"究其原因，农产品统购派购的管理体制是关键。文件提出要大力帮助农村调整产业结构，继续贯彻"决不放松粮食生产、积极发展多种经营"的方针。

流通体制逐步引入市场机制，是这一时期引导结构调整的改革重点。1986 年中央 1 号文件提出，"农村经济改革还远未达到目标，改革既要有破又要有立，完善流通体制和合作体制，调整产业结构，都还有大量的工作要做。"关于粮食生产和多种经营的关系，文件作了深入的讨论：粮食是关系国计民生的不可替代的重要产品，粮食生产必须得到切实保证。但粮食又是低赢利的商品，农民要靠多种经营来补充收入，因此，粮食生产与多种经营必须统筹兼顾，密切结合，相互促进。一方面，多种经营与粮食生产能够相互促进，发展经济作物，发展林牧渔业，发展农村工业、建筑业、运输业、服务业等，可以带来粮食增产速度大大加快、农村经济全面繁荣的成效；另一方面，农业生产与农村工业也互为补充，不发展农村工业，多余劳动力无出路，也无法以工补农。反之，没有农业提供不断增多的食品和原料，农村工业也难以持续发展。1987 年中央 5 号文件继续强调农工商综合发展的产业结构，鼓励建立多元化的农村产业结构。

随着农产品价格逐步放开，市场价格信号的导向作用日益增强，国家就此提出了发展高产、优质、高效农业的调整目标。1992年国务院发布《关于发展高产优质高效农业的决定》，要求以市场为导向继续调整和不断优化农业生产结构，明确指出"不论种植业还是林业、畜牧业和水产业，都要把扩大优质产品的生产放在突出地位，并作为结构调整的重点抓紧抓好。"1993年党的十四届三中全会通过的《中共中央关于建立社会主义市场经济体制的决定》进一步强调，"要适应市场对农产品消费需求的变化，优化品种结构，使农业朝着高产、优质、高效的方向发展。"

在本轮结构调整中，还提出了粮、经、饲三元结构的调整思路。1992年的《国务院关于发展高产优质高效农业的决定》中明确提出，"在确保粮食稳步增长、积极发展多种经营的前提下，将传统的'粮食—经济作物'二元结构，逐步转向'粮食—经济作物—饲料作物'三元结构。"

这一阶段的改革重点在于引入市场机制、强调农产品品质。经过调整，到1998年农业结构中种植业比重进一步下降，渔业和牧业比重上升，农、林、牧、渔在农业产值中的占比分别为58%、3.4%、28.6%、9.9%。种植业中粮食作物、经济作物和其他作物的播种面积占比分别调整为73.3%、14.6%、12.1%。

### （三）1998～2003年

随着农业综合生产能力的提高，粮食等主要农产品产量大幅增加，优化生产结构和区域布局、发展畜牧业和农产品加工业成为调整重点。1998年党的十五届三中全会对农业发展形势做出了"粮食和其他农产品大幅度增长，由长期短缺到总量大体平衡、丰年有余，基本解决了全国人民的吃饭问题"的基本判断。在调整和优化农村经济结构中，文件要求着眼于世界农业科技加速发展的趋势和我国人多地少的国情，适应国内外市场，依靠科技进步，发挥区域比较优势，增强市场竞争能力，提高农村经济素质和效益。1999年农业部还出台了《关于调整当前农业生产结构的若干意见》，对农业结构调整优化做出专门部署。

这一阶段，中央提出了对农业和农村经济结构进行战略性调整的要求，并将其作为新阶段农业和农村工作的中心任务。《中共中央国务院关于做好2000年农业和农村工作的意见》明确提出，粮食和其他主要农产品由长期供不应求转变为阶段性供大于求，人民生活总体上开始进入小康，我国经济社会发展进程中的这一历史性跨越，为农业和农村经济的发展创造了新的条件和机遇，也提出了新的要求。而农业和农村经济发展的新阶段，实际上就是对农业和农村经济结构进行战略性调整的阶段。

但随着产量增加，农产品价格出现下滑，农民收入增长滞缓，对农业生产的发展影响较大。1999年农村居民人均纯收入仅在1998年2161.98元的基础上增加了2.2%，其中家庭经营纯收入还从1998年的1466元减少到1999年的1448.36元。尤其是粮食生产的经济效益与社会效益之间出现矛盾，在种植业中的占比迅速下降。到2003年，农业总产值中，农、林、牧、渔业的占比分别调整为50.1%、4.2%、32.1%、10.6%；农作物总播面积中，粮食作物的占比下降到65.2%，蔬菜、瓜类作物的占比提高到13.3%。

### （四）2003～2012年

农业生产非粮化问题日益突出，粮食产量从1998年的阶段性峰值迅速下降，2003 年粮食产量比 1998 年下降 15.9%，已回落到 1990 年以来的最低水平。国家的粮食安全问题重新提上议事日程，提高粮食综合生产能力成为结构调整的重心和基础。2004 年中央 1 号文件重新聚焦"三农"问题，提出继续推进农业结构调整，要在保护和提高粮食综合生产能力的前提下，按照高产、优质、高效、生态、安全的要求，走精细化、集约化、产业化的道路，向农业的广度和深度进军，不断开拓农业增收的空间。同时，还要加快实施优势农产品区域布局规划，充分发挥各地的比较优势，继续调整农业区域布局。

追求高产、优质、高效、安全成为继续推进农业和农村经济结构调整、提高农业竞争力的着眼点。2006 年中央 1 号文件提出，积极推进农业结构调整，要按照高产、优质、高效、生态、安全的要求，调整优化农业结构，加快建设优势农产品产业带，积极发展特色产业、绿色食品和生态农业，保护农产品知名品牌，培育壮大主导产业。同时，还要着力统筹国际市场，要求提高农产品国际竞争力，并扩大园艺、畜牧、水产等优势农产品出口。

开发农业的多重功能也成为农业结构调整的着力点。2007 年中央 1 号文件《中共中央国务院关于积极发展现代农业扎实推进社会主义新农村建设的若干意见》，提出"建设现代农业，必须注重开发农业的多种功能，向农业的广度和深度进军，促进农业结构不断优化升级。"除促进粮食稳定发展、发展健康养殖业外，还要立足当地自然和人文优势大力发展特色农业，培育主导产品，优化农业生产的区域布局，适应人们日益多样化的物质文化需求，因地制宜发展特而专、新而奇、精而美的各种物质、非物质产品和产业，尤其要重视发展园艺业、特种养殖业和乡村旅游业。

继续"推进农业结构战略性调整"也成为这一阶段的政策导向。

2008 年中央 1 号文件要求深入推进农业结构战略性调整，保障农产品供求总量平衡、结构平衡和质量安全。2009 年中央 1 号文件继续将"优化产业结构"纳入农业农村工作的总体要求，提出要加大力度扶持粮食生产，支持优势产区集中发展油料等经济作物生产、加快实施新一轮优势农产品区域布局规划，加快发展畜牧水产规模化标准化健康养殖等具体措施。

在这一阶段，为了稳定和保障粮食安全和主要农产品的有效供给，国家出台了一系列强农惠农富农政策，通过"工业反哺农业，城市支持农村"，建立了比较系统的农业支持保护体系，包括通过最低收购价、临时收储等机制提供价格支持。到 2012 年，农林牧渔业在农业产值中的占比分别为 52.5%、3.5%、30.4%、9.7%。尤其是粮食生产持续稳定增长，粮食作物在农作物种植结构中的占比稳定在 68% 左右。但玉米在粮食作物总结构中的占比从 2005 年的 17% 增加到 2012 年的 21.4%。

## 二、农业结构调整的经验启示与当前农业生产结构面临的突出问题

### （一）我国农业结构调整的经验启示

改革开放以来，农业结构调整变化的过程，既是农业生产在市场环境和制度条件变动时的被动适应过程，也是政府主动优化宏观结构布局和引导微观主体经营行为的结果。总体来看，在农民和其他经营主体获得生产经营自主权以后，供求关系、市场需求、要素组合和资源配置效率等市场激励因素对农业生产的影响越来越直接。而国家确定的结构调整战略，如果缺乏相应的外部条件，又不能通过有效的政

策工具去影响微观主体的经营行为，则难以起到预期效果。

第一，市场制度建设对农业结构调整的影响较大。产权制度安排决定了经营者的选项，而流通体制则影响产品进入市场的通道。从历史过程来看，无论是产权制度的完善，还是流通体制的改革，都对当期的农业生产结构产生直接影响。由于我国在改革过程中采取渐进式改革路径，产品市场和要素市场的改革并非一步到位，农业生产结构在不同时期出现了不同程度的扭曲问题。尤其是与其他产业相比，农业生产具有特殊性，对其产品和要素市场的管理仍然是国家政策的重要内容，因此，在结构调整中需要重视相应的市场制度建设。

第二，政府的优先目标选择也会直接影响农业生产结构。针对农业生产而言，粮食安全保障、农民收入水平、财政负担能力、资源环境保护等各项政策目标在不同时期的重要性和优先序在不断变化。围绕不同的出发点和着眼点，政府所采取的调整举措和政策激励效果也会产生明显差别。在特定历史时期，国家为了应付当时的主要问题而采取的"权宜之计"与结构调整优化的"长远之策"之间互相干扰，其影响相互抵消，成为实现结构调整目标的障碍。这也导致特定的政策口号在三十年来不断重复，难以对农业生产结构的优化产生实质性影响，农业结构在较低层次反复、无法升级。

第三，基础设施的改善对农业生产结构的影响不容忽视。农田水利等农业基础设施的不断完善，是降低农业生产的自然风险、扩大农业种植品种选项的重要因素。因此，在调整某一作物品种时，可能出现国家预期调整种植品种的"次适宜生长区"由于农业基础设施不完备，调整的空间小而难以改变作物品种；反而是该品种的"适宜生长区""高产区"，由于基础设施条件较好、调整的空间较大，先行改变了作物品种。此外，涉及农产品进入市场的基础设施，如交通条件、仓储和物流能力建设等，也对农业生产产生直接影响。因为改善交通条件、提高物流能力，能够扩大农产品的市场半径，使得地理区位等自然因素对农户种植作物选择的影响下降。

第四，生产效率和比较优势的变化也会影响农业生产结构。特定品种的改良和生产效率的提高，能够增加经营主体的生产利润，影响农户的种植结构。与此相关的是，品种、技术改良的扩散效应至关重要。尤其是在我国农业生产经营仍然相对分散的条件下，通过健全社会化服务，能够对农业生产布局产生直接影响。而对于国家来说，在激励和引导农户安排种植作物时，可以通过加强针对特定品种的基础研发、技术改良和技术服务，将国家的宏观目标有效传导给微观经营主体。

### (二) 当前我国农业生产结构面临的突出问题

随着粮食等主要农产品进口快速增加，我国农业生产出现高产量、高进口量、高库存的"三量齐高"现象，这也集中反映出我国农业生产结构中的突出问题。

第一，农产品品种结构不合理，难以满足消费多元化需求。随着居民收入和生活水平提升，居民膳食结构和消费结构也出现调整变化，对蔬菜、水果、肉蛋奶等产品的需求量将进一步增加。但由于近年来粮食生产受到政策保护，产品的市场化程度相对较低，收益相对稳定。因而，微观经营主体为了规避风险，对粮食生产，尤其是玉米生产的偏好不断加强，玉米生产迅速扩张。从 2000 年到 2014 年，全国玉米播种面积从 2305.6 万公顷扩大到 3712.3 万公顷，增加了 61%；玉米在农作物种植结构中的占比，从 14.75% 增加到 22.44%；玉米产量则从 10600 万吨上升到 21564.6 万吨，增加了 103.4%。低效率的生产扩张与不断提升的临时收储价格相互影响，最终导致农业生产中的结构扭曲和资源错配越来越严重。

第二，农产品品质结构不合理，难以满足消费升级需求。随着城乡居民对营养、健康和安全的意识增强，对农产品品质的要求也进一步提高。但由于农产品市场体系不完备，农产品的质量检测、认证等机制不规范、不健全，极大地扰乱了农产品市场秩序。一方面，导致消费者对国产农产品信心不足，进入市场的一些农产品得不到消费者信任；另一方面，市场分层效应不明显，"优质优价"难以实现，很难用供应链终端的市场需求来引导生产。而这又与农业生产过程中的过度依赖要素投入，尤其是化肥农药等投入品的过度使用相互交织，与农产品供应链系统和品牌建设的缺失相互关联，使问题变得更加突出。

第三，农产品空间结构不合理，农业生产布局与资源分布不匹配。农业生产离不开水土光热资源的投入，但由于我国水资源的分布和土地资源的分布在空间上错位，合理安排农业生产本身就存在较大障碍。而由于南北、东西不同区域在工业化和城市化进程方面进度不一，农业生产的主产区与主销区在空间上有较大距离，"北粮南运"已成为常态。此外，在农产品的区域布局上，不同区域的农产品呈现出低层次、低水平的重复，"立足资源优势发展特色产业"仍有待加速。

第四，农业生产的投入结构不合理，要素配置效率不高。农业生产离不开土地、劳动、资金、技术等生产要素的投入。但由于要素价格近年来快速上升，相对价格发生了明显变化。以劳动力成本为例，随着我国在 2010 年前后到达"刘易斯拐点"，劳动力市场供需出现结构性变化，非农部门与农业部门对劳动力的争夺加剧，劳动力成本迅速上升。2010 年至 2014 年，农民工人均月工资从 1690 元增加到 2864元，年均增长 14.1%。[①] 而在劳动力成本快速上升的过程中，技术对劳动的替代并没有及时跟上，生产效率没有相应提高，从而导致农业生产成本快速上升。2010 年至 2013 年，全国三种粮食平均每亩人工成本从 226.9 元增加到 429.7 元，年均增长 23.7%。[②] 粮食等农产品在国际市场上的竞争力持续下降，使得产量、库存和进口出现了同时增加的不利局面。

## 三、新时期我国农业结构调整的思路和举措

当前，我国农业农村发展进入了新的历史阶段，呈现出新的阶段性特征。一方面，粮食和主要农产品的综合生产能力稳步提升，农产品供给保障有力，为主动推进结构调整创造了空间和条件；另一方面，要素价格持续攀升，市场需求结构升级，资源环境约束趋紧，国际竞争压力加大，农业结构调整也是不得不为。

农业结构调整是"十三五"时期农业供给侧改革的重要内容，也是转变农业发展方式、提高农业发展的质量和效益的重要途径。要真正围绕"人的需求"布局生产，真正形成结构合理、保障有力的农产品有效供给，需要加快推进新一轮农业结构调整，使农业生产逐步适应人的需求和市场竞争环境的变化。为此，提出以下建议：

第一，提高农业生产组织化程度，通过适度规模经营降低农业生产成本、提高经营效益。经营规模小、劳动生产率低是导致农业生产

---

① 资料来源：国家统计局：《2014 年中国统计年鉴》，中国统计出版社 2014 年版。
② 资料来源：国家发展和改革委员会价格司：《全国农产品成本收益资料汇编 2014》，中国统计出版社 2014 年版。

成本居高不下、农业竞争力下降的关键因素，因此，必须将农业生产的适度规模经营作为"十三五"时期结构调整的抓手。一方面，要提高农业生产的横向组织化程度，通过引导土地流转、合作经营，提高生产的规模化；通过扶持农业社会化服务主体，提高服务的规模化。另一方面，要提高农业生产的纵向组织化程度，通过产业化发展延长农业产业链条，将农业生产、加工、销售等各环节整合为更加紧凑的利益共同体。充分发挥供应链在农业生产结构的调整中的积极作用，使供应链下游的变化及时传递到上游的农业生产中。

第二，加大对农业基本公共服务的投入力度，改善农业生产的物质技术基础。首先，要改善农业基础设施。由于农业生产过程与自然的再生产紧密融合，增强对水、土、光、热等农业资源的调节能力，就是增强结构调整能力的基础。因此，要继续加大农田水利设施建设，扩大农田灌溉面积，积极发展设施农业，减少自然因素对农业生产结构的约束。其次，要加大品种改良、机械化研发和技术推广力度。瞄准我国与发达国家在农业发展差距中的关键环节，加大借鉴和创新力度，为我国降低农业生产成本、提高产量和质量效益创造条件。

第三，充分发挥农业经营主体的自主调节作用，对农户和新型农业经营主体还权、赋能。农业经营主体是农业结构调整的微观主体，要充分尊重农户和各种新型经营主体在生产结构调整中的自主性。要充分发挥市场的导向作用，减少种植行为的指令性干预，将国家关注的粮食安全、区域产业布局等宏观政策目标嵌入到激励机制中。针对农户和新型农业经营主体调整生产结构时在市场信息、资金投入、风险分担、技术服务等方面所面临的问题，通过建立市场信息服务机制、加大农村金融改革力度、健全社会化服务体系等办法积极加以解决。

第四，完善市场体系，提高统筹区域、全国乃至国际市场的能力，在更大范围内实现资源优化配置。要发挥市场在优化农业资源配置和生产结构调整中的引导作用。首先，必须改善乡村市场基础设施和物流条件，加快市场体系和物流体系建设，使局部地区的农业生产融入更大范围的区域、全国乃至国际大市场。其次，要健全市场体系，尤其是加大质量标准认证体系建设，在生产过程管理、加工过程管理和产品管理等方面，建立一系列标准化的认证机制，使农产品品质信息透明化、生产过程可追溯。再次，还要进一步完善农业支持保护政策，减少公共政策对市场造成的扭曲，综合运用补贴、水价等市场手段引导经营主体发展生产。

第五，积极培育和发挥比较优势，提高我国农业的国际竞争力。立足于当前我国农业在技术、劳动力、土地等资源要素方面的实际，充分发挥比较优势，瞄准国内外市场积极扩大蔬菜等劳动密集型农产品的生产和出口。同时，通过技术引进、消化和吸收，提高粮食、棉花等土地密集型农产品的生产效率。发挥小规模农户和适度规模经营主体在不同产品的供给中各自的比较优势，围绕不同目标、瞄准不同对象，更好地发挥强农惠农政策的支持保护作用。

执笔人：冯明亮

**参考文献**

[1] 中共中央国务院关于"三农"工作的一号文件汇编（1982－2014）. 人民出版社，2014
[2] 宋洪远等. 改革以来中国农业和农村经济政策的演变. 北京：中国经济出版社，2007
[3] 全国农业普查办公室. 中国第一次农业普查资料开发课题研究：农村产业结构调整和小城镇发展研究. 北京：中国统计出版社，2000

［4］高强，孔祥智．中国农业结构调整的总体估价与趋势判断．改革，2014（11）

［5］黄季焜，牛先芳，智华勇，董晓霞．蔬菜生产和种植结构调整的影响因素分析．农业经济问题，2007（7）

［6］刘守英，章元，邵挺．我国"刘易斯转折点"的测度与政策选择．国务院发展研究中心调查研究报告，2014（73）

［7］叶兴庆，秦中春，金三林．"十三五"时期农产品价格支持政策改革总体思路．国务院发展研究中心调查研究报告，2015（147）

［8］叶兴庆．农业现代化的核心是提高劳动生产率．国务院发展研究中心调查研究报告，2015（91）

# 以设施化促进农业集约高效发展

我国是一个典型的人多地少、淡水资源稀缺的国家。我国人均耕地面积只有 1.5 亩，不足世界平均水平的 1/2。人均淡水资源只有 2300 立方米，仅为世界平均水平的 1/4。水土资源的区域分布严重失衡，有土无水与有水无土的问题都很突出，特别是华北平原地下水超采已造成严重的生态问题。长江以南地区水资源总量占全国的 83.2%，而耕地仅占全国的 30%；而长江以北地区水资源总量仅占全国的 16.8%，但耕地却占全国的 70%①。在我国这种资源禀赋下，如何集约高效可持续地利用农业资源，是发展现代农业必须深入研究的重大课题。

从近些年我国各地的探索情况来看，发展设施农业，对加速推进以资源要素投入驱动增长为主要特征的传统粗放型农业生产方式，向集约高效可持续的现代农业生产方式转变，具有十分重要的战略意义。设施农业在提高土地产出率和资源利用率、保障鲜活农产品的全年均衡供给、提升农业劳动生产率、促进农村一二三产业融合发展、

---

① 黄季焜："2030 年中国粮食供求预测"，载于韩俊主编《中国粮食安全与农业走出去战略研究》，中国发展出版社 2014 年版。

带动农民就业增收等方面具有明显的作用。与设施农业发达的荷兰、日本和以色列相比，现阶段我国设施农业在装备水平、服务配套、经营模式、技术创新等方面均存在不小差距。下一阶段需要从强化设施农业的战略地位、增强设施农业发展的要素支撑、发挥龙头企业引领带动作用等方面，加大扶持力度，推动我国设施农业转型升级、提质增效，促进我国从设施农业大国向设施农业强国转变。

## 一、在我国资源禀赋条件下发展设施农业具有重要意义

设施农业是综合利用现代生物、工程和信息技术改善局部环境，为动植物生产提供相对可控的温度、湿度、光照、水肥和空气等环境条件，具有速生、高产、优质、高效、可持续特征的现代农业生产方式①。从我国近些年的发展实践看，在我国这种资源禀赋条件下发展设施农业，具有以下重要意义。

### （一）发展设施农业有利于农业资源的集约化利用

过去 30 多年来，我国农业生产的一个突出特征是，以化肥、农药等化学投入品的密集投入和过量消耗水土资源驱动产出增长，农业生产的资源依赖性较为显著，农业资源利用效率较低。2013 年我国单位面积化肥施用量达到 437 公斤/公顷，是国际公认的化肥施用安全上限 225 公斤/公顷的 1.9 倍。我国农田灌溉有效用水系数仅为 0.51，只相当于发达国家 70% 左右的水平。发展设施农业，一方面可以通过单产增加和运用立体化栽培等方式提高耕地的产出效率；另一方面也可以

---

① 设施农业包括设施园艺、设施畜牧和设施水产，本文主要关注设施园艺。

通过应用测土配方施肥、水肥一体化、精量施肥、精准灌溉等技术，降低栽培过程中的水资源消耗和化肥、农药施用量，提高农业投入品的使用效率。以山东寿光的设施蔬菜为例，大棚蔬菜的单产是露天栽培的 3.5 倍。海南、陕西、新疆兵团等地的设施种植项目，通过引入精准灌溉、精量施肥等管理系统，比传统栽培模式节水 40% ~69%、节肥 20% ~70%[①]。

### （二）发展设施农业有利于提升鲜活农产品的全年均衡供应能力

过去，我国北方地区由于纬度较高，冬季平均气温较低，自然条件下受低温制约露地种植难以开展，冬藏大白菜、土豆、萝卜等成为多数居民冬天蔬菜消费的主要品类。受制于水资源不足、昼夜温差大等影响，我国高海拔地区长期以来蔬菜、水果的供应数量及品类都较为不足。近些年随着日光温室、塑料大棚等设施园艺在这些地区的大规模推广，冬季蔬菜、瓜果供应不足和品种有限的局面得到了极大改观，有力提升了当地"菜篮子"和"果盘子"产品的均衡供应能力，保障了人民群众果蔬消费的多样性。与露天蔬菜瓜果栽培只能集中在 4 月至 10 月，并高度依赖自然环境的风调雨顺不同，日光温室、塑料大棚设施保护下的蔬菜瓜果生产基本可以实现"全年无休"。以青海省为例，设施农业大规模发展后蔬菜种类已由最初的粗菜发展到现在的辣椒、西兰花、豆苗菜、苦菊等近二十多个品种，水果则增加了草莓、葡萄、人参果、油桃、西瓜、木瓜、蓝莓等十几个品种。从全国看，2014 年我国人均蔬菜消费 190 公斤，其中设施蔬菜占到了 32.3%[②]。

---

① 参见《中国农业农村信息化发展报告 2013》等资料。
② 胡璇子："设施农业向规范化转型"，《中国科学报》，2015 年 4 月 18 日。

**（三）发展设施农业有利于促进农村一二三产业融合发展、带动农民就业增收**

传统上，我国农业生产的一个典型特点是耕种和田间照料的间断化，农户剩余劳动时间较多，平均下来农业劳动的生产效率较低。由于农产品通常只通过批发商渠道销往外地，生产与流通的分割，使得农产品种植只能获得微薄的生产收益，农业附加值整体较低。发展设施农业一定程度上有利于改善以上局面。一方面，设施农业是一种"全季节"生产供应的农业，设施农业发展较快的地方，农业劳动力可以在全年得到相对均衡、充分的利用。另一方面，由于生产组织更加工厂化、环境设施更加友好可控化、产品更加特色品质化，果蔬适合采摘的时间也比传统露天栽培大为延长，设施农业项目通常能够开展休闲观光、采摘体验和定制化生产等多样化服务，以设施农业生产为主体、一二三产业融合发展的新型业态，有利于提升农业附加值，扩大农户分享农产品加工和销售的增值收益。

## 二、荷兰、日本与以色列设施农业的发展经验

在资源环境不占优势的地区发展设施农业，荷兰、日本和以色列的经验值得我们重视。荷兰、日本、以色列人均耕地面积分别仅为0.06、0.03、0.04公顷①。20世纪60年代以来，通过强化政策支持、科技支撑、产业配套，荷兰、日本与以色列分别大力发展了以玻璃温室、植物工厂、微滴灌等为技术特色的现代设施农业，较好地缓解了自然资源条件对本国农业生产的不利约束，有效提升了本国农业资源

---

① 资料来源：http://data.worldbank.org/indicator/AG.LND.ARBL.HA.PC。

利用效率和农业竞争力。

### （一）荷兰、日本、以色列设施农业的发展成就

荷兰、日本和以色列是现今世界设施农业发展最领先的三个国家。荷兰的玻璃温室是世界设施农业技术体系最重要的分支之一。日本的设施农业在小型温室机械、精密控制等方面，例如植物工厂技术，令世人称道。地处沙漠地带的以色列，则以高效灌溉的微滴灌技术享誉全球。

### 1. 荷兰的设施农业

地处北欧的荷兰，国土面积仅为415万公顷，耕地面积占国土面积的29.8%，是典型的资源不占优势的"小国"，农业生产拓展空间有限。除了用地制约，荷兰农业生产还面临两大不利因素：一是所处纬度较高、光照不足，年平均光照仅1500小时左右，全年平均气温在8.5~10.9度之间，不利于露天大田作物生长；二是荷兰全境为低地，25%的国土面积低于海平面，容易受海水倒灌等自然灾害冲击。20世纪60年代以来，通过实施资金换空间等举措，荷兰大力发展以玻璃温室为特色的设施农业，极大缓解了资源环境对农业生产的不利约束。2014年，荷兰农产品出口807亿欧元，占全国总出口额的15.8%[①]；其中，设施园艺占农业总产值的39%，占世界园艺产品贸易总额的24%。花卉和球茎在该品类世界贸易总额中的占比分别高达50%和80%[②]。从2013年开始，荷兰农产品出口额已超过法国，成为全球仅次于美国的农产品出口大国，并且在温室设施、洋葱、鲜蔬出口、种

---

① 荷兰农业生产、贸易及玻璃温室的相关统计数据均来源于荷兰统计局（http：//statline.cbs.nl）统计数据库有关项目的最新统计，如无特别说明，下同。

② 参见：Infographic of Dutch Horticulture Sector。

子供应、花卉盆栽等多个领域名列世界第一。

2014 年，荷兰玻璃温室总面积为 9488 公顷，约占世界玻璃温室总面积的 20%。荷兰玻璃温室 43.6% 的面积种植花卉，蔬菜种植面积占到 50.9%，苗圃和盆栽面积占 4.95%。荷兰单个玻璃温室面积一般在 1 万平方米以上，高度在 5.5 米到 6 米之间。园艺农场平均经营玻璃温室 2.15 公顷，其中花卉农场平均经营面积为 1.75 公顷，蔬菜农场平均经营面积为 3.35 公顷。温室植物生长的温度、湿度、光照、肥料等环境因子控制高度智能化。2014 年荷兰温室每平方米产出高达 66.3 欧元，其中蔬菜温室每平方米产出 54.6 欧元，花卉温室产出 70.8 欧元。单产方面，荷兰无土栽培番茄年产量达 $80kg/m^2$，黄瓜产量达 $100kg/m^2$，约为我国的 6~8 倍。

荷兰设施农业发展大致可以划分为三个阶段。第一阶段为 20 世纪初到 1950 年，主要应用矮墙单坡面、双坡面和简单木架支撑的玻璃温室技术，基本没有室内环控措施，仅仅满足了植物越冬需求。第二阶段为 20 世纪 50 年代到 80 年代末，受惠于政府政策的大力支持，荷兰设施园艺蓬勃发展，设施园艺覆盖及结构材料、育苗育种、环境控制及市场配套体系快速发展。二氧化碳辅助施肥、无土栽培、移动保温幕、温室模拟气候系统等技术，被广泛应用于轻便钢架支撑透光率好的新型芬洛温室中，设施园艺产量和品质显著提高。第三阶段为 20 世纪 90 年代初至今，与早期快速扩张不同，这个阶段荷兰设施园艺总面积稳定在 1 万公顷左右，主要关注设施园艺的可持续发展，开始追求温室的绿色、低能耗和多功能。通过应用太阳能发电等技术，玻璃温室提供了荷兰的约 10% 电力供应。设施园艺成为一个集农业生产、能量供应、科普教育和休闲旅游为一体的综合产业。

## 2. 日本的设施农业

与荷兰、以色列发展设施农业主要是为了应对不利的自然条件不同，日本发展设施农业更多是为缓解农业劳动人口数量减少及日趋老龄化的冲击，与此同时开发出与大都市空间相适应的新鲜农产品供应体系。以上两个方面决定了日本设施农业总体量不大但特色鲜明：一是更注重开发节省人力的小型温室机械，发展立体化种植等技术；二是更重视运用高附加值、紧凑型、全程精细控制的植物工厂技术。

日本设施园艺总面积为 4.9 万公顷，占主导的塑料温室占到温室总面积的 95.3%，玻璃温室仅 2200 公顷。日本温室种植面积中蔬菜、花卉和果树分别占到 69.1%、15.7%、15.2%[①]。2013 年初的数据显示，日本共有 211 家植物工厂。这些植物工厂建立了一个农作物周年连续生产系统，利用计算机对植物生长发育的温度、湿度、光照、二氧化碳浓度及营养液等环境条件进行自动控制，使植物生长不受或很少受自然条件制约。日本植物工厂单位面积产量高达露天生产的 90倍；由于蔬菜外观更齐整、营养元素更均衡，植物工厂单位面积销售价值可达露天种植的 117 倍。除了高产高效、节水节肥，植物工厂另一个突出优点是生产不依赖外界环境和土壤肥力，因而可便利地放置在绝大多数建筑中，在大都市健康安全叶菜地产地销方面扮演了很重要的角色。

---

**【专栏1】**　　　　　　　　**日本的植物工厂**

植物工厂（plant factory）的概念最早由日本提出，日本第一家

---

① 日本设施农业的相关统计资料来源于郭世荣等："国外设施园艺发展概况、特点及趋势分析"，《南京农业大学学报》，2012 年第 5 期；日本农林水产省 2009 年的调查。

植物工厂于 1983 年建立。植物工厂是典型的知识与技术密集的集约型农业生产方式，目前主要用于"生产"蔬菜、花卉、水果、药材、食用菌等。按照植物生产最重要条件光能的利用方式来分，植物工厂有三种类型分别是：太阳光利用型、人工光利用型、太阳光和人工光并用型。狭义的植物工厂只包括人工光应用型。植物工厂的优势包括采用营养液水耕栽培方式，可以有效抑制病虫害和病原微生物的侵入，在不施用农药的前提下可以实现无污染生产；另外，工厂化生产环境不依赖于外界土壤、空气、光照环境，适宜放置在大型商场、饭店等生活场所。植物工厂的主要缺点是耗电、能源消耗较大。据调查，日本的植物工厂 20% 盈利、60% 平衡，20% 亏损。2012 年一株植物工厂的生菜生产成本为 0.6 欧元左右。

表 7-1　　　　　植物工厂相比露天种植的单产放大倍率

- 垂直种植：10 层栽培架；倍数：10
- 最优环境控制、缩短栽培时间：从移栽到收获时间减少一半；倍数：2
- 从交替种植到周年种植：减少一半时间流失；倍数：2
- 种植密度增加 1.5 倍
- 相对传统气候条件，作物损伤降低，1.5 倍
- 品质提高、损耗降低和销售提升：售价为原来的 1.3 倍

　　资料来源：T. Kozai, Plant Factory in Japan: Current Situation and Perspectives, Chronica Horticulturae Vol. 53, 2013, 8-11。

　　20 世纪 60 年代之前，日本的设施农业主要应用简易拱棚做育种育苗，设施大体只有遮风挡雨功能。从 1960 年到 1980 年，日本设施农业迅速发展，温室大棚面积从 1707 公顷，增加到 3.17 万公顷。玻璃温室从 296 公顷增加到 1501 公顷，塑料大棚从 1411 公顷增加到 3.02 万公顷。这个阶段推动日本设施农业区域扩展的有利因素包括：物流改善、新型覆盖材料、加热燃油、温室耕种技术进步以及对过季

产品的需求增长。20世纪80年代以后，大型温室、连栋大棚、植物工厂等新一代设施农业技术，在日本得到更多重视和推广。这个阶段日本设施农业发展更注重建设环境综合调控系统，实现管理自动化和智能化，应用包括无土栽培、水耕、深液流水耕等技术，利用全新调控系统对植物生长的水、肥、光、热、气等进行全面控制，最大限度挖掘生产精细控制的比较优势。

### 3. 以色列的设施农业

以色列不仅耕地面积极为有限，降雨量也极其匮乏。北部地区年均降雨量为800毫米，南部沙漠地带年降雨量只有25毫米，年蒸发量却分别高达1400毫米和2800毫米。从1948年建国到2010年，通过大力发展高效、集约的现代设施园艺，以色列农业产出增长了12倍，农业用水只增加了3倍，单位面积土地生产价值按不变价翻了3倍，单位水资源产值增长了5倍，一个全职农业工人供养人数从17人上升到113人①，创造了沙漠农业奇迹。

2013年，以色列农业部门创造了300亿谢克尔（按最近汇率约合75亿美元）的农业产值，占到本国GDP的2.5%，雇用了2%的总劳动力②。2010年，以色列设施园艺面积达2.6万公顷。其中，温室面积约1.1万公顷，主要用于生产鲜切花；大棚面积1.5万公顷，用于种植番茄、黄瓜和甜椒等蔬菜作物。蔬菜农场规模约4~6公顷，花卉农场规模在8公顷左右。农产品出口值达21.3亿美元，六成以上是设施农业提供的新鲜产品。

---

① 资料来源：Israel's Agriculture at a Glance，载于以色列出口与国际合作部（The Israel Export & International Cooperation Institute）编的 Israel's Agriculture。

② 以色列设施农业资料来源于以色列中央统计局（Israel Central Bureau of Statistics）的相关年度统计报表。

高效的灌溉体系是以色列设施园艺最显著的特征，微滴灌管道系统遍布全国主要农业生产地区，60%以上的农田、100%的果园、绿化区和蔬菜种植均应用了滴灌技术，灌溉用水利用率高达95%。大约有25%的以色列温室使用无土栽培；通过运用水肥一体化、循环用水等设施园艺技术措施，以色列设施农业不仅比普通设施种植平均大约可以节省30%～40%的水和化肥，同时微滴灌精准施肥也让农产品单产显著提升。以色列设施园艺棉花、柑橘、西红柿、甜椒、黄瓜、茄子等的单产都高居世界榜首，西红柿、甜椒每季度每公顷产量高达85～100吨，西红柿单产是我国设施种植单产的近10倍，成功走出了一条资源贫瘠地区发展资源集约产出高效的现代农业道路。

---

**【专栏2】　　　以色列微滴灌技术与水肥一体化**

作为节水增效农业的核心，微滴灌技术最早发端于20世纪60年代的以色列。1962年，以色列农艺师斯迈哈·博拉斯发现，浇花水管小破损处渗出的水滴滋润的植物长得格外茂盛。受此启发，他发明了微滴灌技术。

通过滴头以水滴形式均匀渗透到作物根部，微滴灌技术大大提升了作物对水和养分的吸收效率，与此同时也促进了植株有效根系的生长，提高了作物产量和品质。相比普通灌溉系统，水肥一体化的微滴灌优势包括：①可以减少约50%～75%的不必要水分蒸发，显著提高化肥农药施用效率；②能够根据植物生长需要进行精确精准施肥用药；③减少肥料、农药对地下水及环境的渗透。相比传统浇灌和漫灌，设施农业中应用微滴灌技术大幅度减少了地表水分蒸发，显著降低了棚内湿度，使得根腐病等各类病害发病率大大下降。

以色列中央统计局的数据显示，通过在设施农业中推广水循环使用、广泛应用微滴灌技术，新世纪的十年里以色列农业生产大幅增长的同时，氮肥、磷肥、钾肥的施用总量却分别减少了40%、50%和35%。现今，世界微滴灌技术最著名的是以色列的耐特菲姆公司，约占到全球滴灌设备市场的三分之一。我国微滴灌技术应用占灌溉面积比仅为1.25%，低于世界平均水平。目前，微滴灌技术全自动的亩投资在2000~2500元之间，手动型的亩投资在800~1000元。

### （二）荷兰、日本、以色列发展设施农业的主要经验

荷兰、日本和以色列的设施农业是典型的高投入、高效益的技术密集型农业。在三国设施农业发展历程中，政府政策、科技发展、产业配套、农户合作，扮演了极为重要的角色。

### 1. 政府政策的大力支持

主要通过改变投入要素相对价格和提供行业公共服务两个方面，促进设施农业发展。在改变投入要素相对价格方面，政府政策着眼于降低设施农业的前期进入门槛，以及引导行业层面的技术升级换代。设施农业初始投资较大，有较高的进入门槛，为此在鼓励设施农业大规模发展阶段荷兰、日本和以色列对温室或大棚设施建设进行补贴，补贴资金通常达到设施建设成本的40%~50%，日本这类补贴比例甚至高达60%~70%。除了直接补贴，政府也提供政策性低息贷款降低融资成本。在设施农业升级换代中，政府政策引导主要对特定技术方向进行差别化补贴。以荷兰为例，20世纪90年代以来，政府不再简单补贴设施建设面积，而是改为对节能型温室、照明系统升级、生物

肥使用以及有机种植等发展方向进行补贴，引导设施农业经营主体从粗放型经营向绿色集约型经营转变。日本和以色列则通过专项补贴，鼓励利用环境友好、可循环使用的薄膜等覆盖材料。

在提供行业公共服务方面，政府政策主要着力于加强市场开拓力度，强化设施农业技术的供需衔接、推广以及标准订立等。20 世纪 60 年代初，荷兰政府积极参与欧共体的共同农业政策，从此广阔的欧洲市场连接为荷兰设施农业发展注入了强大动力。现今，向德国出口的农产品占到荷兰出口总量的四分之一，有些品类甚至高达 80%。除了开拓市场，荷兰农业管理当局还委托农业环境工程研究所（后并入瓦格宁根大学），分别于 1978 年、1985 年和 1997 年制定温室结构设计标准、施工安全标准和荷载标准，为温室设计的规范化管理和行业健康发展提供了重要支持。为促进设施农业技术供需衔接和普及推广，三国政府或行业组织汇集农业生产经营需求，研究机构按需提供解决方案，农技推广部门结合区域特点对农户开展有针对性的种植指导。

**2. 科技发展的强力支撑**

主要在关键共性技术、材料和工艺方面加大研发力度。在荷兰，以瓦格宁根大学及其所属研究机构为核心的一个区域，聚集了大量国际顶级跨国食品公司、科研院所，集聚了 15000 名左右农产品及食物领域的科学家，现已成为全欧洲乃至全世界最著名的农产品和营养研发中心。荷兰政府投入大量经费用于节能技术、新能源技术的创新研究，大幅度提高覆盖材料透光率、增加太阳能入射量；加大自动化机器人技术、自动传输系统和收获分机系统的开发应用。荷兰私人部门研发投入比例在欧洲名列第二。科学技术方面的巨大投入，夯实了荷兰设施农业的基础竞争力。

日本和以色列在设施农业科研领域每年也有大量人力物力投入。

以色列政府每年农业科研经费支出占农业产值的 3%，农村发展部下属的农业研究组是该国最重要的政府研究机构，共有 200 名农业科学家，340 名工程师和技术人员，此外还有 250 个毕业生与博士后在不同的研究所工作。除了政府研究机构，以色列还有 3500 多家高科技公司，主要从事包括材料、化工、电子、基因、细胞、生物工程等方面的研究。在最著名的农业灌溉领域，以色列开发了一系列适应不同环境的灌溉解决方案、多种感应器配套等，为气候条件恶劣地区发展设施农业提供了有力支持。日本精准化、标准化的蔬菜生产，与日本科学技术发展进步密不可分。日本设施园艺的地膜覆盖栽培、温室环境计算机综合调控、工厂化育苗、机器人嫁接和植物工厂等技术都处于世界领先水平。

### 3. 配套产业的有力互补

荷兰、日本和以色列不仅在设施农业农产品生产方面具有国际竞争力，在育种育苗、机械设施、市场流通、物流配送等配套产业方面，也处于全球领先地位。荷兰是世界花卉、球茎、盆栽、蔬菜及水果的全球网络中心。20 世纪 60 年代，荷兰就建设了花卉拍卖市场；世界最大的切花拍卖公司落户荷兰，2010 年交易量达 40 亿欧元，成交量约占到温室总种植量的 80%。荷兰有 11 家蔬菜拍卖市场，年交易额占到设施蔬菜产量的 68%。便利的鹿特丹和阿姆斯特丹机场，为园艺在荷兰的集聚发展做出了重要贡献。荷兰的物流供应链能够将当天的切花送到纽约。除了直接出口设施蔬菜和花卉产品，荷兰也是世界最大的种子出口国，每年出口种子价值约 15 亿欧元。欧洲市场每年 65% 新植物品种源自荷兰，荷兰育种商的种植品种专利占比超过 40%，欧洲以外 80% 的温室都是荷兰制造。交易市场、物流设施、育种育苗、温室设施的互补配套，为荷兰设施农业做大做强提供了有力的配套支持。

日本蔬菜进入市场以农协组织为主，提高了组织化程度，规范了市场秩序，有力保障了种植农户利益。同时，为促进蔬菜合理流通，日本政府非常重视蔬菜出售规格标准化，规定了蔬菜上市所应具备的外观和内在质量。在以色列，有专门的研究服务机构，对蔬菜、水果外形、口感、营养成分等进行细致研究和区分，指导农民区分标准以便售卖。以色列的育种育苗、灌溉设备等配套产业也非常发达。近年来，以色列每年出口超过 20 亿美元的设施园艺设备和技术服务，以及 15 亿美元的蔬菜种子。

### 4. 农户合作的利益保障

三国设施农业快速发展还应归因于完善的农户合作。良好的农户合作，一方面有利于强化普通农户的市场连接性，改善小农户对接大市场的不利局面，提升农户参与分享设施农业产业链、价值链收益的能力，夯实设施农业发展的长期内生动力基础；另一方面，也为满足分散农户的生产服务需求提供了便利，使得设施农业社会化服务供需适配更加有效。

荷兰的合作社有简单型和复杂型两种类型。简单型合作组织通常是一个类似协会的非营利组织，将若干从事同一产品种植或养殖的农户组织起来，将产品集中到市场出售，参与的农户（会员）缴纳一定的会费。复杂型合作组织则是一定区域内农户社员的联合，开展包括供销、生产、信用等方面的合作。日本农协除了对区域内农产品流通渠道有较好的管理、控制和协调外，还拥有合作金融体系，为农户提供信贷支持。以色列的合作组织有三种类型，分别是吉布兹、莫沙夫、莫沙瓦，这三类组织合作程度和连接紧密度逐一递减，但都属于农民自己的合作组织，农民负责种植和养殖管理，社区公共产品、农产品购销、农技服务等由合作组织承担。

## 三、我国设施农业发展存在的突出问题

据统计，2014 年我国设施园艺面积高达 6100 多万亩，总面积和总产量均居世界第一位①。单从这一点看，我国已经是世界设施农业大国。但是，从设施农业的技术水平、产品体系、要素支撑、服务配套、技术创新来看，我国与荷兰、日本和以色列等设施农业发达国家相比还存在不小距离，与建成设施农业强国的目标相比还存在较大差距。

### （一）在装备技术方面，以简易技术为主，多功能多因素的主动环境控制技术尚处于引进、探索和起步阶段

目前我国设施园艺主要以中小型拱棚、塑料大棚和普通日光温室为主。整体而言，我国设施农业的装备仍停留在简易技术阶段，占主导地位的中小型拱棚、塑料大棚仅具保温、防雨等简单功能。大多数地区的日光温室结构简易，环境控制能力低，覆盖材料抗老化性能差，使用寿命短，温室内的光热调控、测试设备功能不足，基本还停留在单因子定性调节控制阶段。国际先进设施农业中得到广泛应用的主动环境控制、多维度调控和精细化、智能化控制，在我国尚处于引进、探索和起步阶段。

据统计，2014 年我国蔬菜设施园艺面积为 5793 万亩，其中，中小型拱棚和塑料大棚面积占 73.7%②，技术相对先进的加温温室和连

---

① 申保珍："我国设施农业创造近 7000 万就业岗位"，《农民日报》，2015 年 7 月 9 日。
② 张震、刘学瑜："我国设施农业发展现状与对策"，《农业经济问题》，2015 年第 5 期。

栋温室面积占比仅为 1.2%。① 由于我国设施农业以小规模农户的分散经营为主，客观上造成了我国设施农业采用的技术大多是易推广、易模仿、跟风性强的简易型技术，导致设施农业装备的研发锁定在较低端的层次，高端技术和装备的自主知识产权较为匮乏。

**（二）在产品体系方面，种植品种较为单一、附加值不高，连作现象严重、不利于病虫害控制**

目前我国设施农业的生产品种较为单一，规模化种植主要集中在蔬菜、水果、花卉等常规作物，相对高附加值的香料、药用植物、食用菌和观赏植物种植较少。据调查，2012 年我国设施园艺中，设施蔬菜占到了 95% 左右，附加值较高的设施果树、设施花卉仅占 2% 左右②。除了设施单体效益显著低于国外设施农业，我国设施农业还存在另一个突出问题，即由于设施内栽培种类单一，连作现象严重，病原菌大量繁殖，生态条件恶化，土传病害严重，反而增大了食品安全和大幅减产的风险。另外，与国外现代设施农业通过高精度控制减少化肥农药施用的生产方式不同，现阶段我国小规模、分散化的设施农业生产方式仍较为粗放，依旧靠化肥和农药的密集投入驱动产出增长，有悖于设施农业发展的初衷。

**（三）在要素支撑方面，人力仍旧是最主要的投入要素，劳动力素质总体不高，机械装备的配备比例较低**

虽然不同于设施农业发达国家"高投入、高产出"的技术路线，我国设施农业发展遵循"低投入、低能耗"的路径，但先进生产要素

① 同前引，胡旋子（2015）。
② 张震、刘学瑜："我国设施农业发展现状与对策"，《农业经济问题》，2015 年第 5 期。

支撑不足依然是我国现阶段设施农业发展的明显短板。一是人力劳作仍旧是最主要的投入要素，日常耕作的劳动投入依旧较大。据调查，我国温室人均管理面积仅为日本等发达国家的1/5或甚至更低。二是我国设施农业主要为分散农户经营，随着农村青壮年劳动力不断向二三产业转移，留下从事耕作栽培管理的以50~60岁的农村劳动力为主，栽培管理主要靠经验，与现代设施农业的数量化指标化管理要求相差甚远。三是由于以中小型拱棚、塑料大棚为主，我国设施农业的作业空间普遍较小，不便于机械操作，加之适合中小型拱棚、塑料大棚作业的小型农业机械发展滞后，我国设施农业机械装备使用率较低。据统计，现阶段我国设施农业的机械化水平不到30%[①]，仅为全国主要农作物耕种收综合机械化水平的一半左右。

## （四）在经营配套方面，产业链分割明显，市场营销等配套支持和商业模式创新不足

从设施农业发达国家的发展经验来看，现代设施农业不仅是一个集约化的农业生产方式，同时还是一个体系化的现代农业工程。设施农业的发展，不仅需要有产中环节的精密控制，还需要产前环节的金融、培训支持，产后环节的储存、加工、营销支持，以及商业化模式创新。目前我国设施农业发展中，大部分资源聚集在产中的生产环节，产前、产后环节薄弱，特别是产品销售严重依赖传统的批发分销渠道，缺乏知名品牌和新型业态。设施农业的产业链条严重分割，不仅没能发挥其带动后向产业发展、促进农村一二三产业融合发展的作用，也不利于彰显其效率优势。

---

① 乔金亮："设施农业发展需过三道坎"，《经济日报》，2014年1月10日。

# 四、多途径促进我国设施农业提质增效

中国要强，农业必须强；农业要强，当从设施农业抓起。设施农业是农业中的精华，应把促进设施农业转型升级、提质增效，作为加快农业现代化建设的重要抓手和促进农业调结构、转方式的优先领域。

## （一）把促进设施农业提质增效与推进农业重点工作结合起来

经过近年来的快速发展，我国设施农业面积已具有相当规模。今后的着力点，应是促进我国设施农业发展从数量扩张向提质增效转变。为此，应促进三个结合。一是与保障农产品质量安全结合。利用物联网等信息技术，在设施农业中率先推进标准化生产，率先推进农药和化肥减量，率先建立健全农产品质量安全追溯体系。二是与发展休闲观光农业结合。鼓励有条件的地方，逐步增加大型智能化温室的面积，在提高农产品产出能力的同时，拓展休闲、观光、体验、展示等功能。三是与加快转变农业发展方式，完善农业经营体系结合。设施农业集约化、商品化程度很高，应当率先完善经营体系，尽快形成有别于粮食等大宗农产品的适度规模经营模式和社会化服务体系。要顺应设施农业发展的需求和特点，加快推进设施农业保险产品开发试点，扩大保险品种覆盖面、提升保额，逐步构建有利于设施农业发展的保险险种体系。要加大财政贴息、担保基金等对设施农业发展的支持，通过开发融资租赁、设施抵押贷款等新型信贷产品，适应设施农业发展的融资需求。

## （二）为设施农业提质增效提供关键要素支持

我国设施农业之所以大而不强、效率优势未得到充分显现，与装备、农艺、人力等关键要素的质量不高有很大关系。促进设施农业转型升级、提质增效，必须抓住提高要素质量这个关键环节。在装备方面，应在引进国外大型智能化温室设施和技术的基础上，加大设施农业共性关键技术和装备的国产化研究力度，尽快形成具有我国自主知识产权的关键技术和设备体系。尽快把设施农业技术装备、特别是覆盖材料纳入国家鼓励科技发展目录，尽快研发出能够调节温度、优化太阳光光波的高端覆盖材料；把更多有利于现代设施农业发展的关键机械设备，尤其是那些适合我国设施农业发展特点的小型化多功能的棚（室）内设备，及时纳入农机购置补贴目录，鼓励农民使用先进设施和装备。

在农艺方面，加大品质好、产量高、适合设施栽培的优良品种的培育和推广力度，注重农机与农艺融合，推广应用秸秆反应堆、病虫害绿色综合防控、抗连作障碍等新技术。在人力方面，要按照"科技人员直接到户、良种良法直接到田、技术要领直接到人"的要求，加大设施农业种植技术和田间管理技术培训；改进劳动力培训方式，有条件的地方可采取财政补贴等方式，向国内外设施农业发达地区选派设施农业研修生，为设施农业发展培养骨干人才。要进一步强化政府、科研机构和农户之间的连接机制，发挥好政府资助的基础研究与社会科研机构应用研究的互补耦合作用，构建以农户需求为导向的设施农业技术装备创新体系和新技术推广体系。

**（三）发挥服务型龙头企业在设施农业提质增效中的引领带动作用**

设施农业大多以鲜活农产品为主，市场半径小、产业链条短，农户小规模分散经营占主导地位，长期以来缺乏加工型、流通型龙头企业的引领带动。这在相当程度上制约着设施农业产业化经营水平的提高。实际上，为促进设施农业转型升级、提质增效，在融资租赁、种苗引进、基地建设、质量控制、销售渠道、品牌创建等方面迫切需要服务型龙头企业发挥引领带动作用。浙江阳田农业开发有限公司的实践探索给我们深刻启示。该企业致力于日本设施果蔬种植技术的引进，在为用户提供设施农业一体化解决方案方面作了有益探索。该企业设计了一体化、一站式和一条龙的服务模式，通过技术服务合作、投资合作、设施设备一体化规划等方式，依托设施和肥料生产、种植技术研发和果蔬销售三个核心平台，为农户、合作社发展高标准设施农业，发挥了很好的引领带动作用。这表明，随着农业新业态、新模式的涌现，发挥引领带动作用的龙头企业将不同于传统的加工型和流通型龙头企业。应从设施农业的特征出发，完善龙头企业的认定标准，把浙江阳田农业开发有限公司这类以向农户提供一体化解决方案为主的服务型龙头企业，与传统的加工型、流通型龙头企业放在同等地位，在财政、税收、信贷等方面给予同等政策支持。

执笔人：陈春良

# 以农业机械化提高农业劳动生产率和国际竞争力

## 一、影响农业国际竞争力的因素

产业竞争力，亦称产业国际竞争力，指某国或某一地区的某个特定产业相对于他国或地区同一产业在生产效率、满足市场需求、持续获利等方面所体现的竞争能力。美国哈佛大学商学院教授迈克尔·波特（Michael Porter）是第一位从产业层次研究国际竞争力的学者。他将产业国际竞争力定义为：一个国家在某一产业的国际竞争力，为一个国家能否创造一个良好的商业环境，使该国企业获得竞争优势的能力。因此，国与国在某一产业的竞争，应是国与国之间在商业环境和获得竞争优势能力方面的竞争。为解释产业竞争力的来源，在20世纪90年代初期，波特通过对美国、日本、德国等10个国家的100多个产业国际竞争力比较研究后，提出了产业国际竞争力钻石模型（六因素模型，即生产要素的状况，需求状况，相关及辅助产业的状况，企业的经营战略、结构与竞争方式，机遇，政府行为，如图8-1）和著名的价值链分析方法，构筑了全新的竞争力研究体系，为产业国际竞争力分析建立一个直接的理论基础。

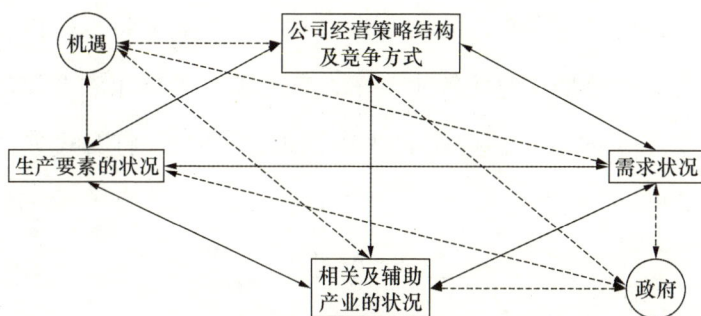

**图 8-1 迈克尔·波特产业国际竞争力钻石模型**

按照波特对产业国际竞争力的定义推论，农业国际竞争力是一个国家为农业创造良好商业环境，使该国农业企业获得国际竞争优势的能力。那么，什么是农业国际竞争力的本质呢？马克思在《资本论》中指出，"体现在商品世界中的人类劳动力具有社会平均劳动力的性质"，马克思把仅靠消耗体力的手工劳动称为简单劳动，把使用机器生产的劳动称为复杂劳动，并提出了"复杂劳动等于多倍的简单劳动"的概念。舒尔茨在《改造传统农业》一书中指出，传统农业是"完全以农民世代使用各种生产要素为基础的农业"，是一种农业生产率水平很低的农业；现代农业就是运用现代生产要素为基础的农业，是具有高生产率的农业；改造传统农业的核心问题就是要把"弱小的传统农业改造成为一个高生产率的经济部门"。从马克思和舒尔茨的论述中可以得到启示：产业竞争力的高低实质是劳动生产率高低问题，农业国际竞争力强弱的根本也是农业劳动生产率的差别问题。农业劳动生产率高，农业竞争力则强，反之则弱。在国际市场竞争中，各个国家的农业发展水平各不相同，哪个国家的农业生产率高于或优于其他国家，这个国家的农业就具有竞争优势，相应地，也就占有更高的农产品市场份额。因此，可以认为，农业国际竞争力的本质就是农业的比较生产率。

基于此，作者运用波特的钻石模型并结合农业的特点，以及农业国际竞争力的本质是农业比较生产率，它反映一个国家农业比较生产力与劳动生产率的水平，构建农业比较生产率的影响因素关系模型（见图8-2）。

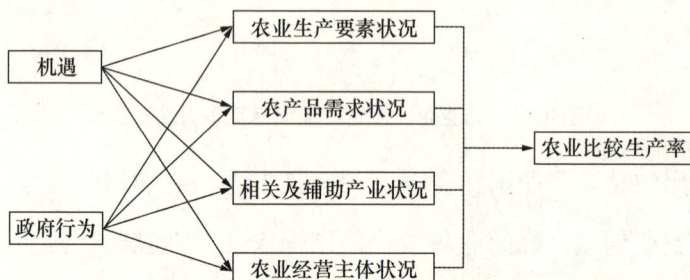

图8-2　农业比较生产率的影响因素模型

由此可见，影响农业比较生产率的主要因素包括农业生产要素状况、农产品需求状况、相关及辅助产业发展状况、农业经营主体的状况、机遇和政府行为。其中，农业生产要素包括农用土地、水、气候等自然资源条件，农业劳动者，劳动资料，科学技术，信息，资金，管理等。除自然资源条件外，传统农业与现代农业的生产要素状况有很大不同，传统农业的生产要素，主要是凭体力和经验从事农业生产的人力（农业劳动者）和手工工具，还辅之以畜力。生产工具的改进对提高农业劳动生产率有重要作用。现代农业的劳动生产率与传统农业的劳动生产率相比，几十倍、上百倍的大幅度提高。所以，农业生产要素状况不同，农业劳动生产率和农业国际竞争力的大小也不同。农产品是人们生活中的最基本物品，既有刚性需求，又有弹性需求。农业产业结构、农产品结构都要适应市场需求的变化而进行调整，注意国际市场的特点和需求变化，在国际分工中做出最佳选择，发挥优势，突出特色，可以增强农业的国际竞争力。农业经营主体主要从两方面来影响农业国际竞争力。一是农业经营主体的素质。二是农业经营规模大小，适度的农业经营规模可以获得规模效益，对于现代农业生产要素的投入和使用、农产品成本的降低、农业经营主体驾驭市场的能力都有影响，从而影响到一国农业的国际竞争力。政府对提高本国农业国际竞争力有很大作用。主要表现在两个方面：一是为本国农业参与国际竞争、获得竞争优势创造环境条件；二是保护国家和农民利益。

## 二、农业机械化是决定农业国际竞争力的关键因素

根据前述分析，影响农业国际竞争力的因素是多方面的，但可以进一步归纳为竞争能力（内因）和竞争环境（外因）两大方面。根据内因是变化的依据，外因是变化的条件，以及任何过程如果有多种矛盾存在时，"必须着重于抓住主要矛盾"的辩证唯物主义观点，可以得出农业生产要素状况是影响农业国际竞争力强弱的根本原因的结论。在传统农业向现代农业加快转变的关键时期，机械性的劳动资料（农业机械）是农业生产要素中影响农业国际竞争力的关键因素，农业机械化水平是形成农业国际竞争力的核心能力，农业机械化水平的高低决定着农业国际竞争力的强弱。

### （一）农业机械化与农产品生产成本

究竟是什么原因导致国内主要农产品的平均价格比进口到岸完税价还要高，甚至某些农产品的国内生产成本都比进口到岸价格高，进而导致我国主要农产品丧失市场竞争力？根据《2015 年全国农产品成本收益资料汇编》数据，比较分析 2014 年中国和美国的稻谷、小麦、玉米、大豆、花生和棉花六大农产品的生产成本（图 8 - 3 ~ 图 8 - 6）发现，我国亩均生产成本、每 50 公斤生产成本、亩均劳动力成本及生产成本中劳动力成本占比等均高于美国。其中，在亩均生产成本中，小麦和棉

花均是美国的 3 倍多；在每 50 公斤的生产成本中，玉米和大豆是美国的 2 倍多；亩均劳动成本中，稻谷和花生是美国的 7 倍，大豆是美国的 10 倍，玉米和小麦分别是美国的 17 和 18 倍，棉花更是高达 31 倍；在劳动力成本占比中，美国六大农产品均在 10% 以下，玉米和大豆更是在 5% 以下，我国除小麦和大豆在 40% 以下，其余农产品都在 40% 以上，花生和棉花更是分别高达 50.47% 和 61.81%。可见，劳动成本过高是导致主要农产品生产成本快速上涨的主要因素。

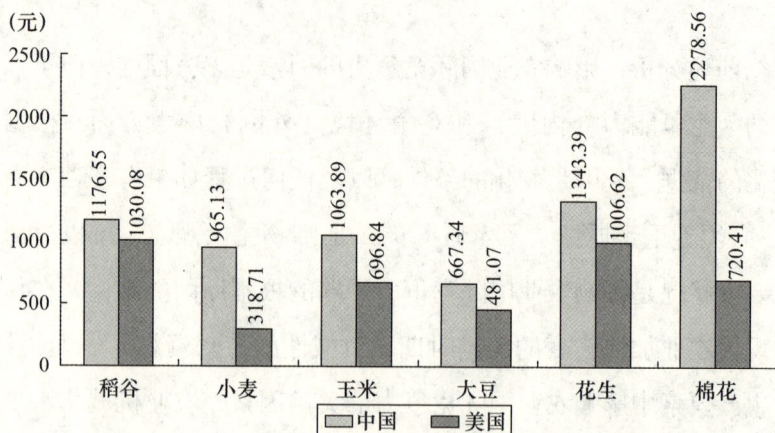

图 8-3    2014 年中美六大主要农产品亩均生产成本对比

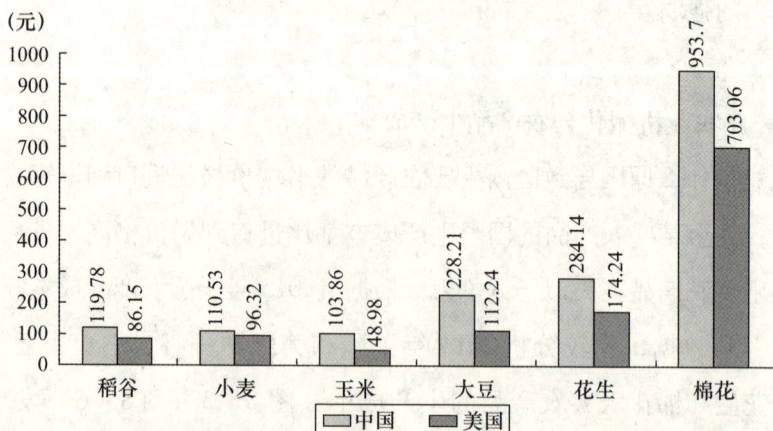

图 8-4    2014 年中美六大主要农产品每 50 公斤生产成本对比

(元)

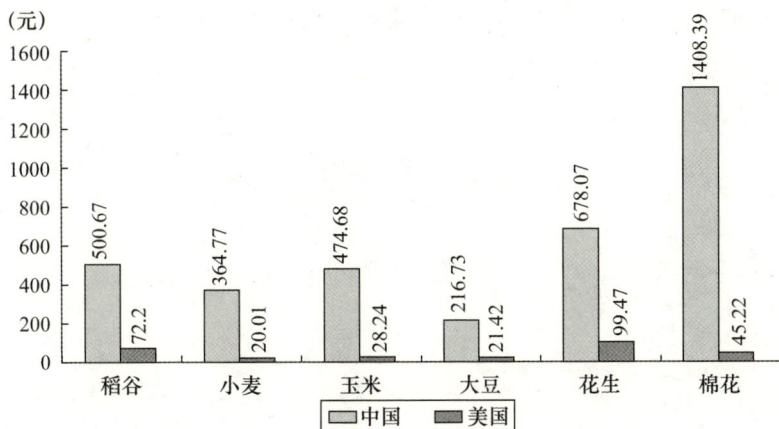

图 8-5 2014 年中美六大主要农产品亩均劳动力成本对比

(%)

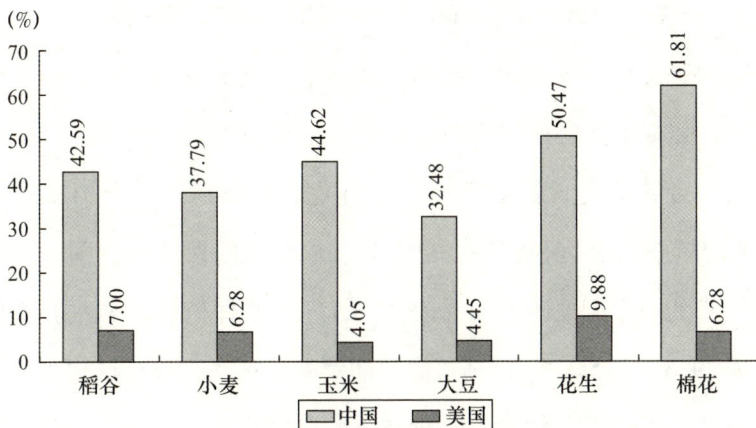

图 8-6 2014 年中美六大主要农产品劳动力成本占比情况

2004 年以来，国家陆续出台扶持农业发展的政策与措施。但农业生产成本上涨、效益下降的局面仍未根本改变，且日益显现"高成本"特征。近年来，农资价格、土地租金、人工成本等生产要素都持续上涨，特别是人工成本上涨迅速，一些农户特别是种粮大户难以承受。从种植收入看，比较效益偏低并呈下降趋势。据实地调查，山东、河南等多数地方，一亩粮食的纯收益只有 100 多元。根据《2015 年全国农产品成本收益资料汇编》，2014 年全国小麦、水稻、玉米单位面积产值、成本、利润分别为 1193.35 元/亩、1068.57 元/亩和 124.78 元/亩，粮食生产效益连年快速下降（见图 8 – 7），极大影响农民的生产积极性。

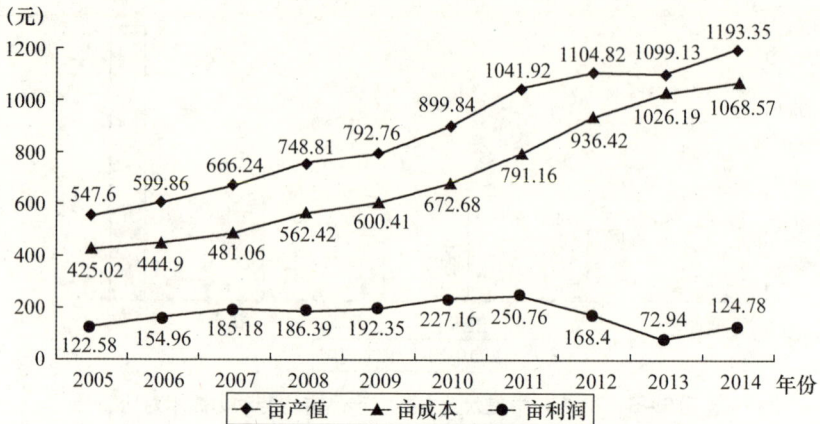

图 8 – 7　全国小麦、水稻、玉米单位面积成本与利润变化图

与美国等发达国家相比，我国农产品生产成本偏高特别是劳动成本普遍偏高，究其更深层次的原因，主要还是我国大宗农作物生产机械化水平较低、活劳动投入较多所致。美国大宗农作物生产全部实现机械化，并且已经进入高度机械化、自动化和信息化阶段。而我国大宗农作物很多环节机械化水平还很低（表 8 – 1），水稻种植和玉米收获机械化水平仅为 39.6% 和 56.7%；马铃薯、油菜的种植和收获机械化水平，花生收获机械化水平均不到 30%；棉花采摘机械化水平仅为 15.2%；小麦虽然在耕、种、收环节上全面实现了机械化，但仍然存在质量效益不高的问题。因此，迫切需要大力推广先进适用的农业机械，提高主要农作物生产机械化水平，降低生产成本。

表 8 – 1　　　　2014 年全国主要农作物耕、种、收机械化水平　　　　单位：%

| 农作物 | 机耕水平 | 机播水平 | 机收水平 | 耕种收综合机械化水平 |
|---|---|---|---|---|
| 综　合 | 77.5 | 50.8 | 51.3 | 61.6 |
| 小　麦 | 100.0 | 87.0 | 93.3 | 94.1 |
| 水　稻 | 98.1 | 39.6 | 83.1 | 76.0 |
| 玉　米 | 97.4 | 83.9 | 56.7 | 81.1 |

续表

| 农作物 | 机耕水平 | 机播水平 | 机收水平 | 耕种收综合机械化水平 |
|---|---|---|---|---|
| 马铃薯 | 55.9 | 24.3 | 23.0 | 36.5 |
| 大 豆 | 61.1 | 64.8 | 58.8 | 62.7 |
| 油 菜 | 68.0 | 19.5 | 24.9 | 40.5 |
| 花 生 | 65.9 | 40.7 | 29.4 | 47.4 |
| 棉 花 | 100.0 | 86.5 | 15.2 | 70.7 |

资料来源：农业部农业机械化管理司编《2014 全国农业机械化统计年报》《2015 中国统计年鉴》。

### （二）农业机械化与农业劳动生产率

马克思认为"用什么劳动资料生产是区别各种经济时代的根本标志"。农业机械在农业生产中的应用可视为农业领域由传统农业向现代农业转变的起点，农业机械是引发这场革命的关键要素，也是影响农业国际竞争力的关键因素。舒尔茨在《改造传统农业》中阐述的改造传统农业的核心问题，就是要把弱小的、农业生产率很低的农业，改造成运用现代生产要素的、具有高生产率的现代农业。也说明生产要素状况是核心问题，而农业机械是现代生产要素中具有划时代意义的关键因素。日本的早见雄次郎和美国的弗农·拉坦对 1880 年至 1960 年间美国农业发展的合作研究成果，得出 80 年间农业机械化在美国农业生产率增长中的作用在 70% 以上的结论，从而证明了农业机械化在农业生产方式从传统农业向现代农业转变的关键时期，是农业增长的主导力量。因为这 80 年，正是美国农业从传统农业生产方式向全面实现农业机械化转变的 80 年。美国工程技术界把"农业机械化"评为 20 世纪对人类社会进步起巨大推动作用的 20 项工程技术之一，列第 7 位。这一评价基于 100 年来农业机械在农业生产中广泛应用所引发的农业生产方式的根本变革，大幅度提高了农业劳动生产率，有力地保障了世界农业发展和食物安全，从实证方面证明了农业机械化是农业生产要素中的关键因素。

作者跟踪世界上20个农业大国农业发展并对比分析（表8-2），已经实现农业机械化的农业大国（美国、法国、加拿大、澳大利亚、意大利、德国、英国、西班牙、日本等），都是农业强国。表现在这些国家的农业从业人员占全社会从业人员的比重都小于5%，单位面积拥有的拖拉机数量较多，农业劳动生产率都在2万美元以上，高的已达6万多美元，农业劳动生产率多数比人均GNP值还高，或者相近。在国际农产品市场竞争中，显示出明显的强势地位。而还没有实现农业机械化的农业大国，农业明显处于弱势地位。农业从业人员过多，占全社会从业人员的比重多在30%以上；单位面积拥有的拖拉机数量较少，如中国是1888台（其中大中型466.6台、小型1421.2台）；农业劳动生产率很低，除中国外，泰国、印度尼西亚、巴基斯坦、印度都不到3000美元，中国2014年为4128.30美元，而且比人均GNP低很多。这些国家占用和耗费的农业资源很多，但投入产出效果低。从中国的农业劳动生产率、农业从业人员数量、农业从业人员占全社会从业人员的比重及单位面积拥有的拖拉机数量看，中国的农业生产效率十分低。可见，不同的国家拥有不同的生产要素，农业机械是农业生产要素中影响农业国际竞争力的关键因素，农业机械化水平是形成农业国际竞争力的核心能力。

我国自2000年以来，随着农作物耕种收综合机械化水平的提高，粮食单产特别是农业劳动生产率显著提升，2014年的农业劳动生产率是2000年的6倍多（表8-3）。因此，在由传统农业向现代农业转变的发展阶段，要提高农业国际竞争力，必须加大农业机械要素投入，减少人力劳动要素投入，努力提高农业机械化水平，大幅度提高农业劳动生产率。

表 8-2　部分国家农业劳动生产率、农业劳动者、拖拉机拥有量比较

| 国　家 | 农业劳动生产率[①]<br>（2008～2012）/<br>美元·人$^{-1}$ | 农业从业人员[②]<br>（2012）/万人 | 农业从业人员<br>占全社会从业<br>人员比重[③]<br>（2008～2012）/% | 每 10khm$^2$ 耕地<br>拖拉机数量[④]<br>（2009）/台 |
|---|---|---|---|---|
| 美　国 | 62796.11 | 241.00 | 1.60 | 107.80 |
| 法　国 | 54885.60 | 52.30 | 3.00 | 635.30 |
| 加拿大 | 51038.36 | 32.20 | 2.20 | 162.50 |
| 澳大利亚 | 50940.63 | 64.80 | 2.60 | 67.00 |
| 意大利 | 43969.46 | 77.20 | 3.40 | 2117.10 |
| 德　国 | 43392.98 | 61.00 | 1.30 | 838.30 |
| 英　国 | 39364.53 | 46.30 | 0.90 | 744.20 |
| 西班牙 | 36487.83 | 93.30 | 4.20 | 831.20 |
| 日　本 | 24040.20 | 124.60 | 3.70 | 4532.10 |
| 中　国[⑤] | 4128.30 | 22790.00 | 29.50 | 466.6（大中型）<br>1421.2（小型） |
| 泰　国 | 2361.45 | 1803.20 | 41.90 | 280.50 |
| 印度尼西亚 | 2318.76 | 4996.30 | 34.80 | 2.00 |
| 巴基斯坦 | 1360.48 | 2548.70 | 43.70 | 153.40 |
| 印　度 | 1038.91 | 27106.50 | 49.70 | 128.50 |

资料来源：①来源于《2015 World Development Indicators》《2014 年国际统计年鉴》。其中，巴基斯坦为 2011 年数据，美国、日本为 2010 年数据，澳大利亚为 2009 年数据，加拿大为 2008 年数据；其他各国为 2012 年数据；②来源于联合国粮农组织数据库，为 2012 年数据；③来源于《2015 World Development Indicators》，为 2011～2013 年数据。其中，美国数据来源于《2014 年国际统计年鉴》；④来源于《2015 World Development Indicators》，为 2009 年数据。其中，澳大利亚、英国为 2007 年数据；⑤表中所有关于中国的数据，来自《2015 中国统计年鉴》和《2015 全国农业机械化统计年报》。

表 8-3　全国农作物耕种收综合机械化水平、粮食单产和农业劳动生产率变化表

| 年　份 | 耕种收综合机械化水平<br>（%） | 粮食单产<br>（千克/亩） | 农业劳动生产率<br>（元/人） |
|---|---|---|---|
| 2000 | 32.30 | 284.08 | 4146.36 |
| 2001 | 32.18 | 284.46 | 4335.63 |
| 2002 | 32.35 | 285.36 | 4513.38 |

| 年 份 | 耕种收综合机械化水平（%） | 粮食单产（千克/亩） | 农业劳动生产率（元/人） |
|---|---|---|---|
| 2003 | 33.48 | 288.83 | 4801.05 |
| 2004 | 34.32 | 308.03 | 6147.78 |
| 2005 | 35.93 | 309.44 | 6704.14 |
| 2006 | 39.29 | 314.40 | 7526.38 |
| 2007 | 42.47 | 316.55 | 9315.35 |
| 2008 | 45.85 | 330.05 | 11262.91 |
| 2009 | 49.13 | 324.70 | 12193.15 |
| 2010 | 52.28 | 331.57 | 14512.05 |
| 2011 | 54.82 | 344.39 | 17855.99 |
| 2012 | 57.17 | 353.45 | 20321.12 |
| 2013 | 59.48 | 358.44 | 23564.09 |
| 2014 | 61.60 | 359.01 | 25595.44 |
| — | — | — | — |

资料来源：农业部农业机械化管理司编《全国农业机械化统计年报》，国家统计局《中国统计年鉴》。

### （三）农业机械化与农业生态环境及品质安全

我国粮食实现"十二连增"付出了巨大代价，可持续保障粮食和食品安全的基础并不牢固，在外部市场环境和内部要素配置方面仍十分脆弱。特别是资源环境代价过大。在用水方面，我国农田灌溉水的有效利用系数仅为0.52，比世界先进水平低0.2个百分点，粮食主产区实际用水量普遍超过水资源可持续的利用量；在化肥利用方面，我国的粮食产量占世界的16%，然而化肥用量占世界的31%，使用强度是世界平均水平的2.7倍，过度使用化肥导致土壤酸化造成的污染成本超过了增产的收益；在农药利用方面，每年农药用量约为180万吨，利用率却不到30%，单位面积使用量是世界平均水平的2.5倍；在塑料薄膜使用方面，每年使用约为240万吨，但能回收的不到140万吨。我国粮食增产基本还是走要素投入的老路，农业生态环境面临前所未有的压力和挑战。

同时，我国在田间管理（施肥、植保）、产后处理等方面机械化水平还很低（图8-8）。水田施肥机械缺乏，田间植保大多还是采用简易背负式植保机械；机电灌溉、机械植保水平仅为40%，机械深施化肥水平也仅为20%；粮食产后烘干基本上处于起步阶段，机械烘干水平仅为15%，大部分粮食产地处理仍然采用自然晾晒方式。由于机械化水平不高、机械有效供给不足，化肥、农药过量使用，直接导致农田土壤、水源、面源和农作物受到污染。粮食收获后采取自然晾晒、烘干不及时引发的污染、霉变，不仅造成粮食损失，而且直接威胁粮食品质安全。

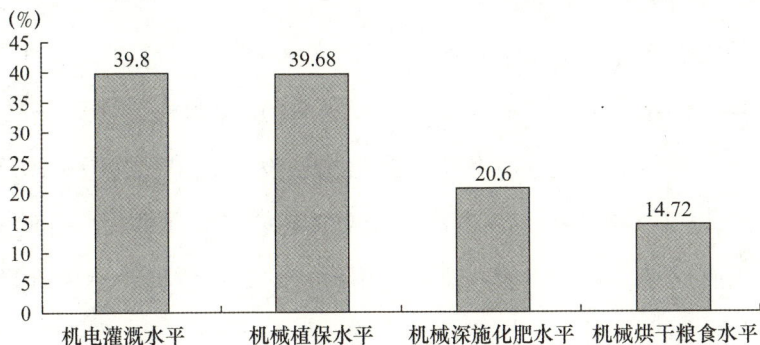

**图8-8　2014年田间管理及粮食烘干机械化水平**

2015年7月1日我国正式通过并实施的《国家安全法》明确提出健全粮食安全保障体系，把粮食安全上升为国家安全战略的重要组成部分。《中共中央关于制定国民经济和社会发展第十三个五年规划的建议》指出，要坚持最严格的耕地保护制度，坚守耕地红线，实施"藏粮于地、藏粮于技"战略，提高粮食产能，确保谷物基本自给、口粮绝对安全。随着工业化、城镇化的快速发展，农业劳动力转移、土地流转速度加快，机械化生产方式在现代农业建设中的主导地位日益增强。现代农业机械已不仅仅是替代人畜力、减轻劳动强度的生产工具，机械化程度的高低将直接影响农业生产成本和农民种植意愿，影响先进农业科技的推广应用，影响现代农业标准化、规模化、专业化生产，影响现代农业组织化、社会化进程，影响农业投入品减量化使用和废弃物资源化利用，进而影响农业生态安全和农业国际竞争力。

## 三、当前农业机械化发展呈现的阶段性特征

### （一）增速总体放缓

2004 年以来，中国农业机械化和农机工业发展经历了"黄金十年"。但最近几年，全国农作物耕种收综合机械化水平和农机工业均由快速增长转为增速趋缓。

一是农机作业水平增速趋缓。2000～2005 年的 5 年间，农作物耕种收综合机械化水平总共提高了 3.6 个百分点；2005～2010 年连续五年每年提高 3.5 个百分点左右，呈现出快速发展态势；2010～2013 年每年提高 2～2.5 个百分点，发展速度明显趋缓（见图 8-9）。增速趋缓的原因有三点。第一，农业机械化由原来的数量增长逐渐转向数量、质量、效益提高并重，更加注重提质增效转型升级。第二，2004 年以来，北方地区、平原地区、粮食主产区特别是北方产区机械化水平提高较快，已经达到较高水平；而南方地区特别是水田地区、丘陵山区，由于地形地貌及经营规模等原因机械化发展较慢，是难点。第三，棉油糖等大宗农作物、果茶桑等经济作物关键环节机械化生产面临一些亟待解决的问题，特别是装备有效供给不足的问题。

二是农机装备水平增速放缓。2008 年以来，全国农机总动力增幅呈下降趋势，2014 年有所回升（见图 8-10）。拖拉机保有量、小型拖拉机保有量趋于饱和，增幅趋缓（见图 8-11）。

(%)

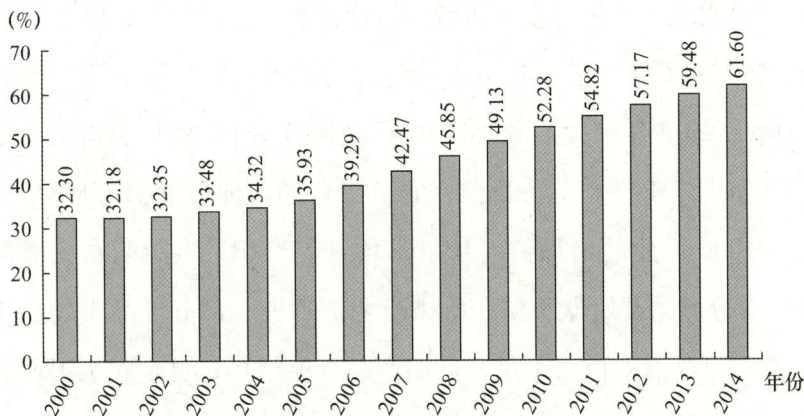

图 8 - 9　全国农作物耕种收综合机械化水平变化

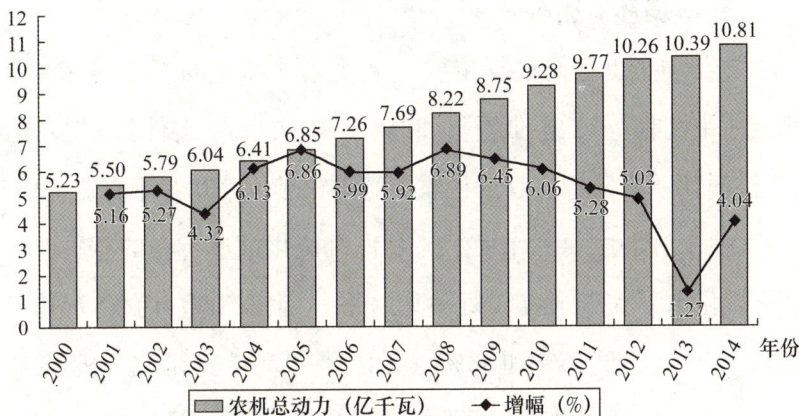

图 8 - 10　全国农机总动力及其增幅变化

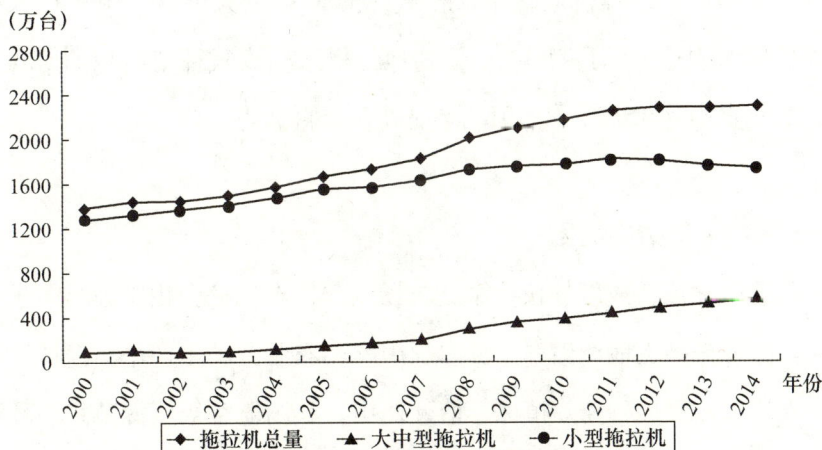

（万台）

图 8 - 11　中国拖拉机保有量变化

三是农机工业销售收入和增加值增速趋缓，2004～2012 年，农机工业销售收入年均增速达 20% 左右；从 2013 年开始下滑，增速为 16.31%；2014 年继续下滑，到 10 月底增速只有 9%。农机工业增加值同样呈现出下滑趋势。目前，农机工业的增加值增幅为 8.5%，低于整个机械行业的增加值（10.3%），低于 2013 年同期农机增加值 4.3 个百分点，开始低于整个机械行业的增速。部分产品市场趋于饱和，高端产品有效供给不足，低端产品产能过剩，也是农机工业发展趋缓的主要原因之一。

**（二）薄弱环节加速**

2012 年中央 1 号文件提出要 "着力解决水稻机插和玉米、油菜、甘蔗、棉花机收等突出难题"，2014 年中央一号文件进一步提出要 "主攻机插秧、机采棉、甘蔗机收等薄弱环节"，2015 年农业部颁布了《农业部关于开展主要农作物生产全程机械化推进行动的意见》。水稻种植机械化水平和玉米收获机械化水平分别由 2000 年的 5% 和 1.7% 提高到 2014 年的 39.6% 和 58%（见图 8－12），玉米收获机械化水平已经连续 6 年增幅超过 5 个百分点，成为近年农业机械化发展的突出亮点。内陆棉区全程机械化生产模式探索取得重大突破，山东机采棉模式种植面积达 10 万亩以上；新疆地方机采棉模式种植面积达 500 万亩，机收水平达 15%，较 2014 年提高 3 个百分点。

**（三）装备结构优化**

随着土地流转速度加快，家庭农场兴起，农机社会化服务组织规模扩大。围绕提高土地产出率、资源利用率和农业劳动生产率，保护性耕作、农机深松整地、高效植保、秸秆还田、农用航空等资源节约、环境友好型农业机械化技术在农业生产中广泛应用；农机装备结构布局进一

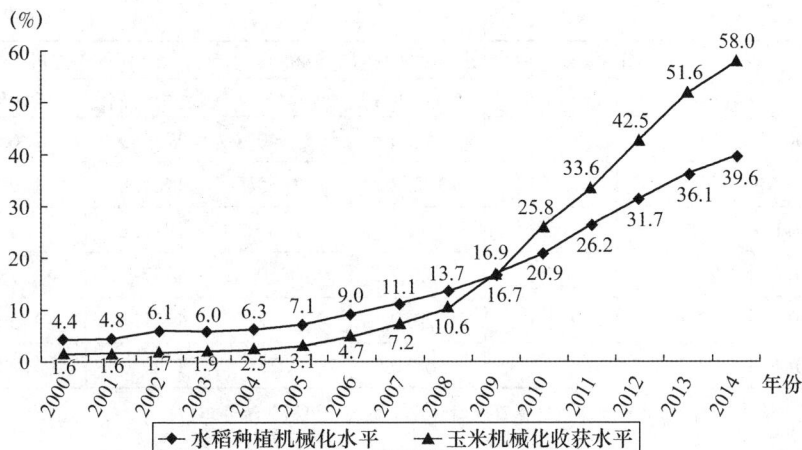

图 8 - 12　全国水稻种植机械化水平及玉米收获机械化水平

步调整和优化，大马力、高性能、先进适用农业机械将成为发展方向。
中国大中型拖拉机保有量和小型拖拉机保有量之比由 2000 年的1:13.16
上升到2014 年的1:3.08；大中型拖拉机增幅远高于小型拖拉机增幅（见
表 8 - 4）。粮食生产急需的水稻插秧机、玉米联合收获机保持高速增长，
2014 年保有量分别达到 67 万台和 36 万台，同比分别增长 10.7% 和
25.5%（见图 8 - 13、图 8 - 14），装备结构持续优化。

表 8 - 4　　　　　　2000～2014 年中国拖拉机保有量变化情况

| 年份 | 拖拉机总量 | | 大中型拖拉机 | | 小型拖拉机 | |
|------|------------|----------|--------------|----------|------------|----------|
| | 数量（万台） | 增幅（%） | 数量（万台） | 增幅（%） | 数量（万台） | 增幅（%） |
| 2000 | 1373.7 | — | 97.0 | — | 1276.7 | — |
| 2001 | 1434.6 | 4.43 | 112.1 | 15.57 | 1322.5 | 3.59 |
| 2002 | 1446.1 | 0.80 | 90.4 | -19.36 | 1355.7 | 2.51 |
| 2003 | 1494.1 | 3.32 | 97.3 | 7.63 | 1396.8 | 3.03 |
| 2004 | 1566.8 | 4.87 | 111.6 | 14.70 | 1468.0 | 5.10 |
| 2005 | 1666.5 | 6.36 | 139.6 | 25.09 | 1539.8 | 4.89 |
| 2006 | 1739.7 | 4.39 | 167.6 | 20.06 | 1560.7 | 1.36 |
| 2007 | 1825.4 | 4.93 | 204.8 | 22.20 | 1629.5 | 4.41 |
| 2008 | 2021.9 | 10.76 | 299.5 | 46.24 | 1722.4 | 5.70 |

续表

| 年份 | 拖拉机总量 | | 大中型拖拉机 | | 小型拖拉机 | |
|---|---|---|---|---|---|---|
| | 数量（万台） | 增幅（%） | 数量（万台） | 增幅（%） | 数量（万台） | 增幅（%） |
| 2009 | 2102.5 | 3.99 | 351.6 | 17.40 | 1750.9 | 1.65 |
| 2010 | 2178.0 | 3.59 | 392.2 | 11.55 | 1785.8 | 1.99 |
| 2011 | 2251.9 | 3.39 | 440.7 | 12.37 | 1811.3 | 1.43 |
| 2012 | 2282.5 | 1.36 | 485.2 | 10.10 | 1797.2 | -0.78 |
| 2013 | 2279.3 | -0.14 | 527.0 | 8.62 | 1752.3 | -2.50 |
| 2014 | 2297.7 | 0.81 | 568.0 | 7.78 | 1729.8 | -1.28 |

资料来源：农业部农业机械化管理司编《全国农业机械化统计年报》。

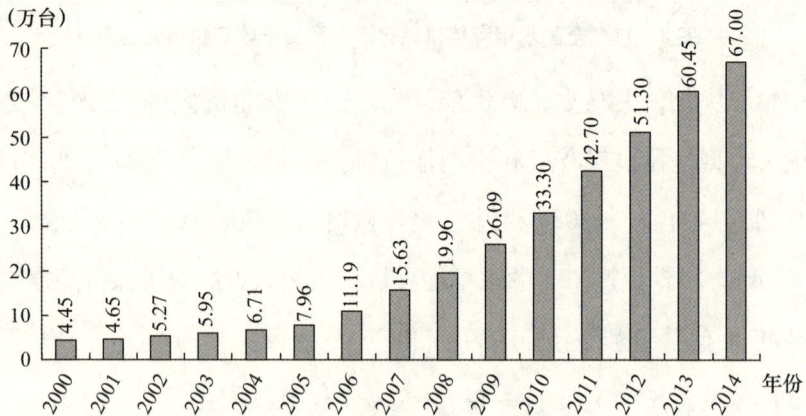

图 8-13 全国水稻插秧机保有量变化

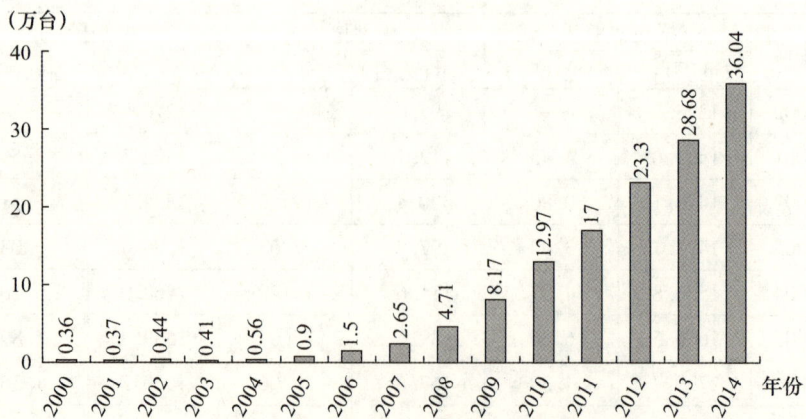

图 8-14 全国玉米联合收获机保有量变化

## （四）组织规模扩大

农业部出台《关于大力推进农机社会化服务的意见》，明确当前和今后一个时期推进农机社会化服务的指导思想、目标任务和重点工作。农机作业服务环节从产中向产前、产后迅速扩展，有效满足了广大农户的农机作业服务需求。截至 2014 年底，拥有农机原值 50 万元以上的农机大户、农机服务组织达到 11.0 万个，比 2010 年增加了 1.92 倍；农机原值 50 万元以上、20 万～50 万元内的农机大户、农机服务组织占比提高，分别比 2010 年提高 10.5 和 5.5 个百分点；农机原值 20 万元以下的农机大户、农机化作业服务组织占比下降 16.0 个百分点（见图 8 - 15），说明农机社会服务组织规模在不断扩大，大规模的组织在增加，小规模的组织在不断减少。以开展农机社会化服务为主的农机专业户、农机合作社发展迅速，分别达到 525 万个和 4.9 万个，比 2010 年分别增加 8.6% 和 127%。

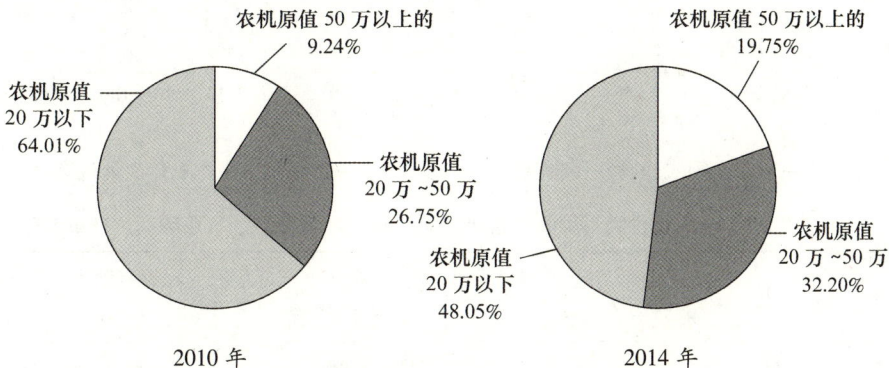

图 8 - 15　全国农机社会化服务组织结构构成比例

## （五）提质增效升级

随着资本、土地等要素供给下降，资源环境约束强化，农业发展应该从过去的传统粗放转为高效率、低成本、可持续。随着土地经营规模和组织规模的不断扩大，大马力、高性能、先进适用农业机械广泛应用，资源节约、环境及好型机械化农业生产体系逐步构建。自2009年以来，随着机械化作业水平不断提高，单位面积机械作业燃油消耗不断降低（见图8－16）。一些先进的机械化生产技术增产效果明显，如等离子体种子处理、机械化育插秧、机械深松、高效植保等单项技术的应用，分别比传统作业方式增产约10%左右。随着农作物耕种收综合机械化水平的提高，粮食单产、农业劳动生产率不断提高（见表8－5），2014年农业劳动生产率是2000年的6.27倍。农机工业将进入新一轮重组、淘汰、结构调整、产业升级的发展阶段。

图8－16 全国农作物耕种收综合机械化水平及单位面积机械作业燃油消耗变化

表8－5 全国农作物耕种收综合机械化水平、粮食单产、农业劳动生产率变化表

| 年　份 | 耕种收综合机械化水平<br>（%） | 粮食单产<br>（千克/亩） | 农业劳动生产率<br>（元/人） |
|---|---|---|---|
| 2000 | 32.30 | 284.08 | 4146.36 |
| 2001 | 32.18 | 284.46 | 4335.63 |
| 2002 | 32.35 | 285.36 | 4513.38 |
| 2003 | 33.48 | 288.83 | 4801.05 |
| 2004 | 34.32 | 308.03 | 6147.78 |
| 2005 | 35.93 | 309.44 | 6704.14 |
| 2006 | 39.29 | 314.4 | 7526.38 |
| 2007 | 42.47 | 316.55 | 9315.35 |

| 年　份 | 耕种收综合机械化水平（%） | 粮食单产（千克/亩） | 农业劳动生产率（元/人） |
|---|---|---|---|
| 2008 | 45.85 | 330.05 | 11262.91 |
| 2009 | 49.13 | 324.7 | 12193.15 |
| 2010 | 52.28 | 331.57 | 14512.05 |
| 2011 | 54.82 | 344.39 | 17855.99 |
| 2012 | 57.17 | 353.45 | 20321.12 |
| 2013 | 59.48 | 358.44 | 23564.09 |
| 2014 | 61.60 | 359.01 | 25595.44 |
| — | — | — | — |

资料来源：农业部农业机械化管理司编《全国农业机械化统计年报》，中国统计年鉴。

综上，随着农产品刚性需求增长、土地流转速度加快、经营规模不断扩大、农民老龄化状况持续发展、生态环境约束趋紧、农业投入品过量使用的状况，以及实现绿色增产、促进农业可持续发展的要求，在解决"谁来种地""怎么种地"方面，农业机械化大有可为。

## 四、新阶段农业机械化亟待解决的突出问题及思路

促进新阶段农业机械化发展，一方面，要提高薄弱环节机械化生产的农机装备数量，加速机械替代农业劳动力的步伐，全面提升农业综合生产能力，解决"谁来种地"的问题；另一方面，要科学合理配置农机装备，提高农机装备使用效率，改善农业生态环境，实现农业机械化可持续发展，解决"怎么种地"的问题。今后农机装备应用与生产将向数量质量并重，机械化作业将向全程、全面发展，整体上将向优质、高效转型升级，以适应中国经济运行和农业发展进入"新常态"的要求。那么，今后五到十年，中国农业机械化面临哪些亟待解

决的根本性、关键性问题？

### （一）农机动力投入将如何变化

农机动力是农业机械化发展的基础。没有足够的农机动力投入，将不能达到预期的机械化作业水平；但是，过多的农机动力投入，则会造成动力和装备的浪费或者闲置，效率低下。因此，在现今强调向优质、高效转型升级的形势下，根据不同的经营规模、不同的区域特点，科学合理配置农机动力，则显得尤其重要。2014 年，全国农作物耕种收综合机械化水平为 61.6%，农田单位面积动力投入为 0.36kW/亩。其中位列农作物耕种收综合机械化水平第 1/2 位的黑龙江和新疆，农田单位面积动力投入分别为 0.20kW/亩和 0.28kW/亩，位列全国第29/21 位；农作物耕种收综合机械化水平位列第 6 位的山东，农田单位面积动力投入达到 0.71kW/亩，位列全国第 3 位；农作物耕种收综合机械化水平位列第 9 位的安徽，农田单位面积动力投入达到0.82kW/亩，位列全国第 2 位（见表 8-6）。

表 8-6　2014 年全国农作物耕种收综合机械化水平及动力投入表

| 排序 | 地　区 | 农作物耕种收综合机械化水平（%） | 农田单位耕地面积动力投入（千瓦/亩） | 动力投入排名 |
|---|---|---|---|---|
| | 全　国 | 61.60 | 0.36 | |
| 1 | 黑龙江 | 100.00 | 0.20 | 29 |
| 2 | 新　疆 | 88.21 | 0.28 | 21 |
| 3 | 内蒙古 | 86.26 | 0.20 | 28 |
| 4 | 天　津 | 83.82 | 0.57 | 9 |
| 5 | 吉　林 | 80.47 | 0.23 | 23 |
| 6 | 山　东 | 76.26 | 0.71 | 3 |
| 7 | 辽　宁 | 74.76 | 0.23 | 24 |
| 8 | 河　北 | 73.74 | 0.62 | 7 |

| 排序 | 地　区 | 农作物耕种收综合机械化水平（%） | 农田单位耕地面积动力投入（千瓦/亩） | 动力投入排名 |
|---|---|---|---|---|
| 9 | 安　徽 | 73.17 | 0.82 | 2 |
| 10 | 河　南 | 72.59 | 0.65 | 6 |
| 11 | 江　苏 | 69.77 | 0.54 | 10 |
| 12 | 山　西 | 65.27 | 0.23 | 25 |
| 13 | 北　京 | 60.57 | 0.42 | 13 |
| 14 | 宁　夏 | 59.87 | 0.22 | 27 |
| 15 | 上　海 | 58.31 | 0.31 | 19 |
| 16 | 陕　西 | 56.62 | 0.34 | 17 |
| 17 | 青　海 | 55.84 | 0.41 | 15 |
| 18 | 西　藏 | 52.39 | 1.22 | 1 |
| 19 | 湖　北 | 52.23 | 0.62 | 8 |
| 20 | 江　西 | 48.64 | 0.32 | 18 |
| 21 | 湖　南 | 43.29 | 0.65 | 5 |
| 22 | 广　西 | 42.98 | 0.43 | 12 |
| 23 | 广　东 | 42.28 | 0.41 | 14 |
| 24 | 甘　肃 | 41.58 | 0.27 | 22 |
| 25 | 浙　江 | 40.44 | 0.54 | 11 |
| 26 | 海　南 | 38.18 | 0.66 | 4 |
| 27 | 四　川 | 27.45 | 0.28 | 20 |
| 28 | 重　庆 | 27.16 | 0.17 | 30 |
| 29 | 福　建 | 24.92 | 0.38 | 16 |
| 30 | 云　南 | 16.95 | 0.23 | 26 |
| 31 | 贵　州 | 12.59 | 0.16 | 31 |

注：农田动力＝农机总动力－畜牧业机械动力－农产品加工机械动力－渔业机械动力－农用运输车动力。

资料来源：农业部农业机械化管理司编《全国农业机械化统计年报》。

　　为什么有的地区单位面积动力投入并不高而机械作业水平高（如黑龙江和新疆）？为什么有的地区农田单位面积动力投入很高而机械

化作业水平较低（如湖南）？为什么有的地区在机械化作业水平相近的时候农田单位面积动力投入差距较大？如全国、江苏、山东农作物耕种收综合机械化水平在60%左右时（分别为59.48%、60.08%和58.79%），农田单位面积动力投入分别为0.38kW/亩、0.36kW/亩和0.52kW/亩（见表8-7），山东的农田单位面积动力投入水平远高于全国和江苏平均投入水平。当然，农机动力投入的高低与地理地貌、经营规模、土地整治、作物品种、种植制度、机器性能等因素有关，是否也与装备配置、使用方法、利用效率、社会化服务、机手素质等因素相关？据实地调研和文献调查，在实现田间全程机械化生产的情况下，美国、英国农田作业亩均动力为0.05～0.07kW，韩国约为0.33kW。若不改变现有发展方式和装备运用情况，当中国农作物耕种收综合机械化水平达到90%以上，相当于现在欧美、日韩等全程机械化水平时，亩均动力约需达到0.58kW，远高于英美、日韩。

表8-7　全国及四省农作物耕种收综合机械化水平及农田单位耕地面积动力投入

| 年份 | 全 国 | | 黑龙江 | | 新 疆 | | 江 苏 | | 山 东 | |
|---|---|---|---|---|---|---|---|---|---|---|
| | 水平（%） | 动力投入（千瓦/亩） | 水平（%） | 动力投入（千瓦/亩） | 水平（%） | 动力投入（千瓦/亩） | 水平（%） | 动力投入（千瓦/亩） | 水平（%） | 动力投入（千瓦/亩） |
| 2000 | 32.30 | 0.19 | 73.30 | 0.08 | 70.81 | 0.10 | 55.29 | 0.33 | 54.09 | 0.39 |
| 2001 | 32.18 | 0.20 | 61.07 | 0.08 | 62.83 | 0.10 | 51.16 | 0.33 | 50.53 | 0.43 |
| 2002 | 32.35 | 0.21 | 60.55 | 0.08 | 64.03 | 0.10 | 51.26 | 0.32 | 51.17 | 0.45 |
| 2003 | 33.48 | 0.21 | 62.06 | 0.09 | 63.91 | 0.10 | 50.71 | 0.33 | 50.13 | 0.44 |
| 2004 | 34.32 | 0.22 | 73.27 | 0.09 | 65.06 | 0.11 | 39.35 | 0.33 | 52.44 | 0.46 |
| 2005 | 35.93 | 0.24 | 75.38 | 0.11 | 66.06 | 0.12 | 54.44 | 0.34 | 54.13 | 0.48 |
| 2006 | 39.29 | 0.26 | 80.44 | 0.12 | 68.27 | 0.13 | 60.08 | 0.36 | 58.30 | 0.50 |
| 2007 | 42.47 | 0.27 | 79.85 | 0.13 | 68.36 | 0.14 | 63.89 | 0.37 | 58.79 | 0.52 |
| 2008 | 45.85 | 0.28 | 83.45 | 0.15 | 77.89 | 0.15 | 61.02 | 0.40 | 72.17 | 0.55 |

续表

| 年份 | 全 国 | | 黑龙江 | | 新 疆 | | 江 苏 | | 山 东 | |
|------|------|------|------|------|------|------|------|------|------|------|
| | 水平（%） | 动力投入（千瓦/亩） | 水平（%） | 动力投入（千瓦/亩） | 水平（%） | 动力投入（千瓦/亩） | 水平（%） | 动力投入（千瓦/亩） | 水平（%） | 动力投入（千瓦/亩） |
| 2009 | 49.13 | 0.31 | 84.67 | 0.17 | 82.60 | 0.17 | 66.98 | 0.42 | 75.51 | 0.59 |
| 2010 | 52.28 | 0.33 | 85.20 | 0.18 | 81.88 | 0.19 | 63.42 | 0.44 | 76.85 | 0.62 |
| 2011 | 54.82 | 0.35 | 87.82 | 0.21 | 82.97 | 0.21 | 73.01 | 0.45 | 77.53 | 0.65 |
| 2012 | 57.17 | 0.37 | 88.99 | 0.23 | 83.68 | 0.23 | 67.12 | 0.46 | 78.30 | 0.67 |
| 2013 | 59.48 | 0.38 | 97.03 | 0.25 | 85.74 | 0.26 | 69.84 | 0.49 | 78.17 | 0.69 |
| 2014 | 61.60 | 0.36 | 100 | 0.20 | 88.21 | 0.28 | 69.77 | 0.54 | 76.26 | 0.71 |

注：农田动力＝农机总动力－畜牧业机械动力－农产品加工机械动力－渔业机械动力－农用运输车动力。

资料来源：农业部农业机械化管理司编《全国农业机械化统计年报》，中国统计年鉴。

## （二）主要农作物生产全程机械化如何推进

中央一号文件与农业部相关文件一再强调要推进农业全程机械化。什么是全程机械化？全程机械化的内容是什么？是否有相应的标准与规范？如何通过全程机械化构建产业链、提升价值链？

本文认为，主要农作物生产全程机械化，主要是从生产环节上考虑，应该包括从产前种子处理到产中、产后初加工的全过程所有必要环节。目前，农业机械化行业对主要农作物生产机械化的关注大多集中于耕、种、收三个环节，并重点对小麦、水稻、玉米、马铃薯、大豆、油菜、花生、棉花等八大主要农作物的耕、种、收机械化情况进行了数据统计（见表8－8）。小麦基本实现生产全程机械化，水稻种植、玉米收获、马铃薯种植与收获、油菜种植与收获、花生种植与收获、棉花采摘机械化水平仍很低，甘蔗种植和收获机械化水平目前还没有统计数据。

表8-8　　　　2014年全国主要农作物耕、种、收机械化水平　　　　单位:%

| 作 物 | 机耕水平 | 机播水平 | 机收水平 | 耕种收综合机械化水平 |
|---|---|---|---|---|
| 农作物 | 77.5 | 50.8 | 51.3 | 61.6 |
| 小 麦 | 100.0 | 87.0 | 93.3 | 94.1 |
| 水 稻 | 98.1 | 39.6 | 83.1 | 76.0 |
| 玉 米 | 97.4 | 83.9 | 56.7 | 81.1 |
| 马铃薯 | 55.9 | 24.3 | 23.0 | 36.5 |
| 大 豆 | 61.1 | 64.8 | 58.8 | 62.7 |
| 油 菜 | 68.0 | 19.5 | 24.9 | 40.5 |
| 花 生 | 65.9 | 40.7 | 29.4 | 47.4 |
| 棉 花 | 100.0 | 86.5 | 15.2 | 70.7 |

资料来源:农业部农业机械化管理司编《全国农业机械化统计年报》。

但实际上,种子处理、田间管理环节仍然很薄弱,产后处理也亟待推进。种子处理在很多地方仍处于探索和试验摸索阶段。据作者在吉林榆树和广西贵港田间跟踪试验研究,玉米、水稻种子经过等离子体处理后,可以增产约8%~10%。田间管理上,水田施肥机械缺乏,据有关统计数据,2014年全国深施化肥机械化水平仅为20.6%;田间植保大多还是采用简易背负式植保机械,植保机械化水平仅为39.68%;粮食产后烘干基本上处于刚刚起步阶段,烘干机械化水平仅为14.72%(见图8-8),大部分粮食产地处理采用的是自然晾晒方式。

在日本、韩国和我国台湾省,即使地块小,水田生产也是全程机械化。台湾的稻作农业更是"电话农业"的楷模,水稻生产全部采用社会化服务。产后烘干处理政府有补贴鼓励政策,按照每公斤2元台币实施烘干补贴。现在这些国家和地区全部实现产后烘干,不仅提升了稻米品质,而且保障了粮食的数量安全和品质安全,并保持良好的口感和营养,提升了稻米产业附加值。

因此,推进主要农作物生产全程机械化,首先要明确推进哪些环节。是所有生产环节，还是满足其中大部分特定环节；作业标准和规范是什么；适宜不同作物、不同区域的全程机械化生产可推荐或可供参考的模式有哪些；农机农艺融合的机制体制如何构建。

### （三）农业全面机械化将如何实现

所谓农业全面机械化，一是产业领域扩展，实现农业全产业生产机械化，即机械化生产由粮食作物向经济作物，由种植业向畜牧业、渔业、农产品加工等产业领域全面延伸；二是区域整体推进，实现各区域生产机械化协调发展，协同共进，在粮食主产区、北方平原地区农业机械化稳步发展的基础上，推进南方地区特别是丘陵山区农业机械化发展。

在产业领域方面，根据农业行业标准《农业机械化水平评价第一部分：种植业》（NY/T 1408.1—2007）测算，2014 年全国农作物耕种收综合机械化水平为 61.6%。为适应农业机械化由种植业向畜牧业、渔业、农产品加工等产业领域全面延伸的客观实际，农业部农业机械化管理司组织研究并构建了畜牧业、渔业、农产品初加工、林果业、设施农业机械化水平评价指标体系，并由农业部办公厅发文在全国试行。据此测算，2014 年全国畜牧业机械化水平为 28.64%、渔业（水产养殖）机械化水平 32.09%、农产品初加工机械化水平为 35.08%、林果业（果茶桑）机械化水平为 25.28%、设施农业机械化水平为 34.10%。可见，从全国范围看，除种植业特别是主要粮食生产机械化水平较高外，其他产业领域机械化水平普遍处于较低水平。

在区域发展方面，我国区域农业机械化发展存在严重不平衡。从主要农作物生产环节上看，南方低缓丘陵区和西南丘陵山区小麦机播水平分别只有 32.10% 和 11.10%，西南丘陵山区小麦机收水平也仅为

20.6%；水稻种植面积占全国水稻种植面积 51% 的南方低缓丘陵区和占全国 15% 的西南丘陵山区，种植机械化水平分别只有 16.0% 和 7.0%，西南丘陵山区水稻机收水平也仅为 33.8%；西南丘陵山区玉米机播水平和机收水平近乎 0；马铃薯播种面积占全国 41% 的西南丘陵山区和占 26% 的黄土高原及西北地区，机播水平分别只有 0.1% 和 26.5%，机收水平分别只有 0.3% 和 24.6%。从区域发展看，北方地区、平原地区、粮食主产区特别是北方产区机械化水平提高较快，黑龙江、新疆、内蒙古、天津、吉林、山东、辽宁、河北、安徽、河南、江苏等 11 个省（自治区、直辖市）农作物耕种收综合机械化水平达到 70% 以上；南方地区特别是水田地区、丘陵山区发展缓慢，湖北、江西、广东、湖南、浙江、广西、海南、重庆、四川、福建、云南、贵州等南方 12 个典型丘陵山区省份，除湖北（52.2%）外，农作物耕种收综合机械化水平普遍低于 50%，其中海南、重庆、四川、福建、云南、贵州等 6 省（直辖市）不到 40%，云南、贵州不足 20%，这些区域主要农作物生产机械化水平与全国平均水平差距较大。造成这些差距的主要原因，一是与地形地貌、经营规模等因素密切相关。针对丘陵山区，可采用坡度分级的办法，分析剔除不适宜于机械化作业的区域。二是农机农艺结合不紧密。基于农业机械化区划及装备布局，针对短板环节和滞后区域，深入研究种植制度和机械适应性，促进协调发展。

从地形地貌上看，对于不同的地区，并不是所有耕地面积都适宜于机械化作业。从全国范围看，中国有相当面积的丘陵山地，是否适宜于机械化作业，应该有科学、客观的分析判断。坡度分级不失为一种区别和判断适宜于机械化作业的区域面积的科学、简易的方法。目前存在多种坡度分级方式，如国际地理学联合会地貌调查与地貌制图委员会关于地貌详图应用的坡地分类标准为：0°～0.5°为平原，0.5°～2°为微斜坡，2°～5°为缓斜坡，5°～15°为斜坡，15°～35°为陡坡，35°～55°为峭坡，55°～90°为垂直壁（上含下不含）。对于耕地坡度，我国土地管理行业标准《土地利用数据库标准》（TD/T 1016—2007）将耕地坡度分为5个等级（表8－9，上含下不含）。坡度≤2°的视为平地，其他坡度级分为梯田和坡地两种类型，依此标准对坡度进行分类。一般，大中型拖拉机只能在15°以下的耕地上作业，坡度大于25°的地区不适宜机械化作业。作者带领的课题组，应用统计分析软件SPSS（Statistical Product and Service Solutions），结合地理信息系统GIS（Geographic Information System）软件ArcGIS空间分析模块对SRTM SLOPE数据进行剪裁，得到双季稻区原始坡度图，图中每一个点的像素单元值（Pixel Value）即为该点的坡度值。按照表6中的坡度级别，利用重分类工具（Reclassify）对坡度进行分类。双季稻区经度横跨E100°～125°，纬度横跨N15°～35°，所以对重分类后的坡度图进行拼接，生成双季稻区坡度重分类栅格图，计算出研究区域坡度组成。经分析得出双季稻区坡度小于15°的地区约占71%，坡度在15°～25°的地区约占7%，其他为不适宜机械化作业的地区。具体到每一个省、市、县，情况还有所不同，具体问题具体分析，才能实现农业机械化科学健康发展。

表8－9 坡度分类表

| 序　号 | 坡度级别 | 坡地类型 | 赋　值 |
|---|---|---|---|
| 1 | ≤2° | 平地 | 1 |
| 2 | 2°～6° | 缓坡地 | 0.75 |
| 3 | 6°～15° | 坡地 | 0.5 |
| 4 | 15°～25° | 陡坡地 | 0.25 |
| 5 | >25° | 极陡坡地 | 0 |

从发展需求上看，南方丘陵山区需求旺盛，潜力很大，但存在困难。2008 年中央 1 号文件提出，要"加快先进适用、生产急需农业机械的研发，重点在粮食主产区、南方丘陵区和血吸虫疫区加快推广应用"；2009 年中央 1 号文件又进一步强调，要"加快研发适合丘陵山区使用的轻便农业机械"，中央已把推进丘陵山区机械化提升到重要位置，重视程度已达到前所未有的高度。随着时间推移，大力发展丘陵山区农机化将成为行业内外的共识；随着农村土地合理流转和城镇化进程加快，为丘陵山区机械化发展提供了广阔空间，农民对农机作业的需求会越来越迫切，发展丘陵山区机械化成为现实选择。但是如何引导南方地区特别是丘陵山区机械化更加科学健康发展，探索区域模式及与之适宜的种植方式，农机农艺如何更好地结合，还有待进一步研究与探索。

### （四）农机装备基础如何强化

农机装备是农业机械化发展的基础与保障，装备数量与性能决定了机械化发展的水平与质量。首先，农机装备科技创新是基础的基础，加强农机装备科技创新十分重要农机研发具有显著的复杂性、区域性和季节性、长周期性特征，基础理论和关键共性技术研究在中国目前尚处于工业化发展初期，农业、农民及农机工业的弱质性还没有得到根本改变。中国农机装备技术还有很多短板，甚至是技术空白，还不能完全满足农业发展的迫切需求。适应农业规模化生产的高效率、多功能、精准化农机装备比较缺乏，成为制约产业发展的瓶颈。中国甘蔗、棉花产业遇到的困境，主要是没有经济适用的成熟机械，导致用工多、生产成本高，产业丧失竞争力。其次，如何引导提高农机工业集中度和产品竞争力？中国农机行业以中小企业居多，产品集中度低，低端产品产能过剩，高端、换代产品不能跟上市场发展需要。目前，久保田、井关、洋马、东洋等外资品牌几乎占领水稻田间生产的主要环节；大型、高端农业机械大多还在依赖迪尔、凯斯、纽荷兰、爱科、克拉斯、库恩、雷肯等外资产品，迫切需要强化扶持农机民族工业发展，提高产品技术水平和制造水平。第三，随着新型农业经营主体的发展与多样化，是否能为不同经营主体提供适宜不同经营规模、不同作物的农机装备配备方案，成为影响农机装备利用效率能否提高的主要因素之一。

### （五）农业机械化如何可持续发展

经验表明，实现农业现代化的国家都是以实现机械化为前提的。降低生产成本、集成农业技术、提高农产品竞争力，主要依靠机械化。突破土地、环境资源约束，减少农药、化肥使用，挖掘增产潜力，主要依靠品种创新改良和先进的机械化生产手段。比如，农机深松整地可平均增产10%；等离子体处理玉米种子和水稻种子平均增产10%左右；带侧向深施肥装置的高速插秧机具有显著节肥、增产和改善土壤环境的功效。大力推广可持续机械化生产技术与装备、促进组织规模与经营规模持续扩大、提高农业机械化人才队伍素质是实现可持续发展的前提条件。目前，相当数量的高能耗高排放老旧农机仍在超期服役，千家万户购买小型、低技术含量农业机械的情况还大量存在，节能降耗新型农机装备供给严重不足，农业机械化发展的速度、力度与资源环境承载力还不匹配。

作者带领的课题组曾经做过有关农田用燃油消耗的调查与分析，一是对比美国爱荷华州和黑龙江某大型农场典型作业项目燃油的调查，黑龙江某大型农场耗油量远高于爱荷华州农场（见表8-10）。二是根据《2013 年全国农业机械化统计年报》（农业部农业机械化管理司编）统计数据，测算万元农机化田间作业收入能耗水平。2013 年农机化田间作业收入为 1955.9413 亿元，燃油消耗 1758.64 万吨（含农田作业、农田排灌和农田基本建设），燃油消耗中柴油占 90.6%，汽油仅占 9.4%，按照每千克汽油/柴油分别可折算为 1.4717kg/1.4571kg 标准煤，可计算得出万元农机化田间作业收入能耗达到 2.7195 吨标准煤，远高于当年全国万元 GDP 能耗水平（0.737 吨标煤）。

表 8-10　美国爱荷华州与黑龙江某大型农场典型作业项目燃油消耗比较（$kg/hm^2$）

| 作业项目 | 美国爱荷华州 | 黑龙江某大型农场 |
|---|---|---|
| 机械化深松 | 13.35 | 23.70 |
| 旋耕机旋耕 | 13.35 | 20.25 |
| 耙　地 | 4.35 | 6.75 |
| 免耕播种机作业 | 3.35 | 26.25 |
| 条　播 | 2.40 | 30.00 |
| 玉米机收 | 11.40 | 22.50 |

据作者对农村居民家庭劳动力及农机手文化素质的调查，农机手中专及以上文化程度占比约 5% 左右，农机手高中文化程度占比 23.29%，初中文化程度占比大约 50%，还有大约 20% 左右的小学文化程度（见表 8-11）。农机手文化素质是农业机械化可持续发展的重要保障，目前看，农机手的文化素质与现代农业发展要求、先进技术发展要求和高性能农机装备使用要求等还有较大差距。

表 8-11　　　　农村居民家庭劳动力及农机手文化状况　　　　单位:%

| 文化程度 | 农村居民家庭劳动力所占比例 | 农机手所占比例 |
|---|---|---|
| 不识字或识字很少 | 5.30 | 1.50 |
| 小学程度 | 26.07 | 21.20 |
| 初中程度 | 53.03 | 49.17 |
| 高中程度 | 10.01 | 23.29 |

| 文化程度 | 农村居民家庭劳动力所占比例 | 农机手所占比例 |
|---|---|---|
| 中　专 | 2.66 | 2.09 |
| 大专及大专以上 | 2.93 | 2.75 |

资料来源：农村居民家庭劳动力所占比例来源于《2013 年中国农村统计年鉴》；农机手所占比例来自于典型调查。

因此，在推进农业机械化可持续发展方面，应更全面、系统、综合地考虑技术、装备、组织、规模等各相关因素及其相互关系，以及对能源、生态、环境造成的影响。

### （六）法律法规政策如何更好落实和提高效率

自 2004 年《农业机械化促进法》（以下称《促进法》）实施以来的十年，是农业机械购置补贴政策实施的十年，也是农业机械化大发展的黄金十年，全国农作物耕种收综合机械化水平十年的增幅几乎相当于之前 35 年的总和。在《促进法》的基础上，国务院相继出台了《农业机械安全监督管理条例》（以下简称《条例》）和《关于促进农业机械化与农机工业又好又快发展的意见》（国发〔2010〕22 号）（以下简称《意见》），构成农业机械化法律、法规、政策体系。

#### 1. 《促进法》如何全面贯彻落实

《促进法》包括总则、科研开发、质量保障、推广使用、社会化服务、扶持措施、法律责任和附则共八章 35 条款，确立了国务院农业行政主管部门和其他负责农业机械化有关工作的部门的法律责任与义务，将农业机械化发展纳入法制化轨道。对照法律条款，有的条款并未得到相应落实或者落实到位。

比如，第二十八条规定："国家根据农业和农村经济发展的需要，对农业机械的农业生产作业用燃油安排财政补贴。燃油补贴应当向直接从事农业机械作业的农民和农业生产经营组织发放。"至今这一条款未按照法律规定执行，直接从事农业机械作业的农民和农业生产经营组织并未享受到燃油补贴。不仅如此，燃油费改税后，之前上道路交通工具应该支付的养路费纳入燃油税中，柴油消费税首次调价由每升 0.1 元提高到 0.8 元。农业机械不属于上道路交通工具，但仍需要交纳 0.7 元/升的燃油税。2014 年农业生产燃油消耗不该缴纳的燃油税约为 170 亿元。目前柴油消费税为 1.2 元/升，按照此价格计算，全年农业生产柴油消费税约为 300 亿元，无形中大大增加了农业作业成本。而实施农用燃油补贴和减免税，是发达国家采取的通行做法，用以降低农业生产成本，增强农业竞争力。

又如《促进法》"第四章推广使用"中，涉及技术推广、示范基地建设、安全管理等有关内容。随着工业化、城镇化快速发展，农业劳动力快速转移，农业生产对农业机械的需求与依赖越来越迫切；随着现代农业发展需要及农业机械购置补贴政策的推动，农业机械保有量迅速增加，新技术、新机械大量涌现。与之相比，农业机械化技术推广培训投入则显然跟不上发展的现实需要（见表 8 - 12），其中用于农机化技术试验示范的资金每年大约仅为 3000 多万元。

表 8 - 12　　　全国中央财政农机购置补贴资金及推广培训投入　　单位：亿元

| 年　份 | 购机补贴 | 推广培训 | 年　份 | 购机补贴 | 推广培训 |
|---|---|---|---|---|---|
| 2000 | 0.20 | 0.13 | 2006 | 6.00 | 0.32 |
| 2001 | 0.20 | 0.16 | 2007 | 20.00 | 0.31 |
| 2002 | 0.20 | 0.18 | 2008 | 40.00 | 0.43 |
| 2003 | 0.20 | 0.23 | 2009 | 130.00 | 0.43 |
| 2004 | 0.70 | 0.20 | 2010 | 155.00 | 0.93 |
| 2005 | 3.00 | 0.24 | 2011 | 175.43 | 6.08 |

续表

| 年　份 | 购机补贴 | 推广培训 | 年份 | 购机补贴 | 推广培训 |
| --- | --- | --- | --- | --- | --- |
| 2012 | 215.00 | 3.83 | 2014 | 237.5 | — |
| 2013 | 217.31 | 3.12 | — | — | — |

　　资料来源：①中央财政"推广培训"数据来自农业部农业机械化管理司《全国农业机械化统计年报》；②2000～2007"推广培训"数据指标在《全国农业机械化统计年报》中为"科研推广培训投入"。

　　此处仅举两例，未能一一列举。如何实现"依法行政""依法促进"？应该在全面贯彻落实有关条款，切实推进农业机械化依法发展方面下功夫。

**2. 农业机械购置补贴财政资金效率如何提高**

　　自2004年开始实施农业机械购置补贴政策以来，中央财政资金投入量快速增加，由2004年的7000万元增加到2014年的237.5亿元（见图8-18，1998～2003年，中央财政每年投入2000万元用于大中型拖拉机更新改造），在推进农业机械化水平提升，引导大马力、高性能、先进适用机械使用方面发挥了积极有效的促进作用，产生了较好的综合效益。但同时也面临着一些问题。

　　一是如何进一步发挥和强化市场在资源配置中的作用。目前，政府的引导作用可以说得到了充分发挥，甚至于政策已经成为主导，而不仅仅是"引导"。财政投入的经济杠杆作用在降低，农民、企业对于政策的依赖性从来没有像今天这样强烈，这种局面急需转变，尽快转到市场配置资源的轨道上来，充分发挥财政投入的经济杠杆作用，吸引更多社会资金投入。

　　二是如何更好地实行重点补贴机具类型下的普惠制？结合国家农业生产发展实际需要，明确阶段性补贴目标，进一步突出重点，缩小补贴范围，实现重点补贴机具类型下的普惠制。强化补贴高性能、先

(亿元)

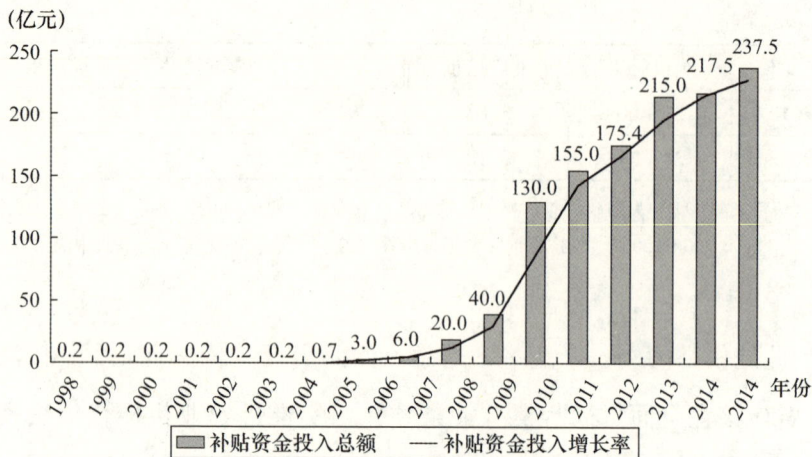

图 8 - 18　中央财政农业机械购置补贴资金投入变化图

进的农业机械，集中引导和推广粮棉油糖等大宗农作物关键环节生产机械及产后处理机械，提高生产效率，降低生产成本，提高产品附加值，同时避免权力寻租造成的竞争不公平。

三是补贴对象是否需要具备一定的条件和要求。中办国办下发了《关于引导农村土地经营权有序流转发展农业适度规模经营的意见》，可以说，专业大户、家庭农场、农民合作社、农业企业将成为现代农业发展的主体和主力军。那么，是否可以明确规定补贴对象应是具有一定经营规模的组织载体？真正实现补贴现代农业生产，通过提高农业生产能力和生产效率进而提高生产效益，从而改善农民生活，更好地发挥财政资金的效率和效益，而不是作为农民生活工具的补贴或者是成为农民生活的补助。

### 3. 农业机械化配套扶持政策如何完善

除农业机械购置补贴政策外，还需要研究和推进相关配套政策措施的出台，共同构建完善的政策扶持体系。如，作业补贴，目前实施的有农机深松整地作业补贴，但仅有深松是不够的，是否可以进一步考虑延伸实施秸秆还田、高效植保、工厂化育秧和机插秧、油菜种植与收获、甘蔗或棉花机械化收获等作业补贴？是否可以进一步加大实施农机报废更新补贴的力度？农用燃油补贴和燃油税减免是否可以有所突破？农业机械化技术试验示范推广、安全监管、技术培训等是否可以有进一步的倾斜政策？农机企业技改和科技创新可否有进一步的加强？如何推动农机金融信贷发展并将其作为农业机械化配套扶持政策的重要组成部分？这些都是农业机械化健康发展的政策保障。

执笔人：杨敏丽

专题九

# 构建农户经济安全网 培育新型职业农民

现阶段，我国农业发展面临着诸多问题，其中突出的是"谁来种地"。由于我国工业化、城镇化、市场化快速推进，加以长期城乡二元体制导致城乡经济社会差距过大，农业处于竞争力相对较弱地位，大批青壮年农民向城镇转移，许多地区已经出现农业劳动力的"老龄化"、农业经营活动的"休闲化"、农业生产目的的"自给化"（即产出目的不是追求商品化，而是满足农户家庭人口的食物基本消费）。显然，任由此种局面蔓延发展，无疑将对我国农业生产形成严重威胁，将严峻考验我国"饭碗"能否确保掌握在自己手中。对此，2012 年中央 1 号文件明确提出"大力培育新型职业农民"以来，中央有关文件不断予以强调，各地进行了积极探索，国家相关部门采取了以加强教育培训为主的措施。但总体来看，目前国家层面还没有形成行之有效的培育新型职业农民的政策体系，迫切需要深入研究。

## 一、目前我国培养新型职业农民政策述评

目前，我国培养新型职业农民的政策状况是：国家层面尚未形成

完整有效的政策框架，地方层面则积极进行多种形式的探索。

在国家层面，农业部采取了指导性姿态。农业部的相关文件主要有《新型职业农民培育试点工作方案》（2012 年 8 月）、《关于促进家庭农场发展的指导意见》（2014 年 2 月）、《关于统筹开展新型职业农民和农村实用人才认定工作的通知》（2015 年 6 月），其主要内容是：启动新型职业农民培育试点，探索建立教育培训、认定管理、政策扶持"三位一体"培育制度，着力培养有文化、懂技术、会经营的新型职业农民，其重点在于技术方面的教育培训。农业部的文件，尽管在新型职业农民的概念、制定认定管理办法、规范认定程序、纳入教育培训等方面提出了具体指导意见，在《关于统筹开展新型职业农民和农村实用人才认定工作的通知》中也提出"争取组织、人社、发改、财政、金融等部门的支持，探索构建新型职业农民和农村实用人才扶持政策体系，把财政补贴资金、示范推广项目、土地流转政策、金融社保支持等与新型职业农民和农村实用人才认定工作挂钩，提高认定的吸引力、含金量和认可度"，但是，其具体政策集中在教育培训方面，其他方面几无针对性政策措施，"含金量"较低，尚未构成有效的培养新型职业农民的政策框架。

在地方层面，探索进展较大。最近十多年，全国各地各类新型农业经营主体不断产生，有传统型家庭规模经营农场、农业股份合作社、村集体或乡政府统一发包的家庭规模经营农场、法人型家庭农场、工商资本租地经营农场等，地方层面在政策支持上积极探索，创造了可资借鉴的经验。在众多类型的新型农业经营主体及其支持政策中，以浙江省宁波市的法人型家庭农场、宁波市大学生进入农业、四川省成都市崇州市农业职业经理、上海松江区由村集体统一发包的家庭规模经营农场及其扶持政策为典型代表，对制定国家层面政策具有重要借鉴作用。

地方层面培养新型职业农民的政策特点是针对性较强，力图促进农业劳动岗位逐步职业化、长期化。其做法主要有：一是对按照国家及当地有关标准和要求进行生产经营的农业经营主体给予财政补贴、农资供给、产品收购等方面的扶持；二是对符合标准的农业经营者（或农业职业经理）给予扶持，包括允许参加城镇职工或城镇居民社会保障并给予补贴等；三是直接给予财政资金补贴、奖励；四是对大学生进入农业给予扶持，包括给予工资补贴、参加城镇职工补贴等。地方层面的探索表明，培养新型职业农民是复杂的系统工程，需要多方面的政策创新。

从总体看，产生"谁来种地"问题的深层原因是我国工业化和城镇化快速推进所导致的城乡经济之间、工农业之间结构快速变动，直接原因则是农业经营环境不利、农业经营收入低下、农民社会福利保障缺失。尤其需要清醒认识的是，伴随着最近十多年国家逐渐加大惠农护农政策力度，"谁来种地"问题却逐步显现突出。这说明，仅仅依靠加强教育培训或囿于既有惠农护农政策不可能达到目的，还需要更富有针对性的政策措施。

---

**【专栏1】** 四川省崇州市 2013 年规范化土地股份合作社
专项扶持实施方案

一、规范化土地股份合作社的条件

1. 经营规模在 100 亩以上，经营规模化、生产专业化、布局区域化、产品商品化程度较高。

2. 依法登记设立，领取法人营业执照。

3. 管理制度健全，民主管理落实，有农业职业经理人或职业经理人管理团队。

---

4. 财务管理规范。

5. 制定合理的利益联结机制和二次分红机制，调动社员和农业职业经理人双方的积极性。

## 二、农业职业经理人的扶持条件

1. 经培训考试合格，取得成都市《职业经理人资格证》；

2. 在土地股份合作社实际经营 1 年以上，且效果显著；

3. 服务的土地股份合作社为规范化合作社，职业经理人通过崇州市年度绩效考核合格。

## 三、扶持政策

1. 合作社所需生产资金，按银行农业贷款年利率 7.8%（或月利率 6.5‰）给予贴息扶持，贴息资金额按合作社入社统一经营面积的实际生产资金核算（水稻每亩生产资金 700 元，小麦、油菜每亩生产资金 300 元）。

2. 合作社由市农发局择优向省市农业部门推荐农民专业合作社省、市级示范社，同等条件下，优先享受市级财政扶持农民专合组织专项资金。

3. 农业职业经理人开展水稻规模生产，符合水稻规模种植政策的，享受每亩 40 元水稻规模种植补贴政策。

4. 鼓励农业职业经理人以个体身份参加城镇职工养老保险，以上一年度全省在岗职工月平均工资的 60% 为缴费基数，缴费费率为 20%，其中个人缴费 8%，财政补贴 12%。社会保险补贴实行"先缴后补"方式给予补贴。

5. 从事规模种植生产，且参加政策性农业生产保险的土地股份合作社，对其应由农户自交保费部分给予 20% 的减免补助。

## 二、政策扶持新型职业农民的侧重点

现阶段，我国农村经济社会结构正处于持续变动之中，各种类型的新型职业农民和新型农业经营主体不断产生，选准政策扶持的重心非常重要。

农业部《关于新型职业农民培育试点工作的指导意见》提出的新型职业农民的主要类型及内涵特征是合适的，即"从我国农村基本经营制度和农业生产经营现状及发展趋势看，新型职业农民是指以农业为职业、具有一定的专业技能、收入主要来自农业的现代农业从业者。主要包括生产经营型职业农民、专业技能型职业农民和社会服务型职业农民。生产经营型职业农民，是指以农业为职业、占有一定的资源、具有一定的专业技能、有一定的资金投入能力、收入主要来自农业的农业劳动力，主要是专业大户、家庭农场主、农民合作社带头人等。专业技能型职业农民，是指在农民合作社、家庭农场、专业大户、农业企业等新型生产经营主体中较为稳定地从事农业劳动作业，并以此为主要收入来源，具有一定专业技能的农业劳动力，主要是农业工人、农业雇员等。社会服务型职业农民，是指在社会化服务组织中或个体直接从事农业产前、产中、产后服务，并以此为主要收入来源，具有相应服务能力的农业社会化服务人员，主要是农村信息员、农村经纪人、农机服务人员、统防统治植保员、村级动物防疫员等农业社会化服务人员。"

但是，从政策支持角度看，上述三类新型职业农民的作用不能并列，故扶持方法与力度也会不同。其一，起主导作用的是生产经营型职业农民（简称"农场主"），起辅助作用的是专业技能型职业农民、社会服务型职业农民（即农业工人、农业服务工人）。主要由于"农场主"的存在与经营，其他生产要素包括农业工人、农业服务工人才能够聚集于农业生产流程之中。其二，我国目前是新老"农场主"并存，老"农场主"作为农村集体经济组织成员经营家庭承包土地，新"农场主"则往往经营土地远超过家庭承包经营规模。目前的问题复杂性在于，大量老"农场主"并不以经营土地为主要收入来源，流转出租、自营、闲置土地等为普遍状态，而作为少数派的新"农场主"既有从老"农场主"发育而来的，又有从其他行业转入的，新老"农场主"二者之间存在着一定交叉。如果不加区分，找不准支持重点，必然会走入普惠政策老路，效果不佳，财力难以负担。其三，未来农业经营无疑要以规模化、标准化、生态化为方向，而能够实现这些要求的只有新"农场主"，老"农场主"及农业工人、农业服务工人都难以发挥主导性作用。因此，政策支持应当是以扶持新"农场主"为主，其他相关主体为辅，至少在国家政策层面应该如此，一方面用有限的政策资源构建有效的政策支持体系，另一方面逐步清出低效、闲置土地经营者或承包者。

【专栏2】　　　我国新型农业生产经营主体发展状况

1. 土地规模经营

截至 2014 年底，全国家庭承包耕地流转面积达到 4.03 亿亩，比 2013 年底增长 18.3%；流转面积占家庭承包经营耕地面积的 30.4%。

经营耕地规模在 30 亩以下的农户达 2.55 亿户，占汇总农户数的 96.1%。但经营规模 30 亩以上的农户数量呈小幅增长态势，经营规模 50 亩以上的农户数增加较快，达到 341.4 万户，比 2013 年增加近 24 万户，增长 7.5%，占总农户数的 1.3%，其中经营规模 50~

100 亩、100～200 亩、200 亩以上的农户数分别占 50 亩以上农户数的 69.0%、21.9%、9.1%。

### 2. 农民专业合作社

截至 2014 年底，纳入统计调查的农民专业合作社总数达 113.8 万个（工商依法登记的 128.9 万个），增长 28.7%。其中，种植业、畜牧业、服务业、林业、渔业合作社占调查合作社总数的比重分别为 50.6%、25%、8.2%、5.8%、3.5%。农民专业合作社实有成员达到 5593 万个（户），增长 17.1%，社均实有成员 50 个（户），其中普通农户成员、专业大户及家庭农场成员分别占 87.9%、3.2%。

经营情况：一是经营服务总值突破 1 万亿元。2014 年，农民专业合作社为成员提供购销服务产品总值达 10110 亿元，其中，统一销售农产品总值 7529 亿元，增长 11.9%，平均为每个成员销售农产品 1.3 万元；统一购买生产投入品总值达 2581 亿元，增长 7.3%，平均为每个成员购买生产投入品 0.5 万元。二是经营收入超过 5 千亿元。2014 年农民专业合作社经营收入 5135.6 亿元，平均每个合作社 45.1 万元；当年可分配盈余 907 亿元，平均每个合作社 8 万元。三是规范运行的合作社逐步增加。实行按交易量返还的合作社有 26.6 万个，增长 25.3%，占调查合作社的 23.4%，其中 20.6 万个合作社返还比例超过可分配盈余的 60%，增加 6 万个；被农业主管部门认定为示范社的 9.1 万个，增长 29.3%。

资料来源：农业部网站。

## 三、未来我国农业经营的战略方向与职业要求

培养新型职业农民，首先要明确新型职业农民的标准，而其标准

又取决于未来我国农业经营的战略方向。

我国传统农业经营的特点，一是经营主体的自然人状态，即农户家庭承包经营，当然也伴以细小规模经营，可以视之为"自然人型农场"，经营缺乏集约功能；二是农产品生产的自然状态，缺乏科学合理的统一标准与流程规范，质量缺乏安全性；三是经营活动的自由状态，农户几乎可以随时决定是否经营、流转以至闲置，经营缺乏稳定性。这些特点显然不是我国农业经营的战略方向，而是需要改变的弊端。从发展趋势看，我国未来农业经营的战略方向将是规模化、标准化、生态化、企业化经营（简称"农业经营四化"）。"农业经营四化"是一个整体，能够形成稳定、优质、高效的农业生产经营，有利于国家政策精准支持、规范农户，也有利于农户持久经营。"农业经营四化"中，企业化经营是经工商管理或社团管理部门登记注册的农业经营主体，可以视之为"法人型农场"，具有整合其他三化的作用，通过企业化经营才能实现规模化、标准化、生态化。目前，我国经过管理部门登记注册的农民合作社、家庭农场、专业大户、农业企业正在快速发展，政策实施具有可靠的现实基础。

---

**【专栏3】　　　　上海市松江区家庭农场准入退出机制**

从2007年起，松江区开始探索发展规模在100～150亩的粮食家庭农场，土地通过村委会流转，由家庭经营，家庭农场承包期至少为三年，推进"种养结合""机农一体"家庭农场发展。至2012年底，全区家庭农场发展至1206户、经营面积13.66万亩，占全区粮田面积的80%，其中种养结合家庭农场53户，机农一体家庭农场140户，取得良好效果。

2011 年，上海市松江区农业委员会制定其准入退出机制：

家庭农场是指以同一行政村或同一村级集体经济组织的农民家庭（一般为夫妻二人或同户家庭劳动力二三人）为生产单位，从事粮食、生猪养殖等生产活动的农业生产经营形式；家庭农场经营者是主要依靠家庭劳动力的自耕农。

1. 准入机制

户籍：具有本镇户籍的农业户口家庭，至少有 2 名或 2 名以上的家庭成员共同经营。

年龄：男性 25～60 周岁，女性 25～55 周岁，其中须有 1 人年龄在：男性 57 周岁以下，女性 52 周岁以下。身体健康，有劳动能力。

技能：取得农机驾驶证以及农业产业化经营资格的专业农民培训证书，或经过培训取得水稻、二麦、油菜、绿肥等四门以上单科结业证书。

具备相应的生产经营能力和一定的农业生产经验，掌握必要的农业种植技术和熟练使用农机具；有承担风险和预付土地承包费的能力。

2. 退出机制

家庭农场经营者取得家庭农场经营权后，不直接参加农业生产和管理，常年雇用其他劳动力的。

家庭农场经营者将经营土地转包、转租；或者有"拼装"和虚报经营面积等行为的。

家庭农场经营者管理不善；违反种子检疫规定，私自调种、乱用种子影响稳产、高产；使用违禁农药影响农产品质量安全；不服从本村茬口统一安排，不能做到"种田"与"养田"相结合而影响耕地质量。

　　家庭农场经营者无正当理由不履行协议，故意拒交、拖欠土地流转费的。

　　按照"农业经营四化"的要求，对新型职业农民的标准显然较高。这其中可分为两类，一类是农业工人、农业服务工人，可以没有年龄、文化等方面的限制，身体健康、能够参加农业劳动即可；另一类是"农场主"，则需要制定标准。"农场主"的标准，除了健康之外，必须在经营管理知识、自由资产、经营规模、登记注册、标准化生产经营流程方面提出明确要求，这对国家层面和"农场主"都具有相互制衡作用，从而达到双赢。

【专栏4】　　　　宁波市"法人"型家庭农场

　　定义：家庭农场是以农户家庭为基本组织单位，以市场为导向，专业从事适度规模的农林牧渔的生产（初级加工）和销售，并且经过工商注册，实行自主经营、自负盈亏的农业经营主体。

　　宁波市"法人"型家庭农场的产生，是本地外向型农业发展较快，要求农业生产的规模化、标准化、规范化，进而要求作为自然人的专业大户必须通过工商登记来确立法人地位，从而取得解决银行贷款、对外业务、出口蔬菜基地等问题的法律地位，否则难以获得出口订单。宁波市经过工商登记注册的"法人"型家庭农场，2001年即出现，2013年达到3179家，其中，工商个体户的2341家，个人独资企业的676家，普通合伙企业的40家，有限责任公司的122家；平均每个家庭农场经营110亩，其中粮食产业741家，经营面积50~200亩的324家，200~500亩的352家，500亩以上的 65 家；年净利润 10 万元以下的 1016 家，10 万～50 万元的 1470 家，50 万元以上的 693 家。经营者综合素质较好，绝大部分农场主来源于本地，一是曾经经商办厂、外出打工、从事农产品经纪等之后返回农业，二是一直在本村从事农业，三是近年来大学毕业后创业，农场主年龄年龄在 50 岁以下占 60% 以上，高中学历以上的占 40%；以家庭成员为主要劳动力的农场占 30% 左右，70% 的农场拥有长期雇工，平均每个农场 3 名左右，多者达几十人；以家庭农场为载体，有效推进规范化经营和新型流通业态，50% 的家庭农场牵头领办或加入了农民专业合作社，471 家拥有注册商标，485 家通过农产品质量认证。

2013 年，宁波市政府制定扶持对市级示范性家庭农场进行的"五化"标准，即主体职业化、规模适度化、管理规范化、生产标准化、经营市场化，有农场主资格、经营组织形态（工商注册登记）、最低经营规模、生产流程与技术规范、财务核算、生产过程记录、质量安全等方面的综合要求，较好地体现了农业现代化导向。

## 四、培养我国新型职业农民的政策框架

### （一）新型职业农民的政策总体目标与主要内容

培养我国新型职业农民的政策总体目标是，应对现阶段城乡经济社会结构剧烈持续变动而农业处于不利地位的现实，以增强农业发展新动力为目标，围绕着力培育农业生产经营核心力量，提高农业职业地位，保障农业生产经营者的经济社会利益，增强农业的投资、就业吸引力，防止出现农业重大波折，保护农业稳定健康成长，确保国家

农产品有效供给安全。其政策框架的内容主要是"一网三保"，即构建农户经济安全网，提供农业生产经营保障、农户收入生活保障、农民社会福利保障。

所谓农户经济安全网，指国家政策措施足以确保农户能够进行持久、有效的农业生产经营，确保农户能够获得可持续的收入与社会福利保障。在我国目前城乡经济社会结构变动与发展的背景下，农户对收入生活保障、社会福利保障的需求越来越强烈，成为激励农户进行持续、有效农业生产经营的重要因素，必须提升到政策高度，纳入农户经济安全网。

农户经济安全网及其保障，是为农户保持积极、正常、持久的农业经营提供的预防与权利措施、政策激励和帮助，特别是农户遭遇经营困难难时能够获得足够的支持，并非是为农民提供"保姆"式的经营和经济保障，消极经营或仅仅租用农地不能获得政策支持。从政策支持角度看，获得农家经济安全网对保障的基本前提条件是农户必须符合一定的规制，即经营规制，须以食物安全生产为核心；收入规制，须以管理有效合理为核心；福利规制，须以持久农业经营为核心。"一网三保"政策措施即基于这三方面规制进行制定。

## （二）政策措施

### 1. 提供农业生产经营保障

生产经营包括进入支持、生产支持两部分，进入支持主要是对准备将从事生产经营的"准农场主"给予投资支持，生产支持主要是对"农场主"生产过程中所需服务提供支持。支持不仅仅是经济支持，还包括政府和公共服务组织履行服务职责、服务约定。生产经营支持的主要内容有：土地租用优惠贷款和财政补贴、农业经营技能培训、农业经营法律法规培训、农业市场知识培训、农业生产资料财政补贴和优惠贷款、参加标准化生产财政补贴、农田基础设施建设优惠贷款和财政补贴、参加作物灾害保险财政补贴等。如前所述，农户的生产经营必须符合政府的相关规定标准，才能获得农业生产经营保障。

**2. 提供农户收入生活保障**

由于农业经营遭受自然灾害与市场波动双重风险的特点，使农户收入不稳定导致基本生活难以为继的情况时常发生，必须将确保农户收入生活稳定纳入政策支持范围，制定农户收入生活保障线。可以考虑，在农户生产经营活动符合政府相关规定和标准的前提下，由于自然灾害、市场波动等不可抗拒的原因造成收入连续下降，参照城市居民平均收入水平的50%~70%制定农户收入生活保障线，如连续2年以上农户收入低于生活保障线，政府给予补贴。

特别需要考虑的是，在未来城乡收入以及生活水平趋于比较均衡的背景下，农户收入生活保障水平应当基本或完全以城市居民的标准来衡量，否则就失去政策引导作用。如果城乡最低生活保障标准来救济农户，将其生活标准降为贫困水平，显然会产生负面影响。

**3. 提供农民社会福利保障**

我国城乡一体平等社会福利保障是大势所趋，但同时，城乡二元结构及其制度在短期内难以全面消除，城乡分割的不平等社会福利保障仍然将维持相当长时期。因此，为农户提供平等享受城镇居民的社会福利保障，并予以适当政策优惠，能够有效激励农户经营农业。其基本内容主要有：农户享受城镇居民的养老、医疗、教育、救助、住房等全部社会福利保障；农户户主夫妻可以参加城镇各种类型的"五险一金"社会保障，政府给予财政补贴；鼓励农业经营代际相传，家庭农场子女中小学进入县域内优质学校就学，就读大学农业专业给予财政补贴助学等。

**4. 辅助性政策支持**

专业技能型职业农民即农业工人、农业雇员等农业劳动力，目前主要是一般以个体劳动者存在，将来会出现较多农业劳务组织；社会服务型职业农民即农村信息员、农村经纪人、农机服务人员、统防统治植保员、村级动物防疫员等，类型比较复杂，有组织或个体型态，有财政补贴与自筹，有事业编制与社会化等等。对这两类农业劳动力，薪酬上实行小时最低工资制、日最低工资制；社会福利保障优先纳入城镇居民养老、医疗保险，政府对其中经济困难者予以补贴；鼓励建立劳动、服务合作社，给予财政、税收、金融方面的优惠。

对大中专毕业生进入农业领域创业者，比照享受国家有关创办、领办中小企业的优惠政策，享受农户前述"三保"的待遇。

---

**【专栏5】　　　宁波市政府支持大学生从事农业**

2009 年以来，宁波市政府出台鼓励大学生从事农业的扶持政策，主要内容是：到 2015 年底，全市市级示范性农业生产服务组织均有 1 名以上大学毕业生，全市农业领域就业创业的大学毕业生达到 1000 名左右。主要扶持政策是：在农业生产领域创业的大学毕业生，按工商注册登记，政府给予每人每年 2 万元补助，农业小额担保公司优先提供贷款担保，并给予利率优惠；对聘用大学毕业生就业的较大规模农业生产经营主体（含农业企业、农民专业合作社、家庭农场和种养大户等），政府给予 1 至 2 名每人每年 2 万元的基本报酬补助。

---

**5. 现存国家农业支持政策增量向新型职业农民倾斜**

这是目前可以快速实施的措施。我国现存在的农业支持政策，形成原因复杂，不完全是以单纯扶持农业发展为目标，具有社会性、普惠性、补偿性，难以在短期内进行重大改革或者取消，一些补贴项目必将保持相当长时期。但是，可以在保持现存农业支持政策项目及力度的同时，将新增农业补贴向新型职业农民倾斜，在承担农业项目、土地流转、基础投入、金融信贷、税费减免、信息服务、营销推广等方面，优先考虑支持新型职业农民。如新增的粮食、棉花生产补贴，农业生产资料购买补贴等，就可以与土地经营规模、产量以及经营年限等挂钩，促进新"农场主"成长。

## 五、操作实施

### （一）关于国家层面与地方层面的支持对象认定

在国家层面，政策支持对象以经工商行政管理部门、民政社团管理部门登记注册的农业经营主体为主，财政补贴资金由国家承担为主。地方政府可以制定适合本地的认定标准与政策，但不能与国家层面标准与政策矛盾。

新型职业农民的认定，是事关政策措施是否有效的重要前提，必须认真考量。第一，目前新型职业农民处于发育阶段，如果国家层面认定范围过于宽泛，实际上将难以掌握真实情况，不利于采取精准有效的政策措施，政策示范效果将大打折扣，不能从开始即规范新型职业农民的发育，很不利于长期发展；地方层面直接面对农户，可以根据实际灵活确定认定范围与政策，弹性较大。因此，新型职业农民的认定标准，在地方层面可宽，在国家层面应严。第二，从目前发展趋势看，由于管理操作技术的成熟，国家层面、地方层面对农户新型职业农民的支持，完全能够实现由中央或者地方主管部门直达到户。在国家层面，直达登记注册的农业经营主体是最佳操作路径。第三，由于国家层面、地方层面承担的责任范围不同，对农户的支持历来在范围、力度、方式上有所不同，体现在支持新型职业农民上也将存在区别。

### （二）关于政策实施的重点

政策实施的重点主要涉及农产品品种及区域、家庭农场范围。

农产品品种及区域。农产品品种繁多，其在国计民生中的战略地位不同。在国家层面，政策支持主要针对具有基础性作用的重要农产品及主要产区，以发挥引导作用、核心保障作用。地方层面则根据本地情况自定。

国家层面重点支持主要产区的种植养稻谷、玉米、小麦、棉花、生猪、大豆、油菜、肉牛羊的新型职业农民。对上述农产品的主要产区，可以按照农业部已有划分。主要的原则是，凡属基本农田，都应该纳入国家层面重点支持范围。

家庭农场。在新型农业经营主体中间，国家层面重点支持的优先序为：自耕农、土地合作社、职业经理人、农业工人（服务工人）、其他形式农业企业，其目的是保障土地与劳动力结合紧密者经营的稳定性与竞争力。

### （三）关于政策创新

培育新型职业农民，关键在于能否进行政策创新。我国现有惠农政策含金量仅财政资金超过 1 万亿元，但不适应培养农业增长新动力的要求。现有惠农政策的弊病已经越来越明显，其普惠性，即几乎是每个家庭承包农户都获得，实际结果功能模糊、力度分散；其单一性，即政策支持集中在生产环节，对农户的收入、福利保障考虑较少甚至缺失；其间隔性，即国家层面支持并不直达农户，而是通过地方层面达到，导致国家层面政策导向力大为减弱。因此，必须进行政策创新，构建适应新形势、新要求的政策体系，才能实现培育新型职业农民的战略目标。

至少在政策工具、部门协同、国家和地方协同三个方面需要政策创新。政策工具方面，要建立新型职业农民规范标准、农户贷款与信用担保体系、农户收入与福利保障制度等；部门协同方面，要改变部门分割、封闭的弊端，农业、财政、金融、工商、社会保障、民政、统计等部门充分合作，建立相关协调一致的制度，整合资源，互享信息，形成国家层面政策合力；国家和地方协同，要改变相互"钓鱼"的弊端，国家层面要发布明确的支持标准和重点，避免流于模糊、分散，同时，国家层面、地方层面的政策通道分开，直达农家，农户可以享受双重支持，形成明确有力的政策激励。

执笔人：肖俊彦

# 家庭农场是农业经营方式的主流方向

## 一、家庭农场在世界农业中的地位至关重要

家庭农场与公司制农场是国际上两种主要的农业经营方式。国际上对于家庭农场并没有统一的概念。联合国粮农组织定义家庭农场为主要由家庭劳动力管理经营农业、林业、渔业、畜牧业生产的农业经营方式。家庭和农场结合为家庭农场，融入了经济、环境、社会和文化功能（FAO，2013）。美国20世纪70年代初提出家庭农场的三条标准：一是由家庭成员经营管理，二是家庭承担风险，三是家庭必须提供本农场一半以上劳动力。认定为家庭农场才能享受政府优惠政策（刘建水，2013）。美国农业部经济研究局定义家庭农场为主要经营者有血缘或婚姻关系、拥有一半以上农场经营业务的农场（James，2013）。

家庭农场是全球最为主要的农业经营方式，在全球食物生产中扮演了关键角色。基于105个国家和地区的国际农业普查数据分析显示，家庭农场占全球所有农场数量的98%，4.83亿样本农场中有4.75亿为家庭农场，至少占有53%的农地，以及生产至少53%的食物（Benjamin， etc，2015）。联合国粮农组织《粮农状况》利用30个国家的农业普查数据估计，全球5.7亿农场中有5亿是家庭农场，拥有75%的农地。

本杰明等利用世行报告数据估计，家庭农场为全球农业经济做出了大约2.2万亿美元的重要贡献（Benjamin，etc，2015；World Bank，2014）。联合国粮农组织认为，无论在发展中国家还是发达国家，家庭农场经营都是食物生产部门中占主导地位的农业经营方式。鉴于家庭农场的重要性并为促进其更好的发展，联合国粮农组织和其他一些机构发起，在第66届联合国大会上宣布2014年为"国际家庭农场年"。

截至2012年，美国有217万农场，平均规模421英亩（约合2555亩）。家庭农场一直在美国农作物农业（crop agriculture，即狭义的农业）中占据主导地位。2011年，96%的美国农作物农场是家庭农场，其农作物生产价值占比87%（James，etc，2013）。笔者调查的北卡罗来纳州有5万个农场，平均规模为170英亩（约合1032亩），大约95%到98%为家庭农场。

许多国家都重视并支持家庭农场发展。美国农业部下设农场服务署，通过全国性公共服务体系，负责实施农业政策，管理农场信贷项目、生态保护、农产品产供销储服务、灾害援助、价格支持等。美国联邦政府通常提供农场主收入补贴和农作物自然灾害保险补贴。2014年以来，支持政策有所调整。新农业法（2014～2018）取消了直接支付补贴项目，同时加强政府对农业保险的补贴力度，对农场主在遭受自然灾害和市场波动损失时给予补偿。美国州政府也通过一些项目支持家庭农场。例如，北卡罗来纳州实施农业发展和农地保护项目，通过保护农地来促进家庭农场的发展及可持续性。美国农场主们通常都会成立农场协会，为农场提供生产、经营、信贷等方面的服务，并向政府游说争取利益。

## 二、家庭农场是助推我国农业走出"小农困境"的关键

### （一）我国的小农农业

谈论到我国的家庭农场，就不得不提出小农（smallholder or peas-ant）概念。小农意指经营规模小的农户或农民，其经营土地规模小于其经营能力可以耕作的土地。小农农业指小农经营的小规模农业。据《中国土地制度史》介绍，秦汉到南北朝期间，农户经营规模为 50 ~ 60 亩，由于受农业技术条件所限，农户无力耕种再多的土地，农户经营规模与经营能力匹配。隋唐以后，我国人口增长超过耕地面积增加的速度，且随着农具、施肥等农业技术改进，人地关系开始紧张。唐朝实行均田制，一户 65 亩为上限，农户实际经营规模往往达不到这个上限。北宋初期，户均耕地 40 亩。南宋时期，绝大多数农户耕种面积都在 25 亩以下。明清时期，户均耕地更是逐渐减少。到 1936 年，户均耕地只有 18.4 亩，农民人均耕地 3.6 亩。可以说，自隋唐以后，我国的农户才称之为小农，小农农业开始形成。

新中国成立以后，随着人口增长和农业技术进步，人地关系显得更加紧张，小农经营规模更加变小。目前，我国农户户均耕地规模不足 10 亩，且地块零碎。可见，唐宋元明清以降上千年米，农户经营规模逐渐减少至经济上越来越不合理的低水平，农户有能力耕种远大于其实际耕种的规模，农业剩余劳动力逐渐增多，农户已经成为典型的小农，农业成为典型的小农农业。

### （二）小农农业陷入低水平发展困境

我国依靠精耕细作的小农农业一直养活着世界上最多的人口。但

也不可否认的是，我国人多地少、人地矛盾突出，农业经营规模太小以致经济不合理。单位面积上的耕种、施肥、打药、收获等农业生产成本高，先进农业机械设备使用不便，制约了农业生产效率的提高，缩小了农业收益空间。以种粮农户为例，2014年，稻谷、小麦、玉米三种粮食平均每亩净利润仅125元，户均收益仅千元左右。我国小农农业陷入"小农低水平发展困境"（简称"小农困境"），小农农业属"薄利农业"，生产效率低，单位面积收益与总收益低，限制农业投入能力、降低投入热情，导致农业技术应用缓慢，土地经营粗放甚至撂荒，小农农业低水平循环，难以迈向现代化。

随着农业市场化与全球化，小农农业不可避免地要受到国内和国际农产品市场的影响。尤其近几年，国际市场粮食等主要农产品价格持续低于国内市场，进口连年增长，国内库存积压，农业增收困难，小农农业承受着巨大的压力，"小农困境"愈发明显。

### （三）小农进化为家庭农场是摆脱"小农困境"的有效途径

农业部2014年发布《关于促进家庭农场发展的指导意见》，定义家庭农场为一种新型农业经营主体，有三点主要特征：一是家庭农场经营者和劳动者主要是家庭成员；二是家庭农场专门从事农业；三是家庭农场经营规模适度，收入水平能与当地城镇居民相当。这与联合国粮农组织和美国农业部对家庭农场的定义相似。简而言之，家庭农场就是主要由家庭劳动力经营的具有适度规模的农场。具有适度经营规模的农户，如种养殖大（农）户，实际上就是家庭农场。

农户经营规模一旦达到与其劳动力和经营能力相匹配的合理水平，小农就迈向家庭农场，农业经营状况会好转，农业收入就增加并与非农就业收入相当。以粮食生产为例，农业部调查测算数据显示，按目前生产条件，播种面积100～120亩是区分小农与家庭农场的规模标准。而据联合国粮农组织的研究显示，经济作物不低于170亩、粮食作物不低于300亩的农业经营规模才具有国际竞争力。未来一段时期，家庭农场和小农都将是我国农业经营的主体，但适度规模的、由职业农民经营的家庭农场才是我国农业走出"小农困境"的载体，是小农农业脱胎换骨的方向。

## 三、家庭农场发展的国际经验及对我国的启示

**（一）经营经济性优势使得家庭农场长盛不衰，我国应坚持把家庭农场而非公司制农场作为未来农业经营方式的主流方向，制定家庭农场发展战略，加强管理与服务，赋予法律地位，给予重点支持**

家庭农场为什么是全球最普遍的农业经营方式，而非像其他行业中公司经营方式占主流一样？相较于公司制农场和集体或合作农场，家庭农场具有经营经济性，主要体现在更加有效的决策和更少的监督成本，这一内在的经济优势使得家庭农场长盛不衰。农业是天人合一的产业。农民可以根据天气变化和动植物生长发育及时做出决策。家庭农场中成员间几乎不需要监督成本。相反，在公司制农场或集体农场中，监督雇工难，监督成本高。因此，20世纪50年代中期至70年代末期，我国曾实行的集体化农业缺乏效率导致食物短缺。美国公司制农场同样面临类似的问题而不得不混合使用家庭农业。例如，都乐食品（Dole Foods）公司曾经在加利福尼亚州和亚利桑那州直接经营大片的农场。但如今在这些州，公司从购买该公司土地的土地所有者

手上租赁了1.4万英亩土地。其中多数土地由与都乐食品公司有契约协作的独立的家庭农场耕种（James，etc，2013）。这意味着家庭农场是最为持久稳固的农业经营方式。北卡罗来纳州农业和消费者服务局农业项目专家法雷尔女士（Beth P. Farrell）告诉笔者，家庭农场的优势之一就是其有权自主进行种养殖决策来获取收益。例如，家庭农场主愿意半夜起床挤牛奶，而公司制农场的雇工或许不愿意。法雷尔女士认为，农业公司用不着自己拥有土地，公司和家庭农场签订合同就行。只有少数农业公司为了进行农业技术研究及示范推广才拥有自己的土地。在我国，关于公司还是家庭农场将来应成为主流的农业经营方式存在争议。本章认为，家庭农场将是未来最主流的农业经营方式。家庭农场将在农作物种植等农业产业中占据主导地位。尽管公司制农场将增加、扩张并在一定程度上引领畜牧业等资本、技术密集型农业，但不会成为农业经营方式的主流方向。

国际经验与国内现实都表明，家庭农场是发展现代农业最重要的经营主体，应给予其重点支持。首先，我国应提出明确的家庭农场发展战略，加强管理与服务。从战略高度上重视家庭农场对农业的重要性，制定未来5年、10年甚至更长远的家庭农场发展规划。增强对家庭农场的管理与服务职能，可以参照国际经验在农业部门中成立专门服务于家庭农场、公司制农场以及普通农户的服务机构。积极发展融合培训、保险等服务经营内容的家庭农场协会，提高家庭农场组织自我管理、自我服务的能力。其次，赋予家庭农场法律地位。普通农户发展为家庭农场是自然而然的过程，目前农业和工商部门引导但并未要求家庭农场必须登记注册。法律上，家庭农场不具有独立的法律地位。实践中家庭农场登记的形式不同，而且存在矛盾，有登记为个体工商户的，但实际从事的是农业，有登记为有限责任公司的，但登记后还需要定期报税缴税。为适应家庭农场正规化发展和市场经营需要，并有别于普通农村承包经营户，有必要在法律地位上赋予家庭农场独立的市场地位，命名为"个体农业户"或其他名称，并规定其财产法律责任。再次，政策上重点扶持家庭农场发展。近年来，一些地方已经实施了促进家庭农场和适度规模经营发展的支持政策。2015 年以来，中央也开始调整财政补贴政策以支持家庭农场及其他适度规模经营主体。未来，财政补贴、土地改良与保护、农业技术推广、农业保险、农业信贷等政策措施都可以重点支持家庭农场发展，为实现我国农业现代化创造基本条件，以提高农业经济效率、打破"小农困境"。

### （二）农村城镇化有助于土地流转与家庭农场扩展，应建立健全土地经营权流转制度，稳定发展家庭农场

随着农村城镇化以及农民老龄化，更多的农民流转出土地，更少的人经营农业，并且可以买到或租到更多的土地，从而扩大农场规模。据美国农业部 2012 年农业普查，非经营土地所有者的平均年龄为 66.5 岁，而农场经营者的平均年龄为 58.9 岁。在北卡罗来纳州，有 74817 户农场土地所有者和 50218 户农场经营者。这意味着大约 1/3 农场土地所有者出租土地给经营者。此外，高风险和低利润给家庭农场带来压力并促使家庭农场扩大规模。21 世纪以来，初级农产品价格变动剧烈，2008 年以来持续下降。重压之下，许多规模较小的家庭农场经营困难。即便在具有农业国际竞争力的美国，在拖拉机、种子、化肥、租金等支出压力之下，一些家庭农场只能获得很少利润，以致部

分撤出农业。在北卡罗来纳州，从 2007 年至 2012 年，农场数量从 52913 户减少到 50218 户，5 年间减少 5%。同时，农场平均规模从 164 英亩增加到 170 英亩，增长了 5%。

在我国，农村土地经营权流转将促使更多的小农转变为家庭农场。城镇化和工业化进程中，农村劳动力从事农业比重日趋下降。2015 年底，我国农民工数量为 2.77 亿，其中外出农民工 1.69 亿。大约 1.5 亿的新生代农民工基本上不会务农，将来也不会以农为生。从长远看，他们具备了脱离农业、脱离土地的可能。在东部沿海发达地区和部分大中城市的近郊区，以及农村劳动力大量外出打工的中西部一些地区，已经具备土地适度规模经营的条件。2015 年底，我国承包耕地流转面积已达到 4.43 亿亩，比 2010 年增长了 2.4 亿亩，占全国承包耕地面积的 33.3%。2014 年底，有 5800 万农户将承包地流转给其他经营者。家庭农场与适度规模经营起步发展。家庭经营面积超过 50 亩耕地的农户达到 340 万户，比 2010 年增加 24 万户，增长 7.5%。共有家庭农场 87.7 万个，占比不到农户总数的 1%，经营耕地面积达到 1.76 亿亩，平均经营规模 200 亩，占全国承包耕地面积的 13.4%。

不过，我国家庭农场的发展并不稳定。最为重要的原因是家庭农场缺乏稳定的土地产权，农村土地经营权流转制度及体系还不成熟。土地经营权不稳定导致家庭农场规模与经营的不确定性。因此，应逐步建立健全稳定的土地经营权流转制度，完善各级土地经营权流转市场体系，做好土地经营权流转法律服务和纠纷仲裁工作，以稳定土地流转关系，稳定家庭农场发展，保障流转双方利益。需要注意的是，小农（普通农户）迈向家庭农场是一个循序渐进的过程，不能单纯为了追求农业经营规模而强迫或诱导农民流转土地，不能简单归大堆、垒大户式地拼凑家庭农场。

### （三）农业机械化与家庭农场互相促进，应大力支持农机产业升级和农机社会服务业发展

农业机械化会促进家庭农场发展，家庭农场发展也有利于推进农业机械化。农业规模化经营需要家庭农场花费资金购买农业机械。笔者访谈到的北卡罗来纳州波弗特（Beaufort）县阿奇·格里芬（Archie Griffin）的农场，耕种收都已经达到自动化作业，设定好程序后，农业机械就可以依照定位系统准确地耕种与收获。阿奇购买 1 台大型拖拉机及配置自动化设备需要将近 100 万元人民币，他经营 1450 英亩的土地，现有上千万人民币的各类农业机械。一般情况下，普通家庭农场没有足够的资金并缺乏信贷渠道，多数需要金融支持或购置补贴。

我国农作物耕种收综合机械化水平已达到 60%。今后，农业机械化与家庭农场发展将相伴随行，互相促进。政府应进一步引导支持农业机械产业升级，将信息化与农业机械化融合，应用互联网、物联网技术，建立农机管理与作业信息服务体系，提升农业机械化水平，促进农机装备智能化，引领智慧农业发展。提供更多的农机补贴给家庭农场或农机合作社，大力发展农机合作社，为家庭农场提供便捷、经济、高效的农机社会化服务。

执笔人：张云华

**参考文献**

［1］刘建水．国外现代家庭农场的基本特征．农村经济文稿，2013（12）

［2］张云华．从小农迈向家庭农场——中国农业走出"小农困境"之路．农民日报，2014 – 10 – 10

［3］赵冈，陈忠毅．中国土地制度史．北京：新星出版社，2006

［4］Benjamin E. Graeub, M. Jahi Chappell, etc, 2015, The State of Family Farms in the World, World Development, 0305 – 750X/_ 2015 Food and Agriculture Organization of the United Nations. Elsevier Ltd

［5］FAO, 2013, Master Plan. Retrieved from International Year of Family Farming, http: //www. fao. org/fileadmin/user_ upload/iyff/docs/Final_ Master_ Plan_ IYFF_ 2014_ 30 – 05. pdf

［6］James M. MacDonald, PenniKorb, and Robert A. Hoppe, 2013, Farm size and the organization of U. S. crop farming, Economic Research Report of Economic Research Service, USDA, Number 152

［7］World Bank, 2014, World Development Indicator: Structure of output, Retrieved from Data. http: //wdi. worldbank. org/table/4. 2

# 农地流转与规模经营的进展

⬇

## 一、农地流转的趋势及特点

### （一）农地流转速度和规模逐年增加

我国有农用地 64616.84 万公顷，其中耕地 13516.34 万公顷（20.27 亿亩）[①]。截至 2014 年底，家庭承包经营的耕地面积 13.29 亿亩[②]，全国耕地流转面积达到 4.03 亿亩，比 2010 年增加 2.16 亿亩；流转面积占家庭承包耕地总面积的 30.3%，比 2010 年提高 15.6 个百分点（表 11 – 1）。

表 11 – 1　　2010 ～ 2014 年全国家庭承包耕地流转面积　　单位：亿亩

| 年　份 | 2010 | 2011 | 2012 | 2013 | 2014 |
|---|---|---|---|---|---|
| 家庭承包耕地面积 | 12.73 | 12.77 | 13.1 | 13.27 | 13.29 |
| 流转面积 | 1.87 | 2.28 | 2.78 | 3.41 | 4.03 |
| 流转比重 | 14.67% | 17.85% | 21.25% | 25.70% | 30.32% |

资料来源：全国农村经营管理统计资料。

————————

① 见《2014 中国国土资源公报》。
② 农业部门的这个数据与国土资源部公布的全国耕地面积数据差异较大，主要原因是：国土资源部公布的数据包括国有和集体耕地，农业部数据仅为集体耕地面积；国土部数据为土地详查结果，农业部数据为基层实行家庭承包时自行填报的台账数，大多以原计税面积为基础，而当年为少交农业税，一些地方刻意少报耕地面积；集体耕地中有一部分未实行家庭承包经营。

## （二）经济发展水平高的地区耕地流转比重最高

在工业化、城镇化发展快的地区，耕地流转比重最高。2014 年全国有 8 个省市家庭承包耕地流转比重超过 35%，分别是：上海71.5%、江苏58.4%、北京52.0%、黑龙江50.3%、浙江48.0%、安徽41.0%、重庆39.7%、河南37.1%。其中上海、江苏、北京、浙江和重庆都是工业化、城镇化发展快的省市。

## （三）粮食主产区耕地流转面积占全国耕地流转面积的2/3

粮食主产省区耕地流转比重呈增长趋势。2011 年，13 个粮食主产省区家庭承包耕地面积8.85 亿亩，占全国家庭承包耕地面积12.77 亿亩的70%，耕地流转面积占全国耕地流转面积的73%。2013 年，13个粮食主产省区家庭承包耕地面积9.1 亿亩，占全国家庭承包耕地面积13.27 亿亩的68.6%，耕地流转面积占全国耕地流转面积的75.1%（表11 - 2）。

表11 - 2　　2011 年和2013 年粮食主产区家庭承包耕地流转比重　　单位：亩

| 省　份 | 2011 年 | | | 2013 年 | | |
|---|---|---|---|---|---|---|
| | 家庭承包经营耕地面积 | 流转面积 | 比重（%） | 家庭承包经营耕地面积 | 流转面积 | 比重（%） |
| 河　北 | 83004638 | 9676340 | 11.7 | 82658325 | 14047647 | 17.0 |
| 内蒙古 | 86918459 | 14257758 | 16.4 | 98886515 | 21139105 | 21.4 |
| 辽　宁 | 50721249 | 4183669 | 8.2 | 50738689 | 8117446 | 16.0 |
| 吉　林 | 59715877 | 6141741 | 10.3 | 63486173 | 11375852 | 17.9 |
| 黑龙江 | 126591101 | 38595108 | 30.5 | 129764832 | 57605770 | 44.4 |
| 江　苏 | 50245354 | 20710393 | 41.2 | 50776659 | 28921974 | 57.0 |
| 安　徽 | 62484624 | 11575205 | 18.5 | 62094641 | 20757044 | 33.4 |
| 江　西 | 31337150 | 4536828 | 14.5 | 31730000 | 6501190 | 20.5 |
| 山　东 | 91700827 | 9019873 | 9.8 | 92411206 | 16167063 | 17.5 |

续表

| 省　份 | 2011 年 | | | 2013 年 | | |
| --- | --- | --- | --- | --- | --- | --- |
| | 家庭承包经营耕地面积 | 流转面积 | 比重（%） | 家庭承包经营耕地面积 | 流转面积 | 比重（%） |
| 河　南 | 96120350 | 19821627 | 20.6 | 96490950 | 32164716 | 33.3 |
| 湖　北 | 45111627 | 6658082 | 14.8 | 45347804 | 11943652 | 26.3 |
| 湖　南 | 46101786 | 10899204 | 23.6 | 47745977 | 13796652 | 28.9 |
| 四　川 | 58406499 | 10743522 | 18.4 | 58370299 | 13606805 | 23.3 |

资料来源：全国农村经营管理统计资料。

### （四）耕地流转方式以转包和出租为主

对土地流转，中央政策明确允许农民以转包、出租、互换、转让、股份合作等形式流转土地承包经营权，发展多种形式适度规模经营。在近几年推进城镇化和城乡发展一体化的进程中，各地在实践中又创造了很多土地流转方式，诸如家庭农场、企业基地经营、农村社区建设、农企合作经营。从全国统计数字来看，目前耕地流转方式仍以转包和出租为主。截至 2014 年底，转包、出租、互换、股份合作、转让流转的比重分别为 46.6%、33.1%、5.8%、6.7% 和 3.0%；另有4.8% 的耕地通过临时代耕等其他方式流转。2010～1014 年，以出租方式流转的面积持续增加，比重持续提高；以转包方式流转的面积持续增加，但比重持续下降（表 11－3）。

表 11－3　　　2010～2014 年家庭承包耕地流转形式变化　　　单位：亿亩

| 　年　份 | | 2010 | 2011 | 2012 | 2013 | 2014 |
| --- | --- | --- | --- | --- | --- | --- |
| 转包 | 面积 | 0.96 | 1.16 | 1.37 | 1.6 | 1.88 |
| | 比重 | 51.61% | 50.88% | 49.28% | 46.92% | 46.53% |
| 转让 | 面积 | 0.09 | 0.1 | 0.11 | 0.11 | 0.12 |
| | 比重 | 4.84% | 4.39% | 3.96% | 3.23% | 2.97% |

| 年　份 | | 2010 | 2011 | 2012 | 2013 | 2014 |
|---|---|---|---|---|---|---|
| 互换 | 面积 | 0.1 | 0.15 | 0.18 | 0.21 | 0.24 |
| | 比重 | 5.38% | 6.58% | 6.47% | 6.16% | 5.94% |
| 出租 | 面积 | 0.49 | 0.62 | 0.8 | 1.08 | 1.34 |
| | 比重 | 26.34% | 27.19% | 28.78% | 31.67% | 33.17% |
| 股份合作 | 面积 | 0.11 | 0.13 | 0.17 | 0.24 | 0.27 |
| | 比重 | 5.91% | 5.70% | 6.12% | 7.04% | 6.68% |
| 其他形式 | 面积 | 0.11 | 0.12 | 0.15 | 0.17 | 0.19 |
| | 比重 | 5.91% | 5.26% | 5.40% | 4.99% | 4.70% |

资料来源：全国农村经营管理统计资料。

### （五）耕地流转入合作社和企业的比重持续增加

从耕地的整体经营格局来看，近年来农业经营的显著变化是农户经营的面积和比重下降，合作社和企业经营的面积和比重持续提升。2010～2014 年，农户的耕地经营面积由 12.15 亿亩下降到 11.61 亿亩，比重从 95.44% 下降到 87.36%；合作社经营的耕地面积从 0.22 亿亩增加到 0.88 亿亩，比重从 1.73% 提高到 6.62%；企业经营的耕地面积从 0.15 亿亩增加到 0.32 亿亩，比重从 1.18% 增加到 2.93%（表 11-4）。

2014 年，在全部流转耕地中，流转入农户的占 58.3%；流转入农民专业合作社的占 21.8%（其中，以入股形式流转入合作社的比重占 18.1%）；流转入企业的耕地面积 0.39 亿亩，占 9.6%；流转入其他主体的占 10.1%。2010～2014 年，流转入合作社和企业的比重持续提高，流转入农户的比重持续下降（见表 11-5）。

流转耕地主要用于种植粮食作物。2014 年农户流转出的承包耕地中，用于种植粮食作物面积为 2.29 亿亩，占流转总面积的 56.8%，比

表 11 – 4　　　　2010～2014 年农业经营主体的经营面积变化情况　　　单位：亿亩

| 年　份 | | 2010 | 2011 | 2012 | 2013 | 2014 |
|---|---|---|---|---|---|---|
| 农户 | 面积 | 12.15 | 12.03 | 12.12 | 11.92 | 11.61 |
| | 比例 | 95.44% | 94.21% | 92.52% | 89.83% | 87.36% |
| 专业合作社 | 面积 | 0.22 | 0.31 | 0.44 | 0.69 | 0.88 |
| | 比例 | 1.73% | 2.43% | 3.36% | 5.20% | 6.62% |
| 企业 | 面积 | 0.15 | 0.19 | 0.25 | 0.32 | 0.39 |
| | 比例 | 1.18% | 1.49% | 1.91% | 2.41% | 2.93% |
| 其他主体 | 面积 | 0.2 | 0.24 | 0.29 | 0.34 | 0.41 |
| | 比例 | 1.57% | 1.88% | 2.21% | 2.56% | 3.09% |

资料来源：全国农村经营管理统计资料。

表 11 – 5　　　　　　　　2010～2014 年耕地流转去向　　　　　　　单位：亿亩

| 年　份 | | 2010 | 2011 | 2012 | 2013 | 2014 |
|---|---|---|---|---|---|---|
| 农户 | 面积 | 1.29 | 1.54 | 1.8 | 2.06 | 2.35 |
| | 比重 | 69.35% | 67.54% | 64.75% | 60.41% | 58.31% |
| 专业合作社 | 面积 | 0.22 | 0.31 | 0.44 | 0.69 | 0.88 |
| | 比重 | 11.83% | 13.60% | 15.83% | 20.23% | 21.84% |
| 企业 | 面积 | 0.15 | 0.19 | 0.25 | 0.32 | 0.39 |
| | 比重 | 8.06% | 8.33% | 8.99% | 9.38% | 9.68% |
| 其他主体 | 面积 | 0.2 | 0.24 | 0.29 | 0.34 | 0.41 |
| | 比重 | 10.75% | 10.53% | 10.43% | 9.97% | 10.17% |

资料来源：全国农村经营管理统计资料。

2013 年增加 0.3 个百分点。流转出耕地用于种植粮食作物的比重较高的集中在粮食主产区，其中：黑龙江 92.2%、内蒙古 73.5%、安徽 68.7%、吉林 68.3%、河南 65.6%、江西 59.6%。

## 二、农地经营主体的变化情况

2010 年以来农民专业合作社数量快速增加。由农村能人领办的合作社占到九成，占比持续增长；由企业领办的合作社增长最快，2014年发展到了30000个，是2010年的两倍；由基层农技服务组织领办和其他主体领办的合作社比重呈下降趋势（见表11－6）。截至2014年底，全国农民专业合作社总数达113.8万个，比2013年底增加25.4万个，增长28.7%。山东、河南、河北、山西、江苏、安徽、吉林和内蒙古8粮食主产省区合作社数占全国合作社总数的51.5%。农民专业合作社实有成员达5593万个（户），比2013年底增长17.1%，平均每个合作社实有50个成员，其中普通农户成员占87.9%，专业大户及家庭农场成员占3.2%；通过合作社带动非入社成员6542万户，比2013年底增长6.7%，平均每个合作社带动58户。

表11－6　　　　2010～2014年农民专业合作社增长情况　　　　单位：个

| 年　份 | | 2010 | 2011 | 2012 | 2013 | 2014 |
|---|---|---|---|---|---|---|
| 全国农民专业合作社 | 总数 | 281433 | 508920 | 534874 | 884089 | 1138000 |
| | 增长 | | 80.8% | 5.1% | 65.3% | 28.7% |
| 农村能人领办 | 总数 | 237462 | 457538 | 480444 | 802077 | 1035000 |
| | 占比 | 84.40% | 89.90% | 89.80% | 90.70% | 91.00% |
| | 增长 | | 92.7% | 5.0% | 66.9% | 29.0% |
| 企业领办 | 总数 | 15601 | 14901 | 16831 | 23942 | 30000 |
| | 占比 | 5.50% | 2.90% | 3.10% | 2.70% | 2.60% |
| | 增长 | | -4.5% | 13.0% | 42.2% | 25.3% |
| 基层农技服务组织领办 | 总数 | 9254 | 10125 | 10850 | 15218 | 19000 |
| | 占比 | 3.30% | 2.00% | 2.00% | 1.70% | 1.60% |
| | 增长 | | 9.4% | 7.2% | 40.3% | 24.9% |
| 其他主体领办 | 总数 | 13652 | 26356 | 26568 | 42852 | 54000 |
| | 占比 | 4.90% | 5.20% | 5.00% | 4.80% | 4.80% |
| | 增长 | | 93.1% | 0.8% | 61.3% | 26.0% |

资料来源：全国农村经营管理统计资料。

规模经营农户数量继续增加。经营耕地规模在30亩以下的农户达

2.55亿户，占农户数比重的96.1%，比2013年下降0.1个百分点。虽然小规模分散经营仍是农业经营方式的主体，但经营规模30亩以上的农户数量呈小幅增长态势，且经营规模50亩以上的农户数增加较快，达到341.4万户，比2013年增加近24万户，增长7.5%，占总农户数的1.3%，比2013年提高0.07个百分点，其中经营规模50~100亩、100~200亩、200亩以上的农户数分别占50亩以上农户数的69.0%、21.9%、9.1%。

从合作社的从事行业看，种植业、畜牧业合作社占四分之三。种植业合作社中，粮食生产合作社继续保持较快增长，仍占主要比例，"非粮化""非农化"倾向不明显。截至2014年，粮食合作社21.3万个，比2013年增长49.7%，占种植业合作社的比重为35.6%。蔬菜合作社11.0万个，占种植业合作社的比重为18.3%。

## 三、土地确权与实施

2008年以来，中央提出搞好农村土地确权、登记、颁证工作，把农村集体土地所有权证确认到每个具有所有权的农民集体，土地承包经营权确权到户。据农业部经管司统计，截至2013年，全国签订家庭承包合同2.23亿户，约占家庭承包经营的农户数量2.30亿户的96.96%；颁发土地承包经营权证份数为2.07亿户，若一份合同对应一份权证，约有90%的农户拿到了证书。实地调研中我们发现，土地确权与实施过程中主要存在以下四个问题。

一是面积与证书不符。农村承包地的台账面积与第二次全国土地调查的数据差异较大。根据农业部数据，台账面积仅为14.13亿亩，而二调数据高达20.27亿亩，后者较前者高出近一半。部分地区台账面积与二调数据的差异更为悬殊。例如，云南省文山州承包地的台账面积为 306.12 万亩，而二调耕地面积为 1021.42 万亩，后者是前者的三倍还多。由于确权面积关系到粮食直补等惠农补贴问题，农户希望将多出的面积落实到户，但中央层面尚缺乏统一的制度安排，基层部门仍按二轮延包档案面积计算相应的惠农补贴。村与村、户与户之间的权属争议在确权过程中显化，争执不下，难以确权。

二是如期完成确权很难。调研发现，传统农区的农民外出务工较多，大部分村小组超过四分之一的村民外出务工，部分村小组村民外出务工比例超过半数，留守老人及小孩讲不清本户情况，影响了确权的效率与进度。整户外出的情况也较为普遍，在确权过程中很难联系到外出户，在目前的政策框架下，确权的短期收益极为有限，外出农户回乡配合确权工作的积极性低，造成无人指界和签字，亦无法完成实地测量及权属调查。

三是抵押存在法律障碍，流转、评估机制尚不健全。《农村土地承包法》规定，农村集体土地不具备抵押贷款条件。从各地的政策实践来看，目前虽允许承包地的经营权进行抵押，但经营权实际上是承包权的子权利，在母权利无法抵押的情况下允许子权利抵押，不仅与现有法律法规冲突，更为严重的是，在发生风险的时候，银行方面难以将抵押物变现以实现真正的债权。

四是相关政策和制度不配套。确权工作中的诸多具体矛盾与问题的解决，缺乏相关政策与制度的配套。第一，承包地确权过程中，土地承包经营权的共有人问题处理难度较大，目前尚缺乏统一的规定。各地的实践中有"份额共有人""份额共有人＋户籍共有人""二轮延包时的人口"等处理方式。第二，原有土地承包经营权证书只有四至界限，加上插花地等原因，一地多证现象较为普遍，林权证、草地证、退耕还林证与原承包合同证书重复较多。第三，经营权证书的标准和式样等确权过程中许多具体问题未明确，对工作的有效开展带来了困难，由于缺乏统一的数据库处理软件，作业单位采集的数据无法处理，如仓促完成，重复投资难以避免，未来纠错成本高。

## 四、发展适度规模经营需要注意的几个问题

据我们实地调研，近年来地方发展适度规模经营普遍遇到的问题包括以下几方面。

农地租金增长过快。农地流转价格已经普遍高于当年种植粮食作物的收益。如果流转农地继续用于粮食生产，经营主体难以实现可持续经营。农地流入方能够获得经营收入，主要靠以下途径：一是转变土地用途；二是调整种植结构，种植收益更高的蔬菜或水果；三是依靠地方政府的土地流转财政支持政策。

部分土地流转后"非粮化"。从目前农业生产效益情况看，粮食作物生产比较效益较低，流入土地的经营主体要承担流转土地租金成本，所以选择经济效益较高的生产经营项目才能实现其流转土地生产经济效益。因此，"非粮化"成为部分土地流转的基本动因和趋势。

经营规模不是越大越好。已有研究也表明，随着土地租金和雇工费用上涨，经营规模过大导致利润下降。过度提高农业经营规模也不利于提高农业单产。从主要发达国家实现农业现代化的发展经验来看，土地经营规模在农业现代化的进程中不断调整变化。现阶段，我国不可能短时间内实现所有农户的土地规模扩张，只可能是部分具有

经营能力的农户实现土地的规模经营，而多数农户仍是小规模经营。我们不可能在没有解决农民离农出路的情况下就简单地强制流转农民的土地。在考虑推进适度经营规模的同时，必须考虑细小土地规模农户经营可持续性的问题。

执笔人：李　青

# 我国种业发展状况、突出问题及政策建议

种业是农业产业链的源头，是国家战略性、基础性核心产业，在保障国家粮食安全和农业产业安全上发挥着不可替代的作用。近几年，我国种业发展很快，种子市场规模快速扩大，市场集中度不断提高，企业自主创新能力逐渐增强，在提高粮食单产、保障国家粮食安全，促进种子出口、提升国际竞争力等方面取得一定成就。但我国种业转型发展还面临很多问题，亟须引起重视，采取有力措施，促进我国种业健康快速发展。

## 一、我国种业发展状况

### （一）种子市场规模快速扩大

近几年来，我国种子市场规模迅速扩大，目前在世界种子市场中排名第二。据公开数据，2007 年我国种子市场规模约为 300 亿元，到 2010 年发展到 502 亿元，到 2014 年种子市场规模更是扩大到 715 亿元左右，年均增长率约为 19.8%。目前我国种业市场发展势头良好，预计 2020 年市场规模将超过 1500 亿元。

(亿元)

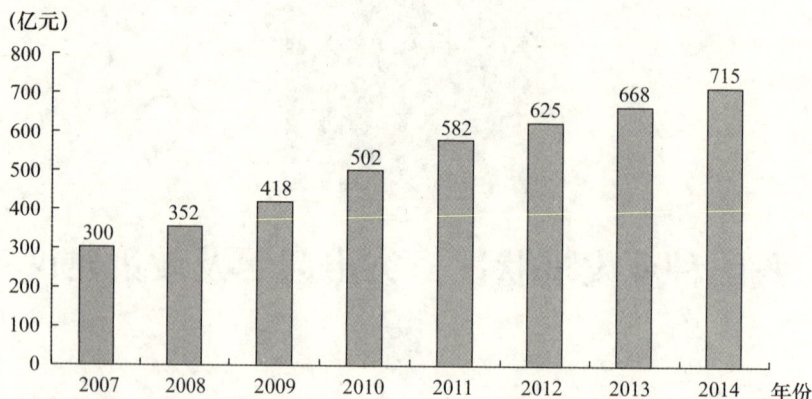

图 12 - 1　　2007 ~ 2014 年我国种业市场规模变化情况图

资料来源：中国产业信息网。

从世界种子市场发展情况看，全球种子市场价值持续增长，据国际种子联盟（ISF）数据，2012 年世界种子市场规模达到 450 亿美元。世界种子市场中，规模排在前五的国家分别是美国、中国、法国、巴西和印度，其中美国种子市场规模最大，接近全球种子市场的 30%；中国第二，约占全球种子市场的 20%。接下来的法国、巴西和印度，都不到 10%。

表 12 - 1　　　　世界排名前五国家种业市场规模发展情况表　　　单位：亿美元

| 国　　家 | 2008 年 | 2010 年 | 2012 年 |
|---|---|---|---|
| 美　国 | 85.0 | 120.0 | 120.0 |
| 中　国 | 40.0 | 60.0 | 90.3 |
| 法　国 | 21.5 | 23.7 | 36.0 |
| 巴　西 | 20.0 | 20.0 | 26.2 |
| 印　度 | 15.0 | 15.0 | 20.0 |

资料来源：国际种子联盟（ISF）。

## （二）种业市场集中度不断提高

改革开放以来，我国的种子市场集中度变化很大。1978 年 4 月，国务院批转了农业部《关于加强种子工作的报告》，批准在全国建立省、市、县三级种子公司，加强种子的生产和经营，这一时期全国各级种子公司约 2500 家。2000 年之后，国家相继颁布实施了《中华人民共和国种子法》和《植物新品种保护条例》，并且随着开放程度的不断提升，全国逐步形成了统一、开放的种子市场体系，种子企业数量迅速增长，到 2010 年我国种子企业数量增长到 8600 家左右。种子企业数量迅速增长的同时，大幅度降低了种业市场集中度，对我国种业发展带来不利影响。

近几年，我国种业市场集中度显著提高。2010 年中央一号文件提出"推动国内种业加快企业并购和产业整合，引导种子企业与科研单位联合，抓紧培育有核心竞争力的大型种子企业"。2011 年 8 月颁布的《农作物种子生产经营许可管理办法》大幅抬高了种业企业的门槛。国内种业经过市场化初期的无序发展之后，企业数量开始迅速下降，从 2010 年的 8600 家左右减少到 2014 年的 5064 家，平均每年净减少 1000 多家。

(家)

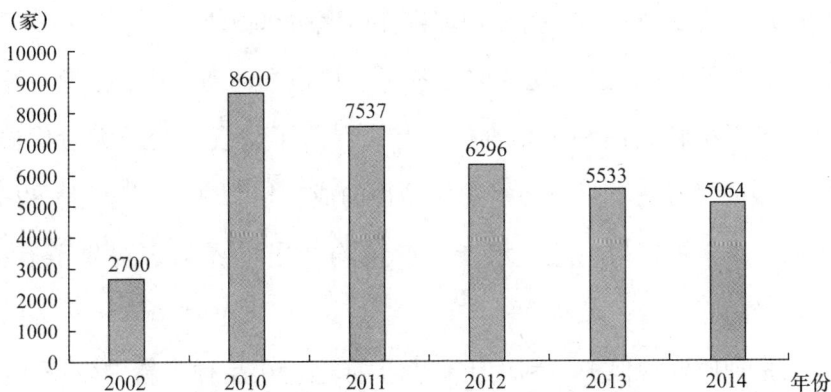

**图 12 - 2  2002 ~ 2014 年中国种子企业数量变动图**

资料来源：中国产业信息网。

## (三) 中国种业企业创新能力逐步增强

近年来，我国种业科技创新成效显著，主要体现在以下三个方面。

一是育种技术不断提高，大幅度推进了新品种选育进程。我国细胞工程、分子标记、转基因等现代生物育种技术迅速发展，加速了品种选育由表型选择向基因型选择、形态特征选择向生理特征选择的转变，逐步形成了较完善的育种技术体系，提高了农作物、农业动物和林木花草新品种的选育效率（万钢，2012）。我国已进入世界种业科技大国行列，超级稻研究与新品种选育居于国际领先地位。水稻、小麦、玉米等原生质体培养技术与国际先进水平同步。转基因技术研发在整体水平上与国际同步。我国绘制的水稻基因物理全图居世界先进水平，转基因抗虫棉研究跨入国际先进行列，转基因动物育种研究处于国际前沿。植物细胞和组织培养、单倍体育种及应用研究等方面都有重大突破（伍振军，2012）。

二是新品种选育取得突破，有力地支撑了种业发展。近年来，共选育出主要农作物新品种2600多个，农业动物新品种130多个，林木花草新品种970多个。例如，在"粮食丰产科技工程"的实施中，就先后推广应用了260多个新品种，累计增产4866万吨（万钢，2012）。尤其是近几年一批高产、超高产、抗逆、广适性的超级稻、杂交小麦、杂交玉米等粮食新品种选育推广，有力保障了粮食安全。大量优质、专用、多抗、特色农业和动植物新品种的成功培育并推广应用，也为我国肉、禽、蛋、果、蔬、水产等产量均跃居世界第一提供了有力支撑。

三是种质资源保护与利用工作稳步推进，在品种创新中发挥了关键作用。建立了较完整的农作物、农业动物和林木花草种质资源收集与保存体系。保存主要农作物种质资源41万份，数量居全球第二位，畜禽水产种质资源1800多个，重要树种和花卉种质资源6万余份，有效支撑了新品种的选育（万钢，2012）。

### （四）种业知识产权保护水平不断提高

种业知识产权保护在提高种业整体创新水平、促进种业发展方面发挥至关重要的作用。我国种业领域的知识产权主要包括植物新品种权、专利权、商标权、商业秘密权、著作权、地理标志等，其中植物新品种权和农业生物技术专利是中国种业知识产权的主要保护形式。中国种业知识产权主要受《中华人民共和国种子法》保护，其中植物新品种权受到《中华人民共和国植物新品种保护条例》和最新修订的新《种子法》的保护。近几年，我国种业知识产权保护取得了一定成效。

一是知识产权创造力不断增强。以新品种保护为核心的种业知识产权制度的建立和发展，调动了全社会育种创新的积极性，种业领域品种权和专利的申请授权量大幅增长。据国际植物新品种保护联盟（UPOV）统计，自2004年以来，我国品种权年申请量一直位居UPOV成员第四。据农业部植物新品种保护办公室统计数据，1999~2013年，我国种业品种权申请量年均增长率达14.1%。截止到2013年底，我国植物新品种权的申请量和授权量分别达到11710件和4018件，其中国内种业企业申请量和授权量分别为4253件和1313件，占总申请量、授权量的36.3%和32.7%。

二是知识产权保护力度不断加大。农业部和林业部先后在全国20余个省市开展农业品种权行政执法试点，积极探索品种权行政执法模式。据公开数据，截至2008年，全国农业行政机关共查处各类品种权案件1123件。又据公开报道，截至2011年，全国农业系统共出动执法人员7.3万人次，检查种子企业近3万个次，整顿市场8500余个次，捣毁制假窝点40个，查处案件830件，查获假种子925吨，移送司法机关46件，逮捕8人，挽回经济损失6300余万元；查处了37件侵犯玉米、水稻品种权案件，涉案种子达 50 万公斤，案值达 700 余万元。

三是海外知识产权保护申请量不断提高。近年来，随着知识产权保护意识的提高，中国在海外的品种权申请量开始大幅上升。据公开数据，截至 2014 年底，我国在国外的植物新品种权申请量为 238 件。这说明中国育种者已开始重视种业知识产权输出，并积极谋划种业知识产权海外布局。

### （五）对外交流与合作水平不断提高

一是我国种业"走出去"取得一定成就。20 世纪 90 年代以来，育种研究、种子生产与营销供应的国际化趋势逐步加强，我国也兴起了一批集"育、繁、推"于一体的跨国种业公司。但与国际种业巨头相比较，我国种业企业刚刚起步，无论是科研力量还是资金实力都很难与国际种业巨头抗衡，我国种子企业对外合作主要仍以种子出口为主。现阶段我国在水稻育种上还具有一定的优势，我国种业"走出去"也主要以水稻种子出口为主。现在世界上已有 20 多个国家和地区引种了我国的杂交水稻种子，特别是东南亚国家，每年都从中国进口大量的杂交水稻种子。据海关总署的统计数据，1999～2001 年我国杂交水稻种子出口量保持在 4500 吨左右，2002 年增至 6500 吨，2003～2004 年又增加到 8000 多吨。最近几年我国杂交水稻种子出口数量快速提高，据中国种子协会统计，2011 年我国杂交水稻种子出口 5.8 万吨，占种子出口总量的 95% 以上（仇焕广等，2013）。到 2014 年，根据农产品知识产权研究中心数据，我国杂交水稻种子出口量已经提高到了 8.4 万吨，增长速度很快。

二是外资大举进军我国种子市场，给我国种业发展带来巨大压力。自我国成功加入 WTO 后，中国种业市场对外开放进入了新的阶段，外资企业开始加快进入我国种子市场。外资采取并购合资、投资研发等方式，最先进入的是我国棉花、蔬菜和花卉种子市场（张宁宁，2015）。目前国外品种已经占领了中国相当大的市场份额。据公开数据，95% 的甜菜、65% 的向日葵、50% 以上的蔬菜和棉花，大部分花卉种子市场份额已被外资种子企业占领。

随着开放程度的不断加大，外资企业逐步向玉米、水稻等大田作物进军。以玉米种子市场为例，近几年合资成立的企业主要有中国种子集团与美国孟山都公司成立的合资企业中种迪卡种子有限公司，三北种子有限公司与瑞士先正达公司合资成立的三北种业有限公司，山东登海种业股份有限公司及甘肃敦煌种业股份有限公司与美国先锋国际良种有限公司合资成立的山东登海先锋种业有限公司和敦煌种业先锋良种有限公司等（张宁宁，2015）。合资企业培育出的玉米品种市场占有率不断提高，据公开数据，2012 年外资合资企业的玉米种子已经占领了 11% 的市场份额，给国内种业市场带来的影响也愈发明显。

## 二、我国种业发展面临的突出问题

### （一）公益性商业性育种界线依然模糊

近年来，我国出台一系列文件，在实现事企脱钩，促进种业公益性商业性科研分离方面取得一定成效。2013 年《国务院办公厅关于深化种业体制改革提高创新能力的意见》（国办发〔2013〕109 号）要求，科研院所和高等院校与其开办的种子企业实现"事企脱钩"。2015 年农业部办公厅颁布了《关于加快推进种业"事企脱钩"工作的通知》，进一步深化种业体制改革，确保 2015 年底前完成种业事企脱钩，我国农业科研体制改革取得一定成效。但从调研看，公益性商业性育种活动依然混淆。一方面，农业科研机构仍然进行商业性育种。部分农业科研机构育成品种之后，就卖给一些小微企业，投入市场，获取收益，对同类商业育种企业形成低价冲击，降低了企业研发积极性。另一方面，改制后的大部分企业在研发方面高度依赖原单位。大部分种子企业都是依托农业科研机构成立，对科研机构的依赖短期内难以改变。据对湖南某种业公司的调查，该企业原来隶属于某市农科院，2015 年引入社会资本改制之后，实现"事企脱钩"，但企业没有科研人员，还要依靠农科院进行品种研发。

### （二）企业研发投入少、创新能力弱

当前跨国种业公司研发投入力度很大，一般占销售额的 10% ~ 30%，美国孟山都公司 2014 财年研发投入占销售额的 10.7%，约 17 亿美元。相比之下，我国种业公司研发投入偏低，2014 年我国种业企业前十强研发投入合计仅占销售额的 4.7%，只有 5.1 亿元，不到孟山都公司的 5%。部分大型企业研发投入极低，敦煌种业研发投入只有 755.4 万元，仅占销售额的 0.6%（见表 12 – 2）。

表 12 – 2　　　　种业企业前十强研发投入及科研人员人数

| 序号 | 公司名称 | 销售额（万元） | R&D 费用（万元） | R&D 费用占销售额比例 | 科研人员人数 |
|---|---|---|---|---|---|
| 1 | 中国种子集团公司 | 160000.0 | 16000.0 | 10.0% | 250.0 |
| 2 | 袁隆平农业高科技股份有限公司 | 181542.5 | 11100.4 | 6.1% | 239.0 |
| 3 | 山东登海种业股份有限公司 | 148008.2 | 3900.5 | 2.6% | 182.0 |
| 4 | 甘肃省敦煌种业股份有限公司 | 125586.1 | 755.4 | 0.6% | 266.0 |
| 5 | 合肥丰乐种业（集团）股份有限公司 | 137880.0 | 5037.7 | 3.7% | 168.0 |
| 6 | 安徽荃银高科种业股份有限公司 | 46902.3 | 1830.1 | 3.9% | 77.0 |

续表

| 序号 | 公司名称 | 销售额（万元） | R&D 费用（万元） | R&D 费用占销售额比例 | 科研人员人数 |
|---|---|---|---|---|---|
| 7 | 江苏省大华种业集团有限公司 | 109100.0 | 5217.3 | 4.8% | 65.0 |
| 8 | 北京德农种业有限公司 | 43819.9 | 2047.8 | 4.7% | 89.0 |
| 9 | 辽宁东亚种业有限公司 | 100000.0 | 2000.0 | 2.0% | 200.0 |
| 10 | 北京奥瑞金种业股份有限公司 | 47869.9 | 3413.1 | 7.1% | 158.0 |

注：①种业公司前10强名单参考了中国产业信息网，但本表排名不分先后。②大部分数据根据该公司2014年年报整理，中种集团、东亚种业、奥瑞金种业数据根据该公司公开资料测算整理。

从研发力量看，先正达公司科研人员有5000多人，我国种业企业前十强科研人员合计只有1694人，不到先正达的三分之一。部分中小企业研发能力更弱，据调研，湖南省部分种业公司研发人员不到10人，有些刚刚改制的种业公司，甚至没有研发人员，完全没有研发能力。

### （三）传统育种模式效率极低

我国大多数企业尚处于传统育种阶段，传统封闭式小规模育种必然带来低效率问题。我国种业企业、科研院所一般都是依靠数个育种专家及其带领的小团队，进行"家庭作坊式"育种，育种团队之间也缺乏合作和交流。小规模育种能够测试的品种极其有限，获取优良品种只是偶然事件。我国育种专家不少，团队也多，但培育出的有竞争力品种不多，效率很低。

国外成功经验表明，高效率的育种模式应该是大规模、分工协作的现代化商业育种模式。测试规模足够大，就能够把选育出优良品种这个偶然事件变成必然事件。并且，测试规模越大，结果也就越可靠，选育出的品种也就越优秀。孟山都公司从全球数万个单株中选择种质

· 259 ·

资源，测试数千个品种，最终获得 2~3 个极具竞争力的优质品种。与传统育种模式相反，现代化商业育种要进行明确分工，把育种专家分成数个团队，每个团队负责某育种环节，共同完成大规模测试工作。依靠现代商业化育种模式，国际种业巨头可以培育出极具竞争力的商业化品种。

### （四）小规模制种导致种子质量低成本高

我国制种基地分散、规模很小，种子生产以一家一户为主。据调查，湖南隆平高科种业公司每年制种面积高达 30 万亩，但实现规模化生产的很少；科裕隆种业公司水稻制种 6000 亩左右，面积最小的只有几分地。大多数企业采取向农户提供父本、母本种子，由农户种植、管理、收割，企业再向农户收购的方式制种，种子生产机械化、规模化、集约化、标准化程度很低。

家庭式制种模式难以保证种子质量。在种子栽培环节，难以达到严格隔离和单品种成片种植要求，容易受到外来花粉的污染，产生生物学混杂退化，导致品种纯度下降。在播种、栽插、收获、脱粒、运输、晾晒、储藏等各个环节均可能发生机械混杂，降低种子质量。

家庭式制种模式难以降低种子生产成本。我国种子生产机械化水平很低，种子种植、施肥、打药、收割等环节主要靠人工完成。近几年我国农业劳动力成本大幅度上涨，逐年推高种子生产成本。据调查，杂交水稻制种成本更高，父本、母本必须严格分开播种、管理、收割，需要支付大量人工成本，企业不堪重负。

### （五）品种审定制度不利于新品种研发推广

品种审定制度为我国种业发展做出了很大贡献，但也存在一些不容忽视的问题。第一是科研与市场脱节。企业育种首先考虑的不是市场需求，而是通过品种审定，导致育种与生产、销售、推广、种植等产业环节脱钩。第二是留下了寻租腐败空间。品种审定委员会权力过于集中且缺乏监督，为寻租及腐败行为留下了操作空间。企业反映，一个水稻品种从报名到最后审定，要花费 200 万元以上。第三是把风险留给了种植户和政府。农作物品种在生产中出现的适应性和抗病虫害性等风险转嫁给了种植户。一旦天气异常，或者病虫害导致农作物歉收、绝收，种植户就会去找政府，也把风险转嫁给了政府。第四是不利于新品种推广。品种审定周期长，新品种入市速度慢；企业在老品种退出上非常谨慎，退出力度小，容易造成可用好品种青黄不接。

### （六）知识产权保护水平偏低

我国种业知识产权保护尚停留在 UPOV（《国际植物新品种保护公约》）78 文本阶段，保护水平很低。比如，新品种审定过程中，需要对参试品种进行 DNA 指纹检测，只要基因检测存在 2 个以上点位差异，即可认定为具有特异性，是个"新品种"。这造成品种之间差异很小，同质化品种多，种子被改良侵权的可能性很大。企业反映，一旦研发出受欢迎的优良品种，市场上很快就会出现一系列衍生品种，知识产权难以得到有效保护。业界普遍反映，UPOV78 文本保护范围很窄，新品种审定标准偏低，对原创品种的保护力度不够。

相比 UPOV78 文本，91 文本对品种权的保护期限更长、保护条件也更严格，尤其是权能也更广泛。UPOV91 文本不仅对原始品种加以严格保护，而且对有关收获材料、依赖性派生品种等都加以严格保护，扩大和强化了原创育种者的权利。

与 UPOV91 文本相比，UPOV78 文本品种权权能设计比较简单（见表 12-3）。这损害了育种者应有的权益，不利于研发创新（张劲柏等，2009）。

表 12-3 　　　　　UPOV78、91 文本品种权权能保护程度比较

| 文　本 | 保护条款 | 保护权利及范围 |
|---|---|---|
| UPOV78 文本 | 第五条<br>第一款 | 1. 以商业销售为目的生产<br>2. 提供出售<br>3. 市场销售<br>4. 为另一品种的商业生产重复使用该品种 |
| UPOV91 文本 | 第五章<br>第 14 条<br>第一款 | 5. 生产或繁殖<br>6. 为繁殖而进行的种子处理<br>7. 提供销售<br>8. 售出或其他市场销售<br>9. 出口<br>10. 进口<br>11. 用于上述目的（i）至（vi）的原种制作 |

### （七）难以"走出去"建立起全球育种体系

近几年，我国出台一系列政策促进种业"走出去"，并取得一定成效。根据农业部统计，2014 年我国种子年出口总额已经超过 3 亿美元。但总体上看，我国种业企业在国际种子市场所占的份额很小，种业"走出去"还面临诸多障碍。第一是种子适应性差。国内生产的种子难以适应国外气候。比如，湖南生产的优质杂交水稻品种，难以适应东南亚高湿、高温气候，被逐步挤出当地市场。第二是种子成本高。种子成品出口国外，仓储、运输等物流成本很高。湖南省出口到印尼的水稻种子高达 20 元/斤，比当地水稻种子价格高出一倍以上。第三是种子质量不稳定。种子经过长途运输，包装破损率较高，容易发热霉变，降低种子质量。第四是出口手续烦琐。我国种子出口要经历国

内和进口国双重检验检疫，不同企业、不同品种、不同批次都要分别进行检验检疫，延长了种子出口时间，有时候甚至错过播种季节。第五是种质资源管控严格，不利于发展境外育种。我国对种质资源管控非常严格，企业难以利用国内优质种质资源选育适合当地的优良品种，与很多国家希望引进能在当地直接繁殖的亲本种子、进行本地化生产的要求不相适应。

# 三、对策建议

## （一）进一步厘清公益性商业性育种的边界

首先是明确公益性与商业性育种内涵，分别建立起公益性、商业性育种项目指导清单，厘清公益性与商业性育种的边界。其次是进一步明确公共科研机构的研究职责与范围，要求受国家财政支持的科研机构及大专院校只进行基础性、公益性研究，退出商业化科研活动，逐步实现其向重大基础性、公益性研究的转变。再次是坚持培育企业为商业性育种主体。企业作为研发主体有必然性。美国 1950~1982 年公共部门植物育种应用研究投入年回报率为 45%，而种子公司回报率高达 90%（Huffman、Evenson，1993），公共部门植物育种研发回报率要远远低于种子公司的回报率。事实上，早在 20 世纪八十年代末，美国企业就超过公共部门成为植物育种投入主体（Jorge Fernandez-Cornejo，2004）。应明确规定把应用性研究交给企业，提高企业商业化育种积极性，提升企业科研创新能力。

## （二）培育大型现代种业企业、提高行业集中度

20 世纪末以来，世界种业市场集中化趋势日益明显。当前，全球

前十大种业公司的销售额占全球市场比例超过70%，前三大种子公司（孟山都、杜邦—先锋、先正达）的比重超过了50%。部分农业大国种业市场集中度很高，行业效率极高。据公开数据，2014年美国前20强种业公司市场集中度约为70%，巴西前15强种业公司占据约67%的市场份额。与世界及美国、巴西等国家种业市场集中度水平相比，我国还存在很大差距。截至2014年年底，种业企业尚有5200家，前10强种业企业销售额只有110.1亿元，不到种业市场的20%（见表12-2），前50强种业公司市场占有率也只有30%左右。可见，种业发展必须大力提升企业实力和市场竞争力。为此需要做到以下三点。一是进一步严格种子企业准入限制，提高进入门槛。二是加强对现有种子企业资质的全面定期审查，按规定按标准淘汰不合格企业。三是鼓励引导种子企业加快兼并重组步伐，引导各种科技资源和创新要素向大型企业集聚，打造大型现代种业企业。

### （三）大力建设适应商业化制种模式的生产基地

我国"千家万户"制种模式已经不适应商业化制种的需要，必须建立起一批标准化、规模化、机械化、集约化、适度规模的制种基地，解决家庭式制种问题。国家要加大对现有国家级制种基地市县的支持力度，切实把补贴落实到种子生产基地的土地流转、土地整治、水电路等基础设施建设上。应再建一批后备制种基地，为种业发展提供有力支撑。种子生产具有适度规模的特点，气候合适、土地相对集中的乡镇、村就能够承担制种任务，建议有条件的地方设立制种大镇（乡）、大村，加大财政支持力度，推动土地整理和适度规模经营，建设后备制种基地。

## （四）改革品种审定制为备案登记制

深化种业体制改革，应充分发挥市场在种业资源配置中的决定性作用。建议逐步以备案登记制取代现行的品种审定制，让企业成为研发的责任主体。一方面，在现行的品种审定制继续执行的过程中，应加大品种审定责任追究力度。品种审定把关不严，导致大面积非正常减产的，参与评审的委员应负相应的责任。另一方面，将具备实力、能够承担起种子推广风险的大型种业企业纳入备案登记制试点范畴。"谁登记、谁负责"，由品种登记者承担种子推广带来的全部风险。试点实行一段时间后，逐步分批将符合要求、具备实力的企业纳入备案登记制范畴。实行备案登记制之后，相关行政管理部门主要职能则转变为完善相关制度，加强市场监督管理，健全保障体系。

## （五）尽快加入实施 UPOV 公约 91 文本

UPOV91 文本对成员国提出了更高要求，一旦加入将对我国种业产业，乃至整个农业产业产生一定的冲击。但应清楚认识 UPOV 在国际植物新品种保护中的核心地位，加入实施 UPOV91 文本，将对提高我国企业自主创新能力，促进我国融入植物新品种保护国际环境，引进更多优质新品种，推进国际交流合作发挥重要作用。应积极适应新形势、新变化，尽快启动我国《植物新品种保护条例》等相关法律法规的修订和完善工作。分阶段、分产业、分项目缩小与 UPOV91 文本的差距，逐步实现从 UPOV78 文本向 91 文本的平稳过渡。

## （六）多措并举促进种业"走出去"

实施种业"走出去"战略，统筹利用两个市场两种资源，将当前纯粹种子出口逐步转变为技术出口，采取就地育种、就地制种、就地销售、就地开展售后服务的办法，提升我国种业的国际竞争力。一是应建立各主管部门之间的协调机制，进一步简化种子出口行政审批手续，缩短审批时限。二是建立种业出口协会，加强行业自律，完善企业之间的利益协调机制。三是规范种质资源出口管理。制定配套政策与管理措施，在不损害国家利益的前提下，允许普通亲本种质资源出口。支持企业利用我国种质资源，结合当地种质资源，发挥互补优势，选育适合当地生产应用的优良品种，加快品种本地化。四是规范管理技术输出。对我国具备优势的种子技术，分门别类建立技术出口实施和管理办法，做好专业技术保护工作，结合种质资源保护，建立起由我国控制关键技术和种质资源的境外制种基地。

执笔人：伍振军

**参考文献**

[1] 仇焕广等. 中国种业市场、政策与国际比较研究. 北京：科学出版社，2013

[2] 张劲柏等. 种业知识产权保护研究. 北京：中国农业科学技术出版社，2009

[3] 万钢. 强化种业科技创新支撑现代农业发展. 中国软科学，2012 (2)

[4] 伍振军. 我国农业科技改革发展的成就与问题. 国务院发展研究中心调查研究报告，2012

[5] 张宁宁. 开放环境下中国种业发展研究. 中国农业大学，2015

[6] Huffman, W. E., and R. E. Evenson. 1993. Science for Agriculture. Iowa State University Press.

[7] Jorge Fernandez – Cornejo. 2004. The Seed Industry in U. S. Agriculture：An Exploration of Data and Information on Crop Seed Markets, Regulation, Industry Structure, and Research and Development, Agriculture Information Bulletin . No. AIB – 786.